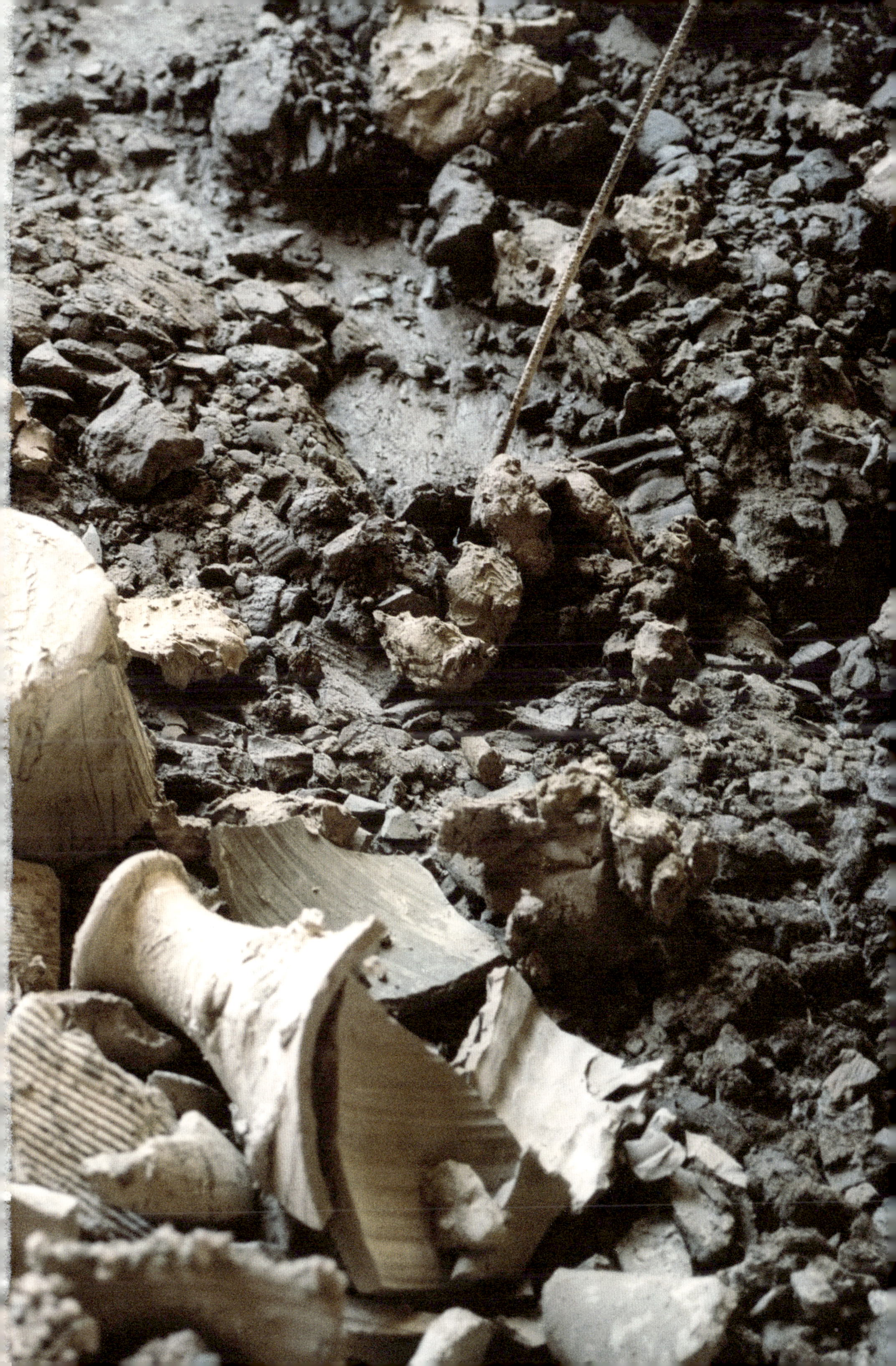

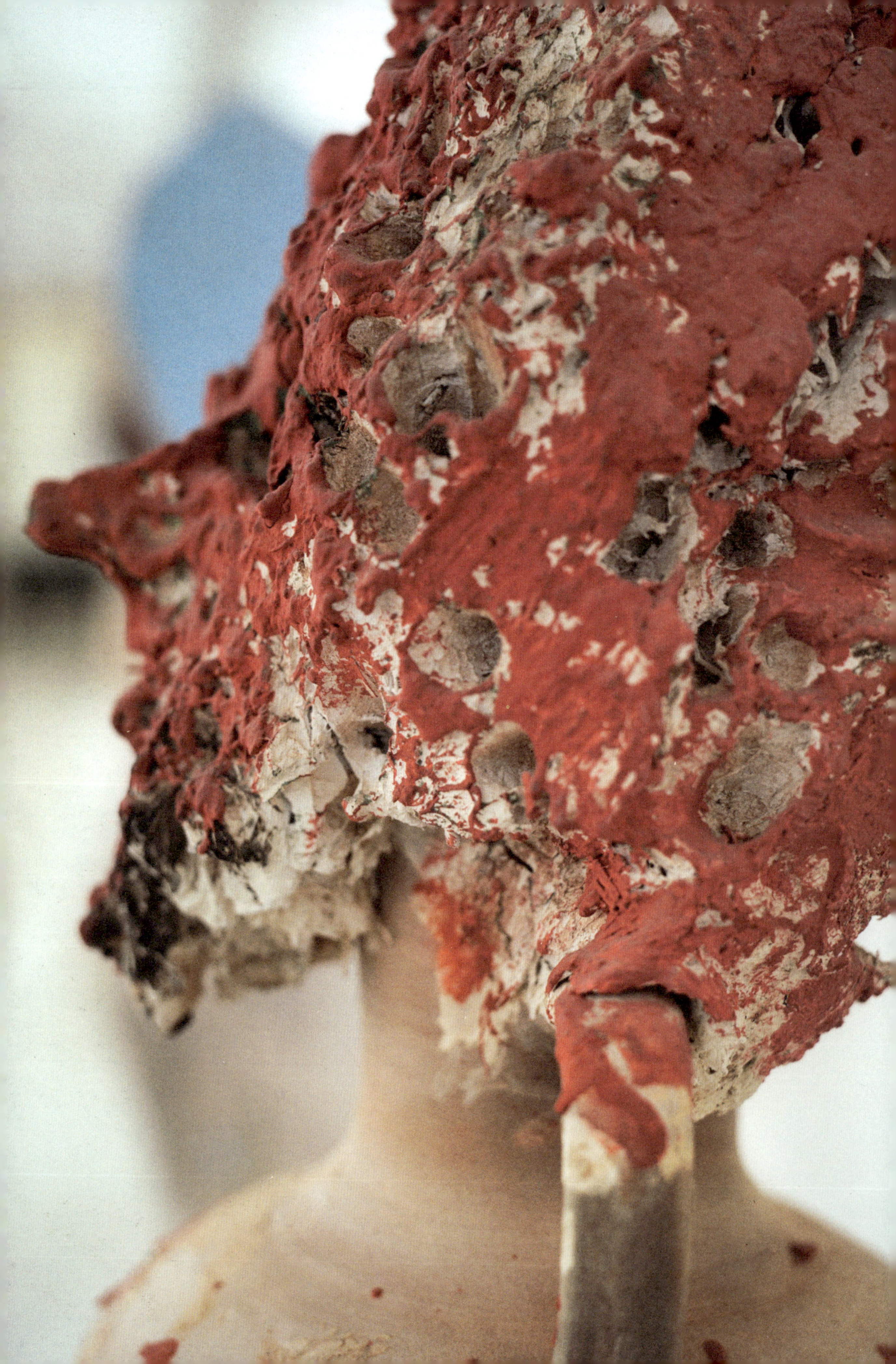

MIQUEL BARCELÓ

Il tempo è un fiume che mi trascina, ma io sono il fiume

J. L.. Borges, *La nuova confutazione del tempo* (1946)

Fotografie di / Photos by
François Halard

A cura di / Edited by
Irene Biolchini
Cécile Pocheau Lesteven

SilvanaEditoriale

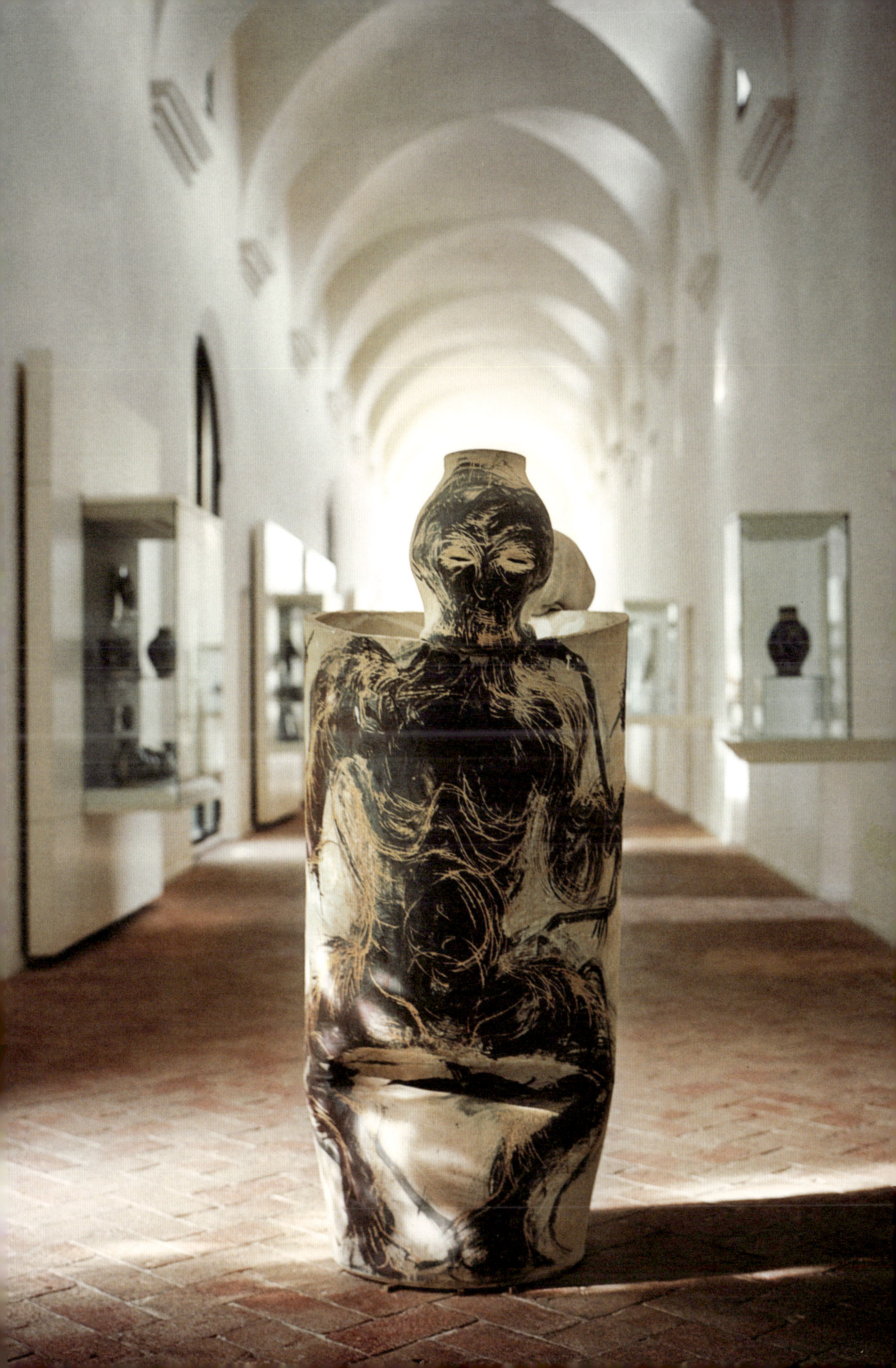

Claudia Casali
Direttore Mic

Prefazione

Miquel Barceló è uno degli autori più interessanti della scena contemporanea. Da oltre quarant'anni la sua poetica si adatta ai linguaggi più vari (pittura, scultura, grafica, editoria) in un grande straordinario e personalissimo viaggio artistico. La mostra che si inaugura a Faenza è il risultato di un dialogo con la collezione del MIC, unica al mondo, con pezzi che vanno dal 3000 a.C. ai giorni nostri. L'artista, con grande generosità, ha proposto un progetto di valorizzazione del Museo e delle sue Collezioni, soprattutto della parte dedicata all'arte faentina del XV-XVI secolo, ovvero il periodo d'oro dei maiolicari faentini, quando in tutto il mondo si diffonde il termine "faience" proprio per denominare e definire l'arte della maiolica. È un dialogo tra il passato e il presente quello che si propone, nell'attenzione e nel rispetto per una grande storia, per una terra e un territorio che hanno fatto dell'arte ceramica la propria eredità e identità culturali. Barceló ne è consapevole e ci propone un percorso che è una riflessione sulla sua stessa storia, dai suoi primi approcci con la ceramica, nelle reminiscenze africane dogón, alle meditazioni sui filosofi, le corride, la natura, la femminilità, i bestiari, nuclei caratterizzanti da sempre la sua produzione. Barceló è un virtuoso dei linguaggi artistici, un attuale artista rinascimentale in grado di esprimersi al meglio con assoluta libertà e semplicità: nelle sue sculture vi è molta pittura, così come nella pittura troviamo la dimensione scultorea, la superficie ceramica è trattata come una tela da dipingere, la materia si conforma alle declinazioni del gesto grafico, per cui l'opera emerge con una sua eccezionale forza e vitalità. Le sue origini e la sua cultura mediterranea fanno parte di questo suo dialogo personale con la terra e la ceramica, dove l'Italia ha un ruolo chiave. Non dimentichiamo il suo primo approccio, in quello straordinario progetto Terraemotus *di Lucio Amelio, fondamentale* nel suo sviluppo artistico, e ormai parte integrante della bibliografia storico-artistica contemporanea. E per la ceramica non a caso ha scelto per anni di lavorare a Vietri sul Mare, città di antica tradizione, presso la storica bottega di Vincenzo Santoriello, in un territorio culturale similare, per certi versi a quello maiorchino. Le sue terrecotte sono piene di vita, trasmettono un movimento e una gestualità vivide, ma allo stesso tempo tramandano un memento mori e una vanitas che ricordano certo gusto della pittura italiana e spagnola della controriforma. Nelle scelte fittili di Barceló leggiamo una complessità iconografica trasversale, un omaggio alla storia dell'arte e alla cultura ceramica, alle nostre origini, con quell'afflato contemporaneo che ci disarma e ci fa approdare a inusitate riflessioni. Pensiamo a Paso Doble, dove sono la performance e la gestualità primitiva che dialogano con la materia, trasformandola in un processo che unisce ritualità, pittura, scultura, danza, teatro. E ricordiamo anche l'intervento nella Cappella di San Pietro della Cattedrale di Palma dove la ceramica si confronta con lo spazio architettonico, anche qui in una commistione di generi, facendo emergere la narrazione biblica in uno spazio pittorico e in un volume ben connotati, quasi a ricreare un moderno "affresco di terra". E infine gli interventi "pittorici" prima alla Biblioteca Nazionale di Parigi e quest'anno al Centre Pompidou, sulle grandi vetrate dipinte di argilla, in un racconto che si alimenta della vertigine del gesto, un abile connubio tra materia e luce, tra presenza e vuoto. Tre esperienze realizzate in situ, irripetibili e senza eguali, dai gesti chiari e distinti, in cui la materia nelle sue mani diviene qualcosa di nuovo, differente, unico, parte di un'ancestrale origine e parte di una attualissima riflessione, un racconto iconografico sempre vario, in cui l'immagine diviene supporto esperienziale ovvero la complessa metafora oggi dell'arte ceramica.

Claudia Casali
Director of Mic

Foreword

Miquel Barceló is one of the most interesting artists, active today. Since over forty years, his poetics has embodied different languages such as painting, sculpture, graphics and publishing, in a great and very original artistic pathway. The exhibition in Faenza has been achieved through a dialogue between the artist and the MIC collection, unique in the world, which houses artefacts dating back to 3000 b.C. up to nowadays. Barceló generously proposed a project aiming at valorising the Museum and its collections, in particular the department devoted to Faenza ceramic art of the 15th and 16th centuries, that is the golden age of our maiolica, when the term "faience" spread all over the world just to name and define the art of maiolica. This exhibition proposes a dialogue between the past and the present, taking care and respecting the great history of a territory that has raised ceramic art to its heritage and cultural identity. The artist is aware of that, and he has proposed a consequent exhibition setting. It is a reflection of his own history, from his first approaches to ceramics, present in the African memory of the dogón technique, to his meditation on philosophers, corridas, nature, femininity, bestiaries, all nucleus that have always characterized his production. Barceló is a virtuoso of art languages; he personifies the artist of the Renaissance, being able to express himself at a high level in a free and simple way. His sculptures are rich in painting, so as his painting embodies a sculptural dimension; the ceramic surface is managed as if it was a canvas, the material conforms itself to the graphic gesture, so that the work shows its force and vitality. The artist's origins and Mediterranean culture are part of his personal dialogue with clay and ceramics, in which Italy plays a key role. We cannot forget Barceló's first approach in the extraordinary project Terraemotus *by Lucio Amelio, that was fundamental for his artistic career and is by now, an essential part of the historical-artistic contemporary bibliography. Not by chance, concerning ceramics the artist decided to work for many years in Vietri sul Mare, a town of ancient ceramic tradition, at Vincenzo Santoriello's historical workshop, in a cultural area similar in some ways to Majorca. His earthenware works are full of life, they communicate a vivid movement and gestures, but at the same time, they pass on a* memento mori *and* vanitas *that remind us of a particular taste of the Italian and Spanish painting of the Counter Reformation. In Barceló's choices linked to ceramics, we find a parallel iconographic complexity, a kind of homage to the history of art and of ceramic culture, to our origins, with that contemporary afflatus that leaves us disarmed and allows us to reach unusual reflexions. It is the case of* Paso Doble, *where just the performance and the primitive body language carry on a dialogue with the material, transforming it in a process that joins rituality, painting, dance and theatre. Memorable is also the artist's work in the Saint Peter's chapel, in the Cathedral of Palma, where ceramics is connected to the architectural space in a comparison of media. The Biblical narration stands out in a well-defined pictorial context, almost to re-create a modern "clay fresco". Finally, we face the "pictorial" works realized first at the National Library in Paris and later this year at the Centre Pompidou, on the large clay painted stained glass windows where the narration emerges from the vertigo of the gestures, in a skilful connection between material and light, between presence and empty space. Three experiences that were carried on in situ, unique and without comparisons. They are characterized by clear gestures, where the artist's hands transformed the material in something new, different, unique, part of an ancestral origin and of an actual reflexion. It is an always-different iconographic narration, where the image becomes a support for the experience that is the complex metaphor of contemporary ceramic art.*

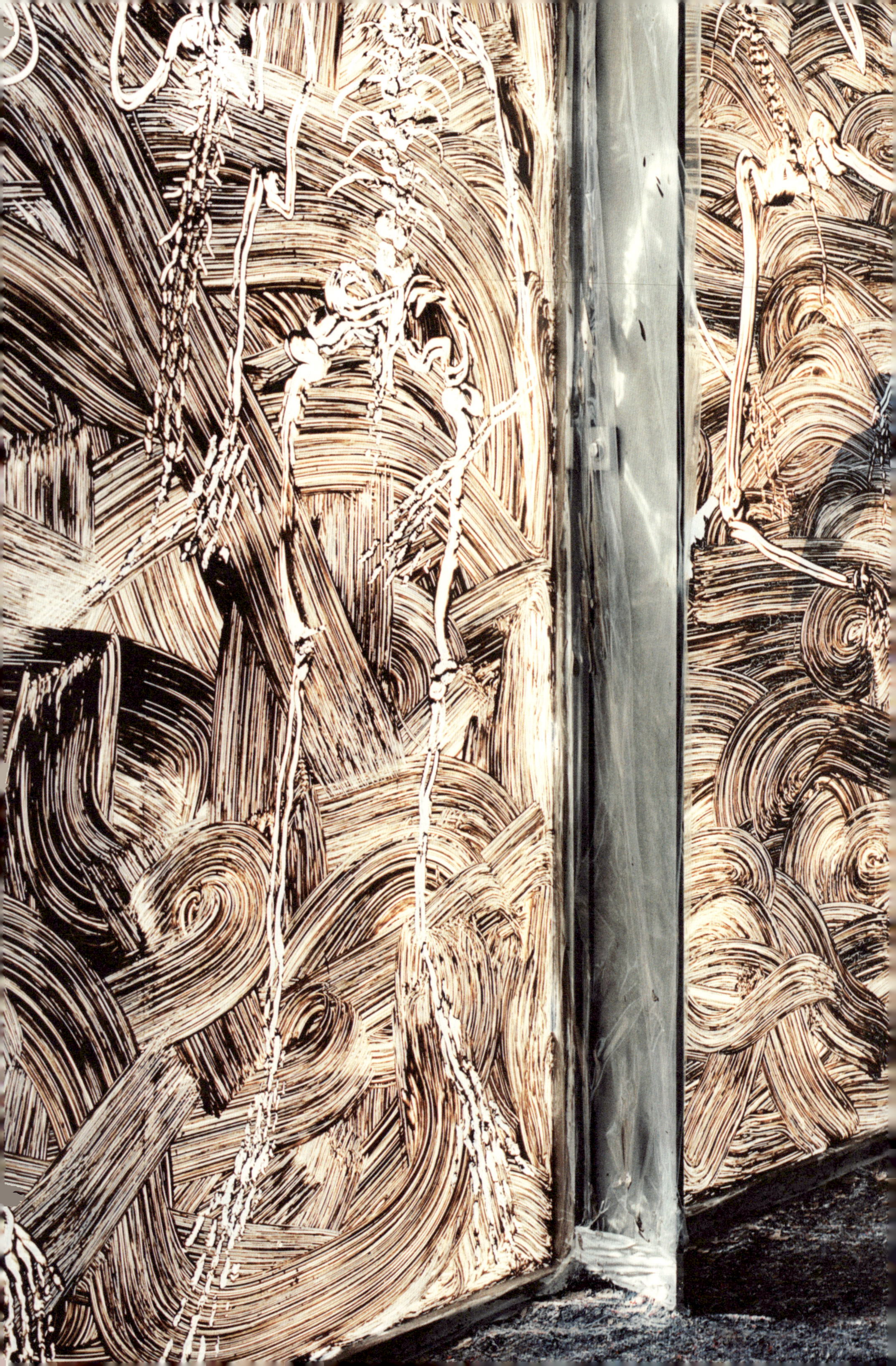

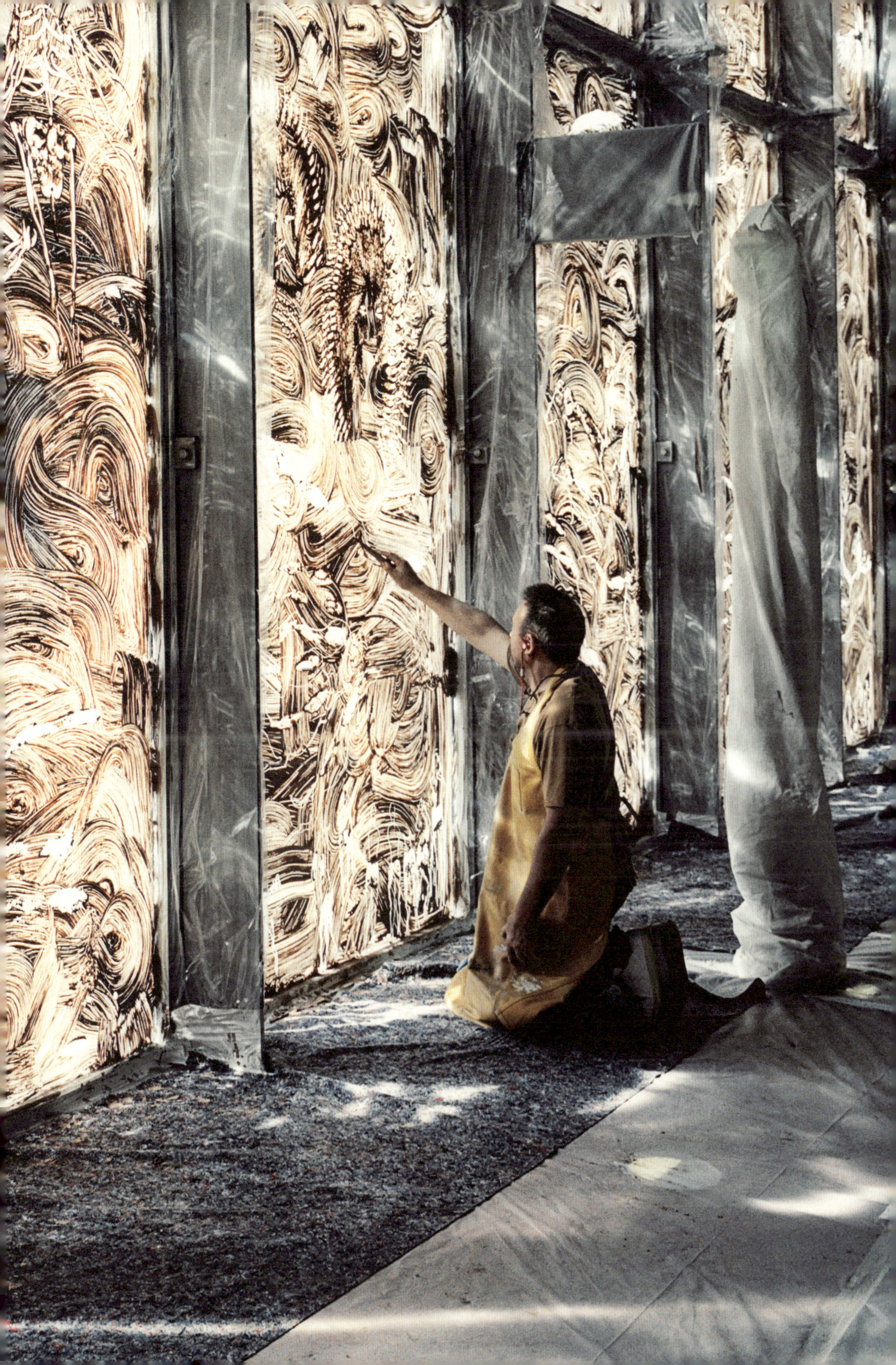

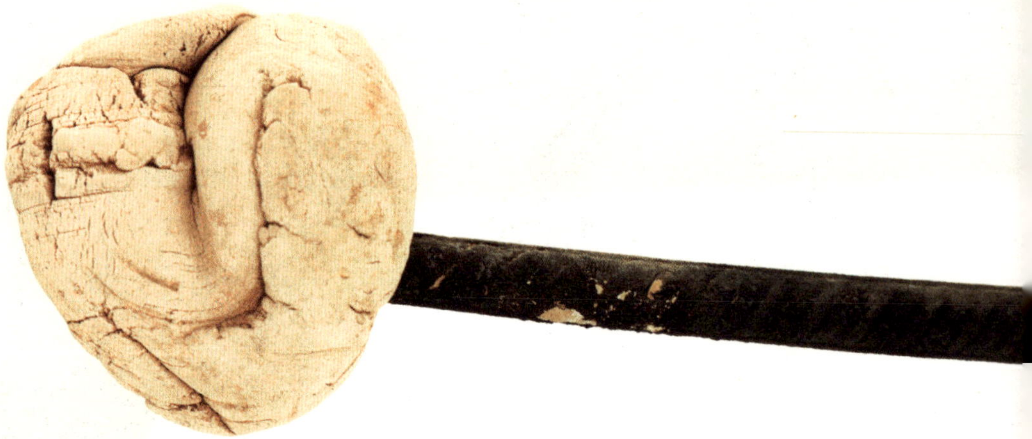

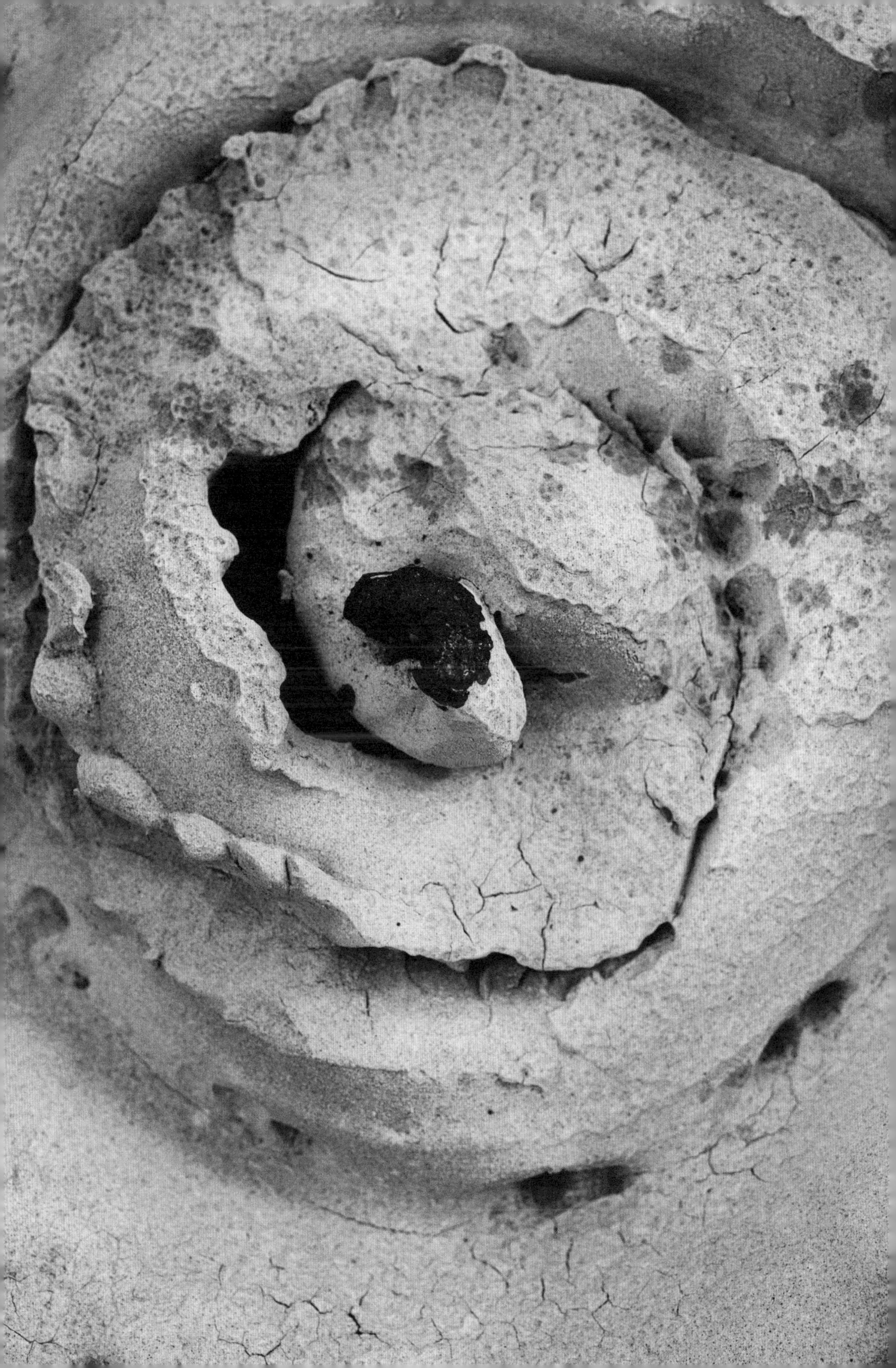

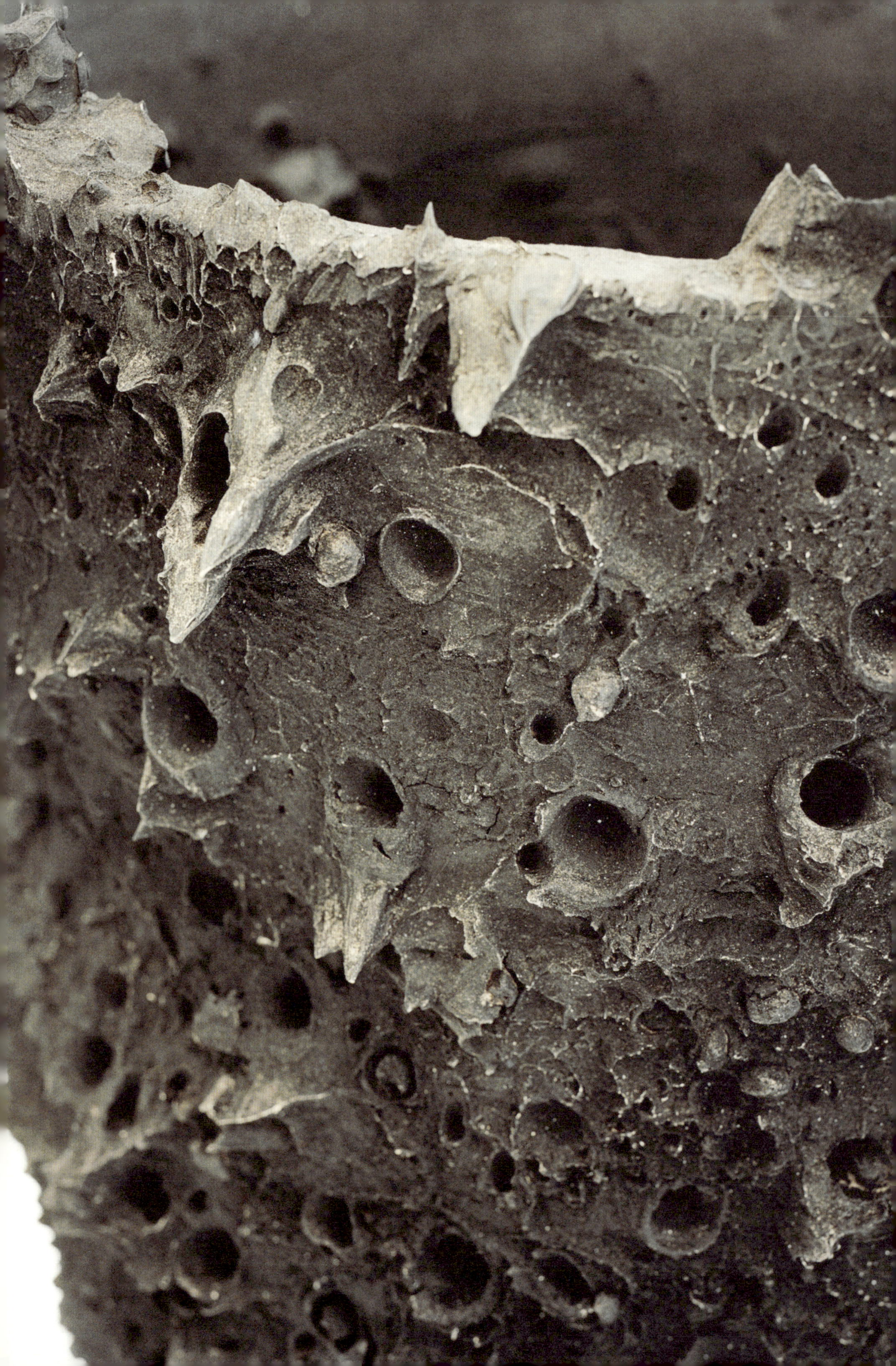

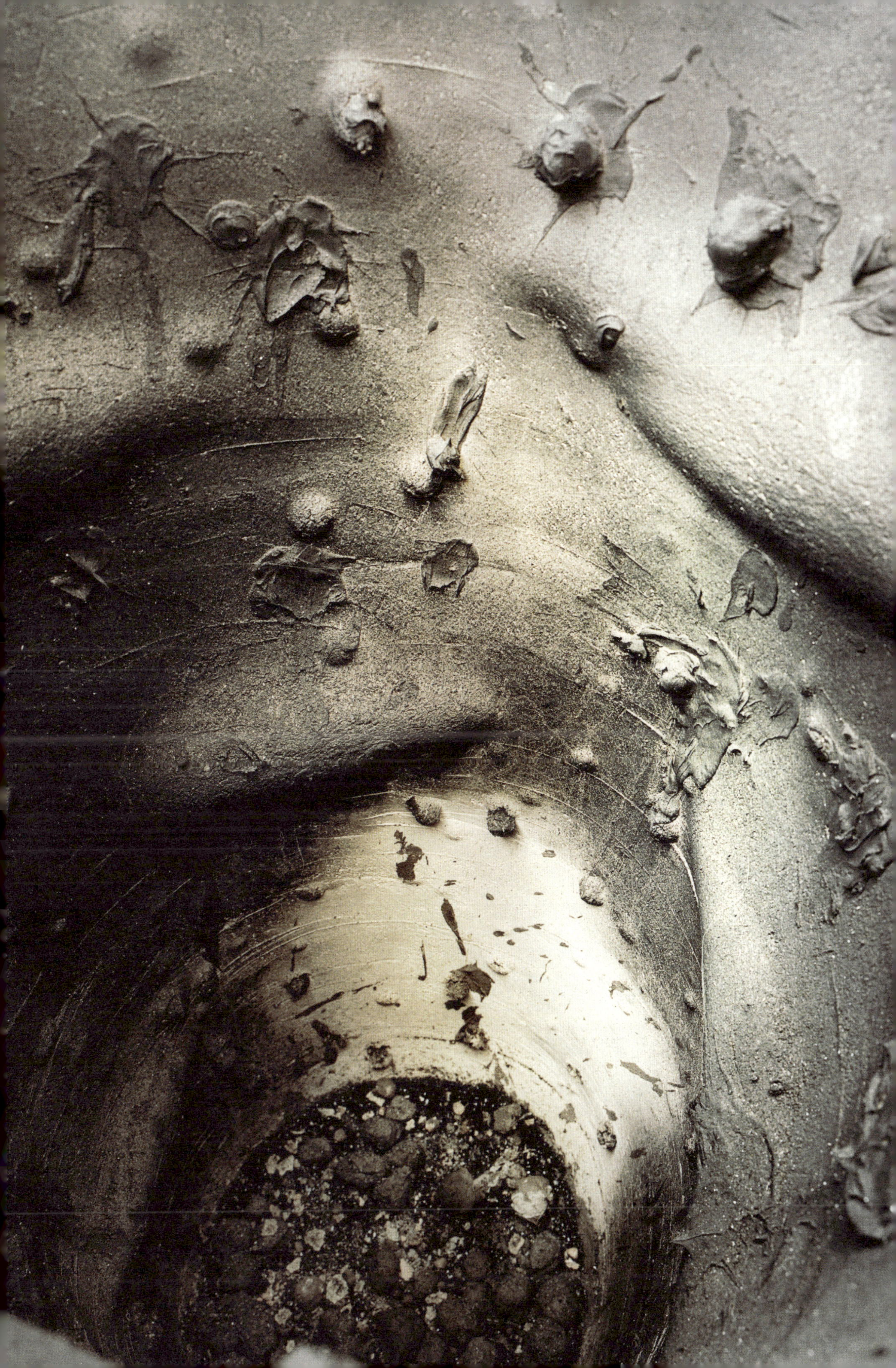

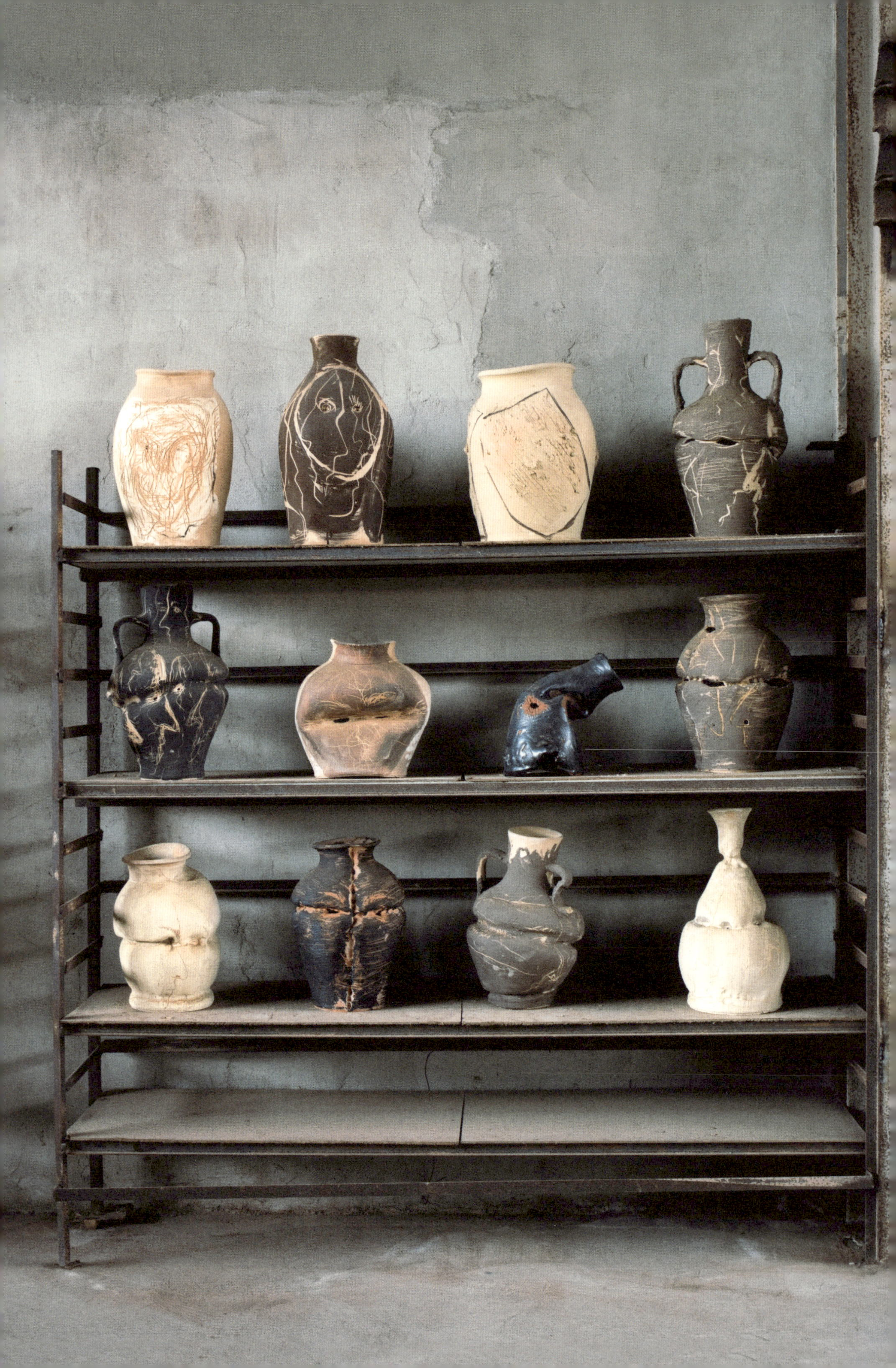

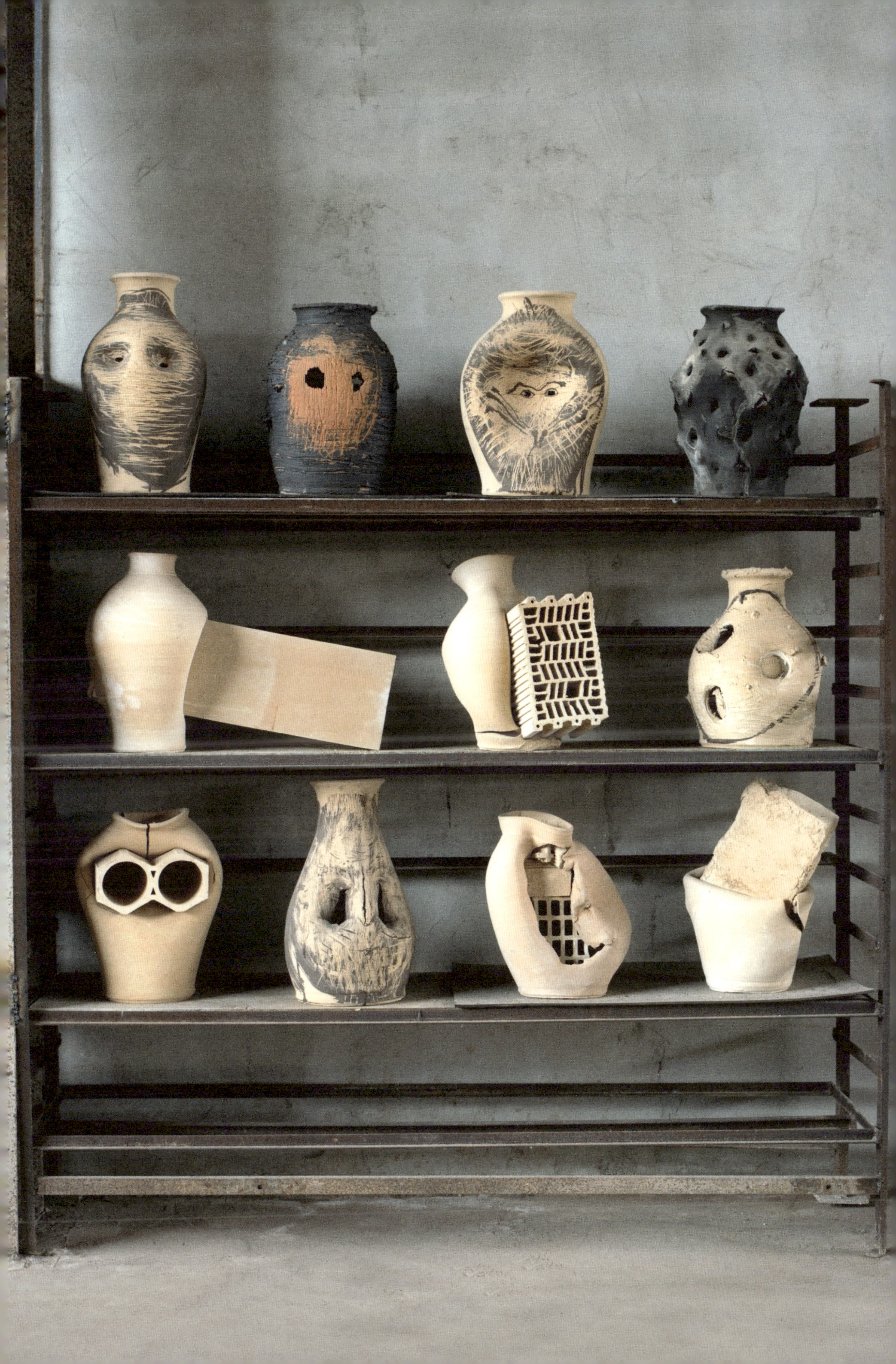

Irene Biolchini

Il tempo è un fiume che mi trascina, ma io sono il fiume

Jorge Luis Borges, *La nuova confutazione del tempo*, 1946

Richiama in te tutte le sensazioni di ciò che è creato, del fuoco e dell'acqua, dell'umido e del secco, immaginando di essere dovunque, sulla terra, nel mare, in cielo; di non essere ancora nato, poi di trovarti nel grembo materno, di essere quindi adolescente, vecchio, morto, al di là della morte.
Ermete Trismegisto

Le biografie finiscono sempre male.
Miquel Barceló

Di e su Miquel Barceló moltissimo è stato detto nel corso degli ultimi trent'anni. E molto di quello che è stato scritto e detto torna nei diari dell'artista alimentando un continuo cortocircuito tra critica, vita, dichiarazioni. Un insieme in cui è spesso complesso distinguere chi parli, chi dia voce a chi. Nei suoi cataloghi, per esempio, compaiono spesso testi di scrittori, di filosofi, poeti. Poca critica, quasi sempre ai margini. A scrivere di Barceló sono gli intellettuali che legge, gli amici che frequenta, gli artisti che hanno percorso con lui un pezzo di strada. Tutti loro condividono con Barceló una cosa: la vita, l'esperienza.
Perché per lui la lettura è sempre legata al chi e dove legge. Non è insomma un caso che Miquel Barceló lettore abbia spesso incontrato il Miquel Barceló personaggio di finzione. A più riprese, infatti, gli scrittori che leggeva e frequentava hanno scritto romanzi che lo avevano come protagonista, si pensi ad esempio al *Too Far from Home* di Peter Bowles o a *L'homme au chapeau rouge* di Hervé Guibert. In entrambi la pagina letteraria racconta di un occidentale che vive lunghi periodi in Africa. E non a caso è proprio lo stesso pittore occidentale ad abitare i diari di Barceló (che scrive di sé durante i lunghi soggiorni in Mali): in quelle pagine l'eroe della rinascita economica spagnola degli anni Ottanta sembra vaporizzarsi. Non c'è più il giovane emergente, il venticinquenne che nel 1982 arriva a Kassel con la propria pittura coloratissima ed espressiva. In Mali non c'è traccia dei fasti di New York, la città che frequenta a fine anni Ottanta stringendo amicizia con Basquiat e Clemente. In Africa l'artista inizia a interrogarsi sull'urgenza di ciò che avviene davanti al quadro, sul senso profondo della propria ricerca perché lì "ci sono polvere e mosche [...] e tutte le malattie del mondo, e la

1 Appunto del maggio del 1988, oggi pubblicato in M. Barceló, *Cuadernos de África*, Galaxia Gutenberg, Barcellona 2004, p. 18.

morte tutto il tempo, per questo deve essere giustificabile il fatto di prendere in mano un pennello".[1]
E il senso della pittura, che non può essere slegato a quello della vita, passa attraverso la morte. A inizio anni Novanta la morte è una presenza che circonda l'artista ovunque: sono quegli gli anni in cui l'AIDS inizia a decimare la popolazione della *movida* madrileña. Hervé Guibert – l'amico e romanziere parigino – morirà nel 1991, tentando il suicidio negli ultimi giorni della malattia, davanti alle telecamere. Nell'anno della morte dell'amico Barceló annota nel suo diario:

> Film – morte degli artisti, gli ultimi momenti della vita d'artista. Agonia come delirio [...] Per esempio Pollock che perde il controllo della macchina. Il caso di Picasso che nuotava [...] una morte borghese e tranquilla è la morte di Franco.[2]

La morte, la fine, sono una fonte di ispirazione, il controcanto alla vita dell'artista, il suo momento più alto. La prova di una vita geniale che si oppone alla serena morte borghese del dittatore. E questi momenti vanno registrati, filmati, perché non è tanto la vita dell'artista (o la sua fine) a essere arte, ma la rappresentazione della stessa. Nel passaggio dalla vita alla rappresentazione interviene l'arte, aggiungendo senso alla perdita, alla storia. Perché davanti alla morte si possa giustificare la necessità della creazione. Lukács nella sua *Filosofia dell'arte* descrive la morte di una persona cara in questi termini:

> L'armonia di due esseri si mantiene in vita solo con un rapporto continuo: e quando questo si rompe, anche il passato scompare; infatti tutto quanto è possibile sapere di un'altra persona, si traduce in attesa, possibilità, desiderio e timore, un sogno [...] E ogni rottura... non solo manda irrimediabilmente in frantumi il futuro, ma sopprime anche tutto l'intero passato [...] Così ogni individuo è spinto di continuo ad abbandonare la realtà vissuta; e qualora la sua continuità si spezzi, la realtà apparirà come un sogno, mentre i mondi delle varie possibilità di comunanza diventeranno la vera realtà.[3]

Per Miquel Barceló il sogno, l'artificio, colmano il salto tra la vita e la rappresentazione, tra la Storia e il racconto. Nella grande mostra ad Avignone Miquel Barceló, uno storico omonimo dell'artista, racconta delle invasioni dell'isola maiorchina e di una grotta che accolse moltissimi in fuga, permettendo la salvezza degli antenati di chi scrive e di chi legge. Quella grotta è oggi a fianco della casa di Miquel Barceló artista. La Storia incontra la vita, ma è negli interstizi tra l'una e l'altra che risiede il senso più vero del racconto. In questo atteggiamento, nella convivenza tra realtà e sogno, tra Storia e racconto si ha la vicinanza più chiara e netta tra Miquel Barceló e Borges, uno scrittore che spesso lo accompagna. Ed è proprio Borges a scrivere:

> Il tempo è la sostanza di cui sono fatto. Il tempo è un fiume che mi trascina, ma io sono il fiume; è una tigre che mi sbrana, ma io sono la tigre; è un fuoco che mi divora, ma io sono il fuoco. Il mondo, disgraziatamente, è reale; io, disgraziatamente, sono Borges.[4]

Borges, disgraziatamente, è Borges. E Barceló è sé stesso: un *Pinochio mort*, la prima scultura in terracotta dogón mai realizzata dall'artista (e che apre qui il percorso di mostra). Un autoritratto dove sono proprio le piccole omissioni, i leggeri cambi, le oscillazioni verso il romanzesco a restituire il ritratto più vero del proprio volto. Perché non c'è rappresentazione – prima del sé e poi del mondo – che possa cancellare queste variazioni. Il fiume del tempo che lo spettatore è richiamato a risalire nel corridoio della sezione faentina è proprio

2 Nei quaderni dell'artista: C.91.8_40.
3 G. Lukács, *Filosofia dell'arte. Primi scritti sull'estetica (1912-1914)*, Edizioni Ghibli, Milano 2015, p. 25.
4 J. L. Borges, *Nuova confutazione del tempo*, in *Altre inquisizioni*, Feltrinelli, Milano 1973, p. 186.

questo: un fluire dove la storia della ceramica si unisce alla storia dell'artista, alla sua rappresentazione.
E quel fiume lo trascina, mentre l'artista stesso lo reinterpreta. Per questo i tavoli che si susseguono nel corridoio mostrano allo spettatore le ceramiche realizzate in oltre un trentennio, ma senza alcuno svolgimento cronologico: il prima e il dopo convivono, in un ritornare di forme, di scelte, di tecniche. In questo corridoio lo spettatore vedrà *La Giulia Bella*, piatto simbolo della collezione faentina, convivere con altre donne: corpi candidi e puri come la calce con cui l'artista riveste le ceramiche (e che così da vicino ricordano anche i 'bianchi' faentini); corpi suggeriti con pochissime pennellate di colore vivido. Rossi accessi, smalti cangianti, che si oppongono alla terracotta dando vita a forme naturali, a florilegi, incrostazioni. Le stesse che popolano i vasi al centro del corridoio in un percorso dove il cambio dei colori non si discosta però dai temi che rimangono sempre gli stessi (per Barceló e per la storia della pittura): l'autoritratto, il ritratto, la natura morta.
Non vi è in questa grande linea di tavoli alcuna linearità temporale. L'inizio e la fine di questo percorso sono già racchiusi nella prima installazione che accoglie lo spettatore: un grande muro. Un muro che può essere visto frontalmente e di spalle. La chiusura, il muro, apre a tutto ciò che vedremo: le teste che popolano il muro sono autoritratti. I colori che lo animano sono gli stessi che muovono tutte le ceramiche che vedremo nella sezione della Faenza. Il percorso di mostra ci suggerisce accostamenti, ma non ci permette di trarre conclusioni immediate, o come scriveva Barceló nei suoi diari:

> Allineo alcuni oggetti per ordine di antichità.
> Un fossile [...] una figura votiva iberica, una bottiglia di Calvados. Apprezzo il risultato, però evito accuratamente di trarre conclusioni.[5]

E questo perché l'unica conclusione possibile è che per Barceló non esiste ceramica che non sia pittura. Osservare i suoi trent'anni di attività ci permette di isolarne dei temi. Gli stessi temi che popolano il secondo spazio di mostra: la parete degli autoritratti, la ricerca intorno alla superficie nera, il mare, le tauromachie, le sue famiglie, le ricerche di memoria cubista e dada (si pensi a *Guitarra*), i ritratti dei filosofi. Ognuno di questi temi non può e non deve essere isolato, ma ha sempre un suo contraltare pittorico. Perché la ceramica, il suo fare, il suo dispiegarsi, sono sempre un risultato della gestualità della pittura, del fluire del pennello sulla tela. O del fluire del Tempo.
Tutto quello che possiamo fare è abbandonarci a questa corrente, seguirla e capire che la Storia della ceramica esiste contemporaneamente alla ceramica di Barceló. Tutto è pensato per restituire allo spettatore l'incontro tra questi due flussi, perché non vi sono affluenti (né rivoli secondari) nella creatività dell'artista. Tutto coesiste e tutto si ritrova nei pezzi esposti: dalla forza plastica delle ceramiche Maya (che resiste nella costruzione delle prime terracotte dell'artista), alla preziosità dell'istoriato (che rivive nelle stesure pittoriche di certe ceramiche a tema marino); dal contrasto delle figure rosse e nere (che riemergono nelle sue ceramiche affumicate e graffite) alla gestualità informale delle *Battaglie* di Lucio Fontana (che torna nei vortici delle Tauromachie).
Perché non c'è tempo che trascini Barceló senza che lui possa abitarlo. Perché non c'è pittura fuori dalla vita. E non c'è realtà fuori dalla pittura.

5 Barceló, *Cuadernos de África* cit., p. 34.

Irene Biolchini

Time is a river which sweeps me along, but I am the river

Jorge Luis Borges, "A New Refutation of Time", 1946

Gather all the sensations of creation in yourself; fire and water,
dry and moist, and that you are at once everywhere; in earth, in water,
in heaven, that you have not yet been born, that you are in the womb,
young, old, dead, beyond death;
Hermes Trismegistus

Life stories always end badly.
Miquel Barceló

Much has been said of and about Miquel Barceló over the last thirty years. And much of what has been written and said returns in the artist's diaries, nourishing a continual short-circuit between critique, life and declarations. It forms a whole in which it is often difficult to distinguish who is speaking, who is giving voice to whom. The texts of writers, philosophers or poets, for example, often appear in his catalogues. But there are very few critics, and they are almost always in the margins. Those who write of Barceló are the intellectuals he reads, the friends he sees, the artists that have shared a stretch of road with him. They all share one thing with Barceló: life, experience.
Because for Barceló, reading is always linked to who he is reading and where. In short, it is no mere chance that Miquel Barceló the reader has often encountered Miquel Barceló the fictional character. Several times, indeed, the writers he read and socialized with wrote novels that featured him as protagonist: consider, for example, Peter Bowles' *Too Far from Home*, or *L'homme au chapeau rouge* by Hervé Guibert. In each, the pages tell the story of a Westerner who lives for extended periods in Africa. And it is not by chance that it is the very same Western painter who inhabits the diaries of Barceló (who wrote about his life during his long visits in Mali): in these pages, the hero of the Spanish economic renaissance of the 1980s seems to vanish into thin air. The young emerging artist no longer exists, nor the 25 year-old who arrived at Kassel in 1982 with his highly coloured and expressive painting. In Mali, there is no trace of the splendours of New York, the city he frequented at the end of the 1980s, forming friendships with Basquiat and Clemente. In Africa, the artist began to question the urgency of what was taking place in the face of the painting, on the deeper meaning of his own exploration, because there, in that place, "there

are dust and flies [...] and all the illnesses of the world, and death all the time, so for that reason the fact of grasping a paintbrush must be justifiable".[1]
And the meaning of painting, which cannot be separated from that of life, takes place through death. At the beginning of the 1990s, death was a presence that surrounded the artist on all sides: those were the years when AIDS was beginning to decimate the people of the *Movida Madrileña*. Hervé Guibert – the Parisian novelist who was Barceló's friend – would die in 1991, having attempted suicide in front of the news cameras during the final days of his illness. In the year of his friend's death, Barceló noted in his diary:

> Film – death of artists, the final moments of the artist's life. Agony as delirium [...] For example Pollock losing control of his car. The case of Picasso who was swimming [...] Franco's death is a bourgeois and tranquil death.[2]

Death, the end, are a source of inspiration, the counterpoint of the artist's life, its highest moment. The proof of a brilliant life that opposes the serene bourgeois death of the dictator. And these moments must be recorded, filmed, because it is not so much the artist's life (or his end) that is art, but the representation of that life itself. Art emerges in the passage from life to representation, adding meaning to loss, to history. Because in the face of death, it is possible to justify the need for creation. In his book on philosophy of art, Lukács describes the death of a dear one in the following terms:

> The harmony between two beings is kept alive only with a continuing relationship: and when this is broken, even the past disappears; indeed everything that it is possible to know about another person is translated into waiting, possibility, desire and fear, a dream [...] And every breakdown... not only crushes the future into irreparable fragments, but it also suppresses the entire past [...] Thus every individual is continually driven to abandon the experienced reality; and when his continuity is broken, reality will appear like a dream, while the worlds of the various possibilities of community will become the true reality.[3]

For Miquel Barceló, it is the dream and the trick that bridge the leap between life and representation, between History and narrative. In the important exhibition at Avignon, Miquel Barceló, a historian with the same name as the artist, tells of the invasions of Mallorca and of a cavern where many of those fleeing took refuge, allowing the ancestors of those who write and those who read to be saved. That cavern is next to the house that Miquel Barceló, the artist, now occupies. History encounters life, but it is in the interstices between one and the other that we find the truest meaning of the tale. In this approach, in the coexistence between reality and dream, between History and narrative, resides the clearest coexistence between Miquel Barceló and Borges, a writer often associated with him. And it was Borges himself who wrote:

> Time is the substance I am made of. Time is a river which sweeps me along, but I am the river; it is a tiger which destroys me, but I am the tiger; it is a fire which consumes me, but I am the fire. The world, unfortunately, is real; I, unfortunately, am Borges.[4]

Borges, unfortunately, is Borges. And Barceló is himself: a *Pinochio mort*, the first dogón terracotta sculpture the artist ever created (and which is positioned at the beginning of the exhibition circuit). A self-portrait in which it is precisely the small omissions, the slight changes, the swings towards the fictional, that make the portrait truer than his own face. Because there is no representation – first of the self and then of the world – that can delete those

1 Entry dated May 1988, now published in M. Barceló, *Cuadernos de África* (Barcelona: Galaxia Gutenberg, 2004), p. 18.
2 In the artist's notebooks: C.91.8_40.
3 G. Lukács, *Filosofia dell'arte. Primi scritti sull'estetica (1912-1914)* (Milan: Edizioni Ghibli, 2015), p. 25.
4 J. L. Borges, "A New Refutation of Time", in *Labyrinths*, 1962.

variations. The river of time that the viewer is invited to follow along the hallway of the Faience section is just that: a flow where the history of ceramics combines with that of the artist, with his representation.
And that river drags one along, while the artist himself reinterprets it. For this reason, the tables that follow one after the other along the corridor offer ceramics created over a period of more than three decades to the spectator's view, but without the slightest chronological order: the before and the after coexist, in a return of forms, choices, techniques. Along this corridor the viewer will see the *La Giulia Bella* dish, the emblem of the faience collection, coexist with other women: bodies as pale and pure as the whitewash with which the artist covers his ceramics (and that, from close up, also bring to mind the "Bianchi di Faenza" white ceramic wares); bodies suggested with just a few brushstrokes of vivid colour. Bright reds and iridescent glazes that contrast with the terracotta, giving life to natural shapes, florilegia, incrustations. Just like those that occupy the vases at the centre of the corridor in an itinerary in which the changing of the colours does not move away from subjects that remain ever the same (for Barceló and for the history of painting): the self-portrait, the portrait and the still life.
There is no temporal linearity in this long line of tables. The beginning and the end of the route are already included in the first installation that greets the viewer: a large wall. A wall that can be seen from the front and from behind. The closing, the wall, opens the way to everything that we will see: the heads that occupy the wall are self-portraits. The colours that animate them are the same as those that enliven all the ceramics we will see in the Faience section. The exhibition itinerary suggests juxtapositions to us, but does not allow us to draw immediate conclusions, or, as Barceló wrote in his diaries:

> I line up a few objects in order of age.
> A fossil [...] an Iberian votive figure, a bottle of Calvados. I like the result, but I carefully avoid drawing conclusions.[5]

And this is because the only possible conclusion is that for Barceló there is no ceramic that is not also a painting. Looking at his thirty years of activity, we can identify certain themes. The same themes that fill the second space of the exhibition: the wall of self-portraits, the research on black surfaces, the sea, bullfighting, his families, the Cubist- and Dada-inspired research (for example, *Guitarra*), the portraits of philosophers. Each of these themes cannot and should not be seen in isolation, but each always has its own pictorial counterbalance. Because the ceramics, their way of being, their way of revealing themselves, are always a result of the gestural nature of painting, of the flow of the brush over the canvas. Or the flow of Time.
All that we can do is abandon ourselves to that current, follow it and understand that the History of ceramics exists at the same time as the ceramics of Barceló. All this has been conceived to reflect back to the viewer the encounter between these two flows, because there are no tributaries (nor secondary rivulets) in the artist's creativity. Everything coexists and everything can be seen among the pieces shown: from the sculptural strength of Mayan pottery (which persists in the construction of the artist's first terracottas), to the preciousness of the adornments (which relives in the painterly glazes of certain sea-themed ceramics); from the contrast of the red and black figures (which resurface in his smoked and scratched ceramics) to the informal gestural nature of Lucio Fontana's *Battaglie [Battles]* (which reappears in the whirls of the Bullfights).
Because a time that can pull Barceló along – without him being able to inhabit it – does not exist. Because there is no painting beyond life. And there is no reality beyond painting.

5 M. Barceló, *op. cit.*, p. 34.

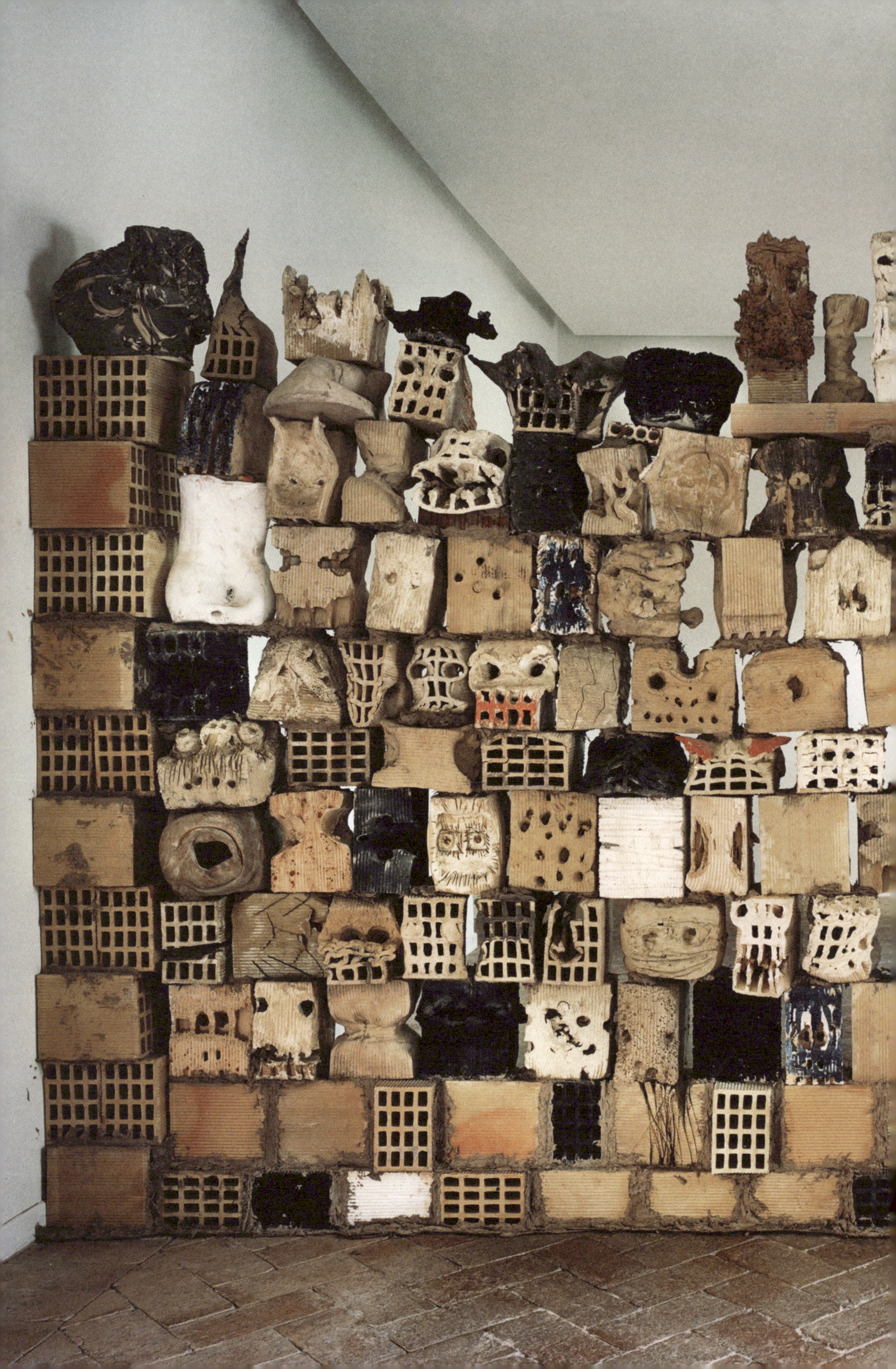

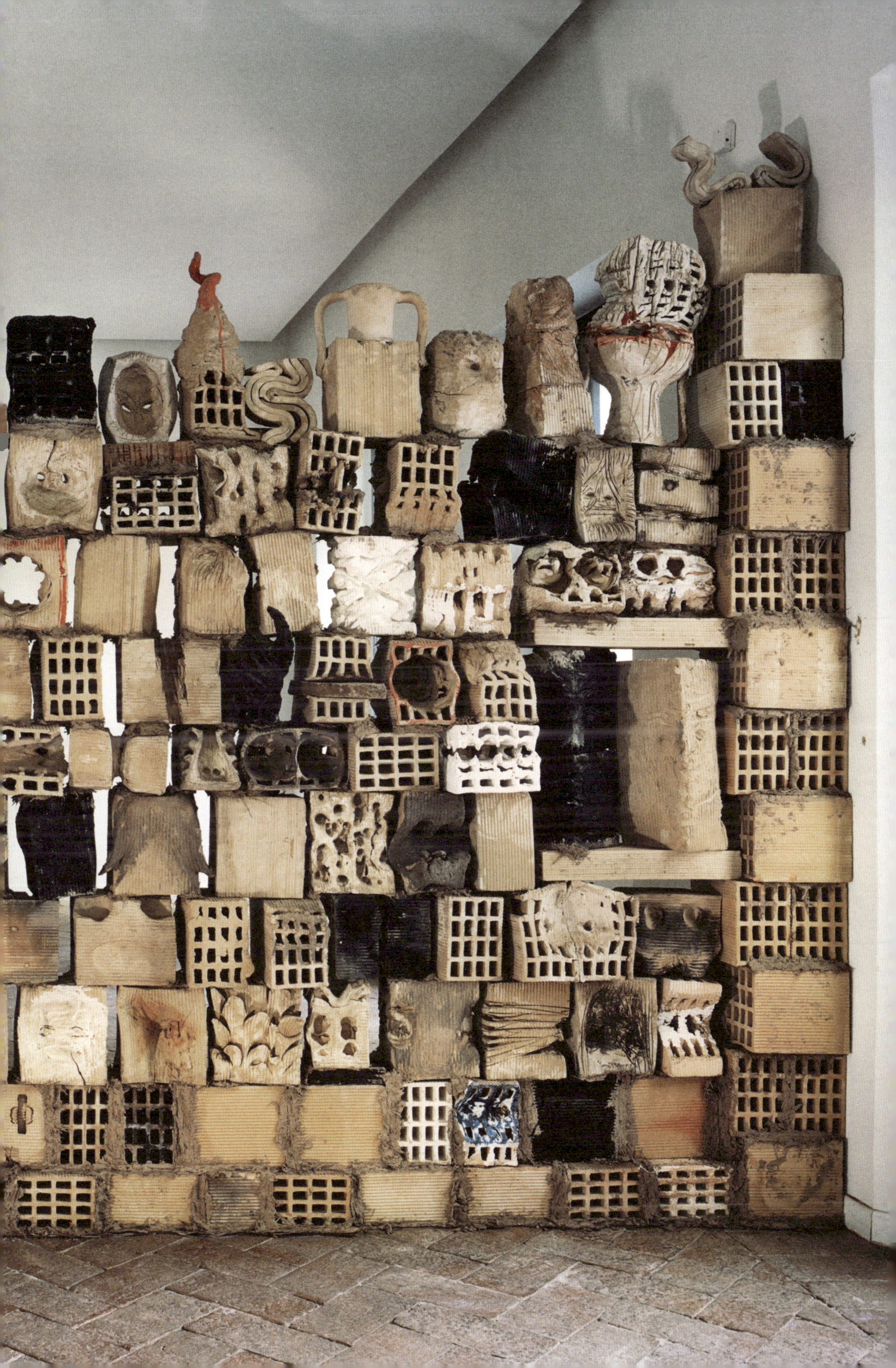

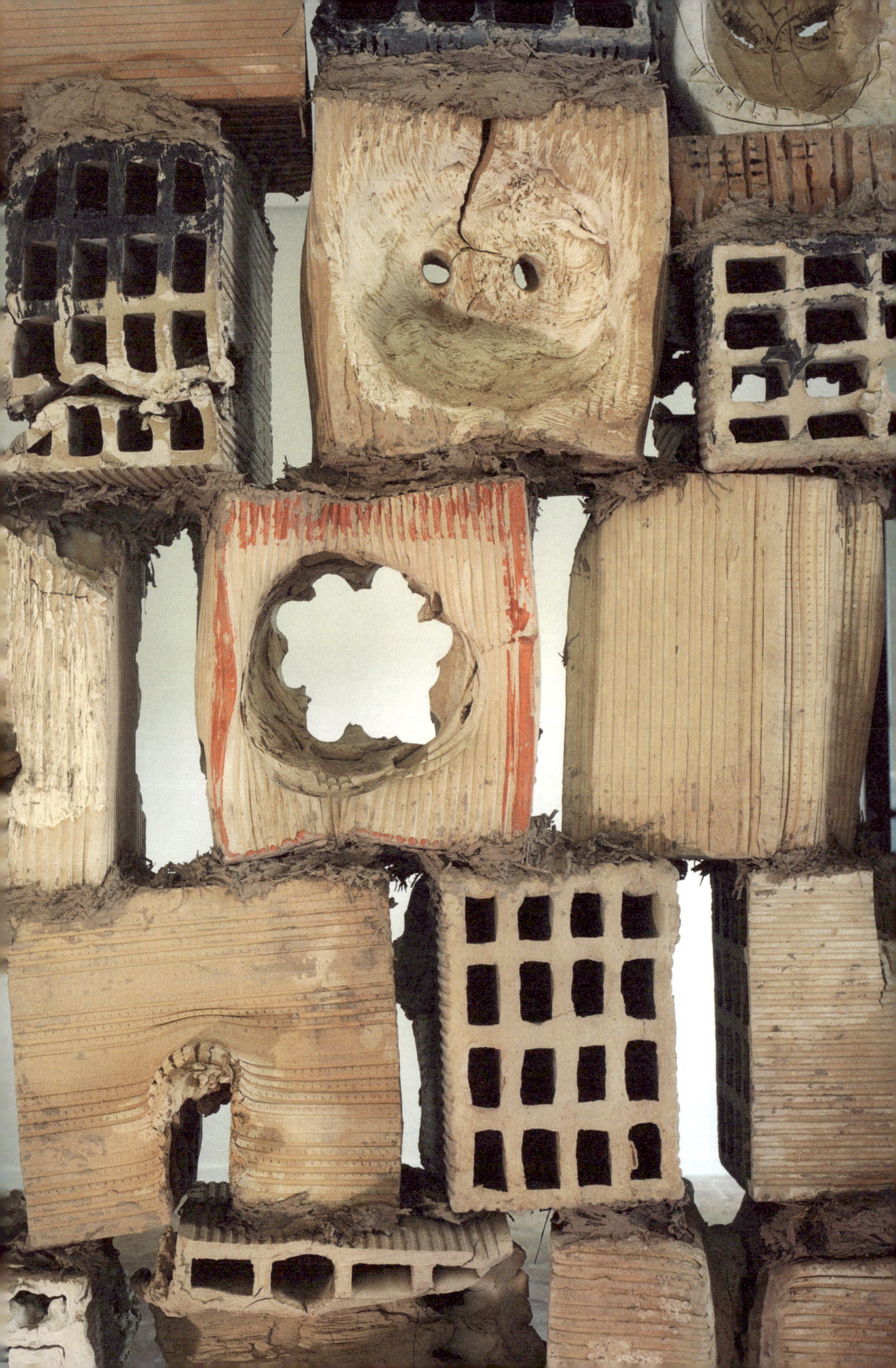

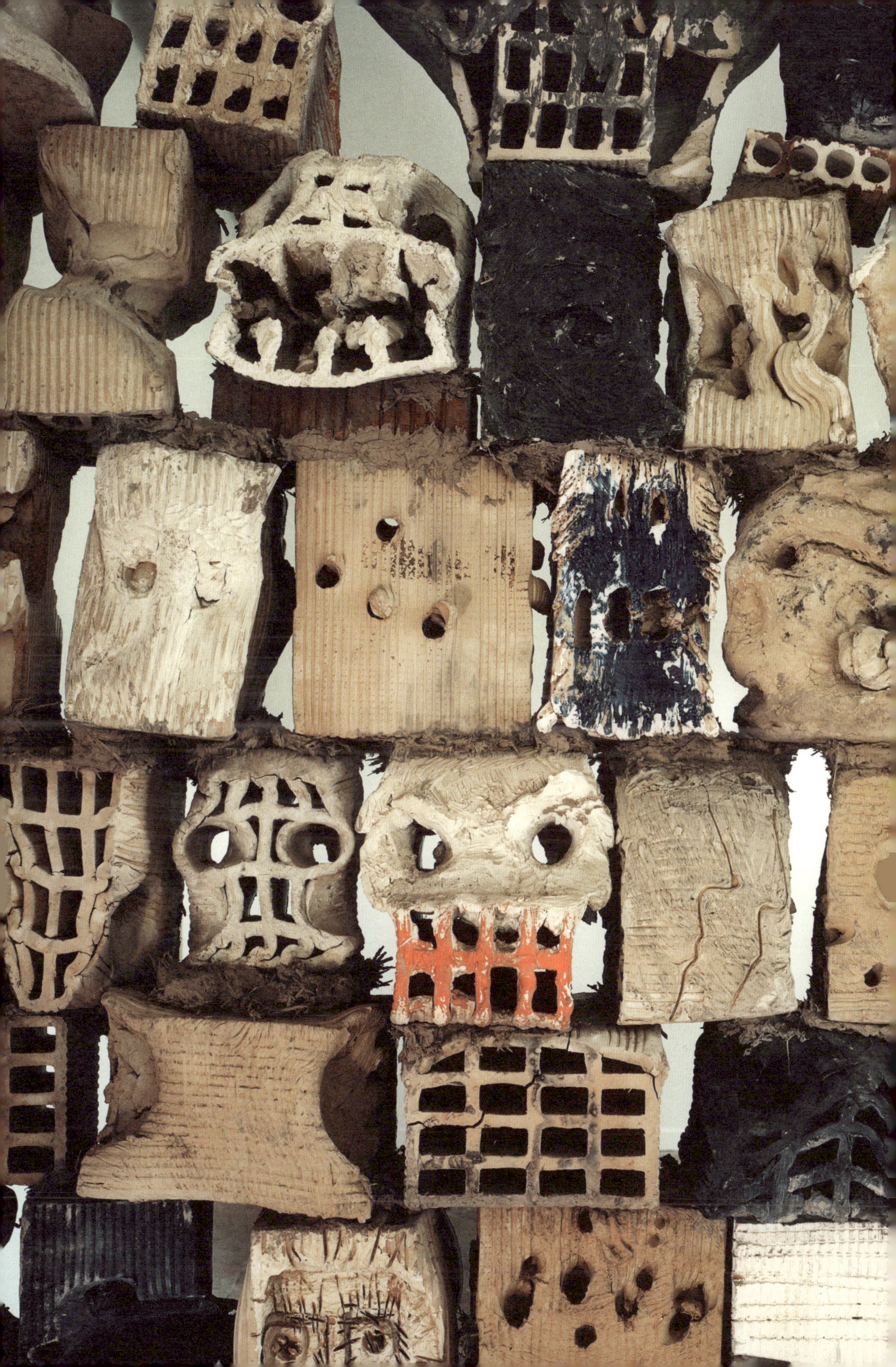

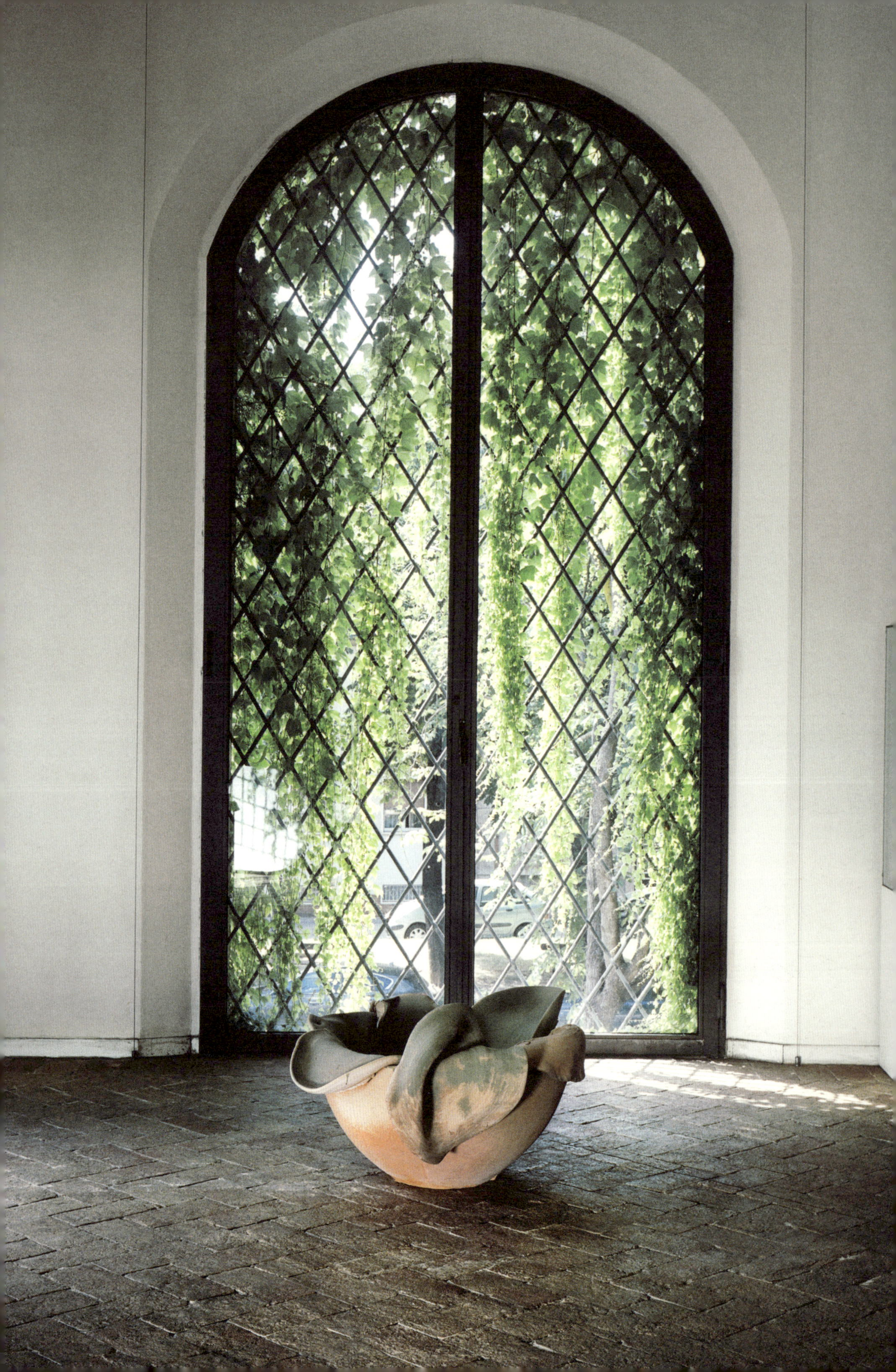

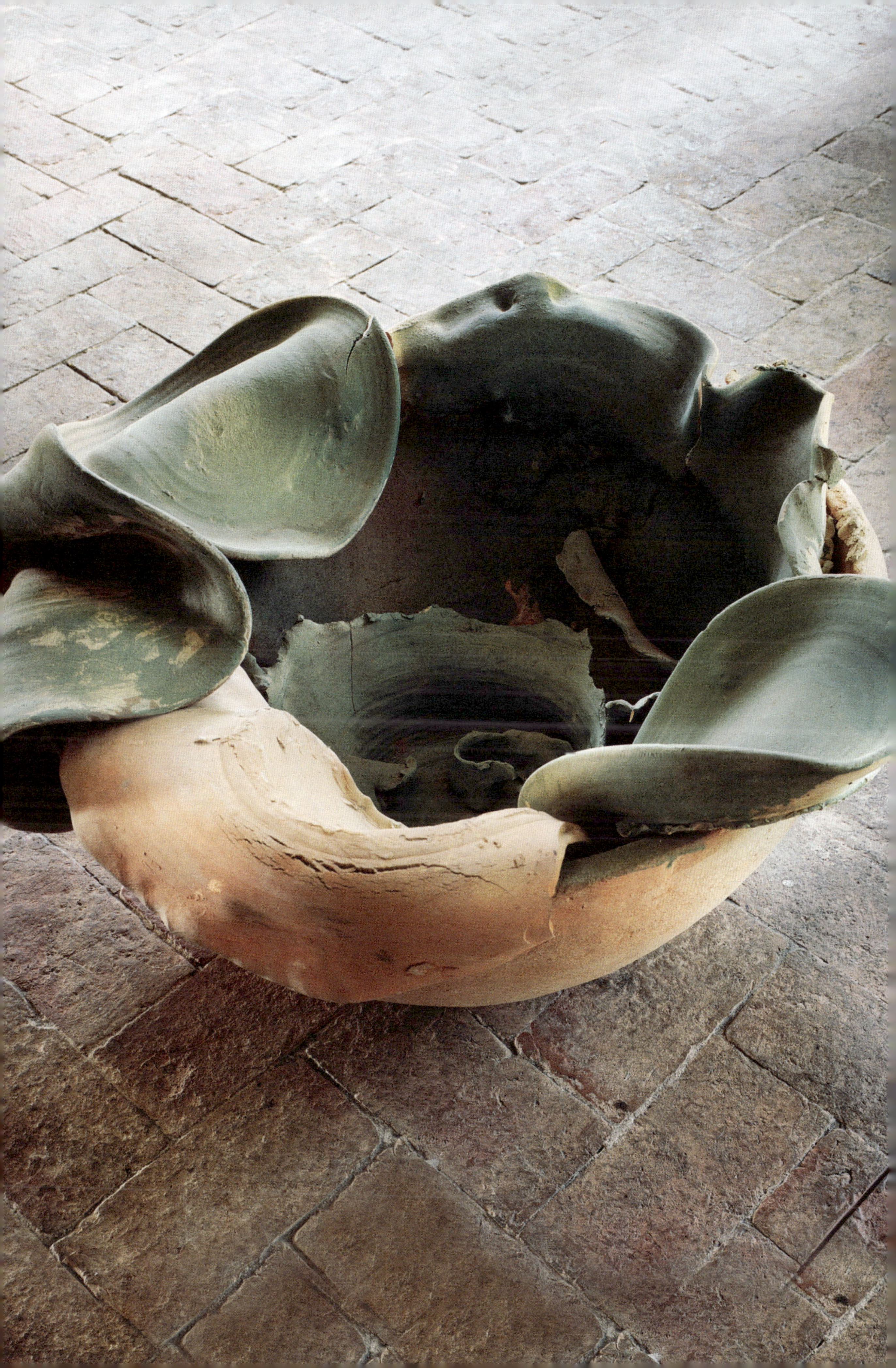

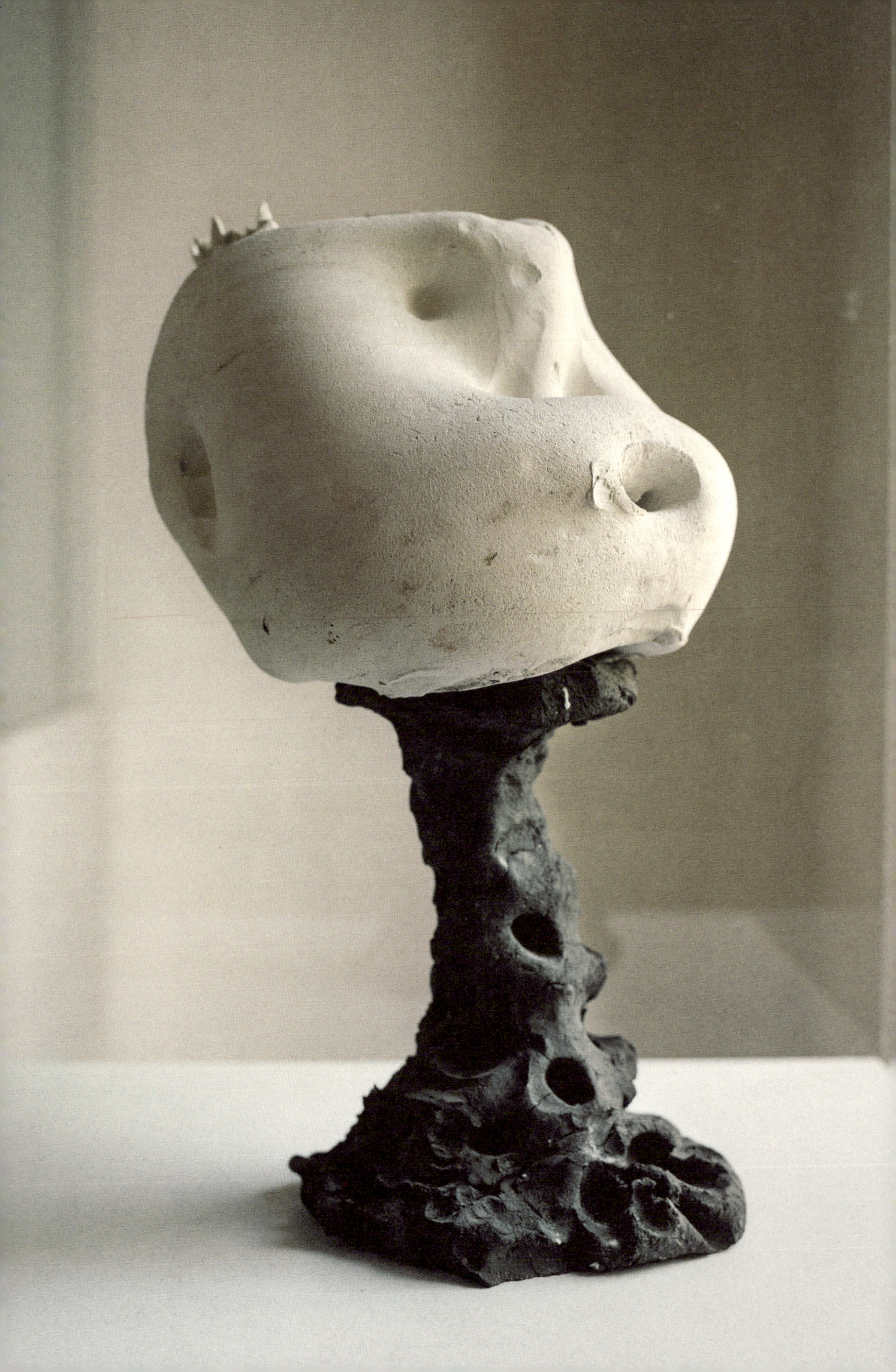

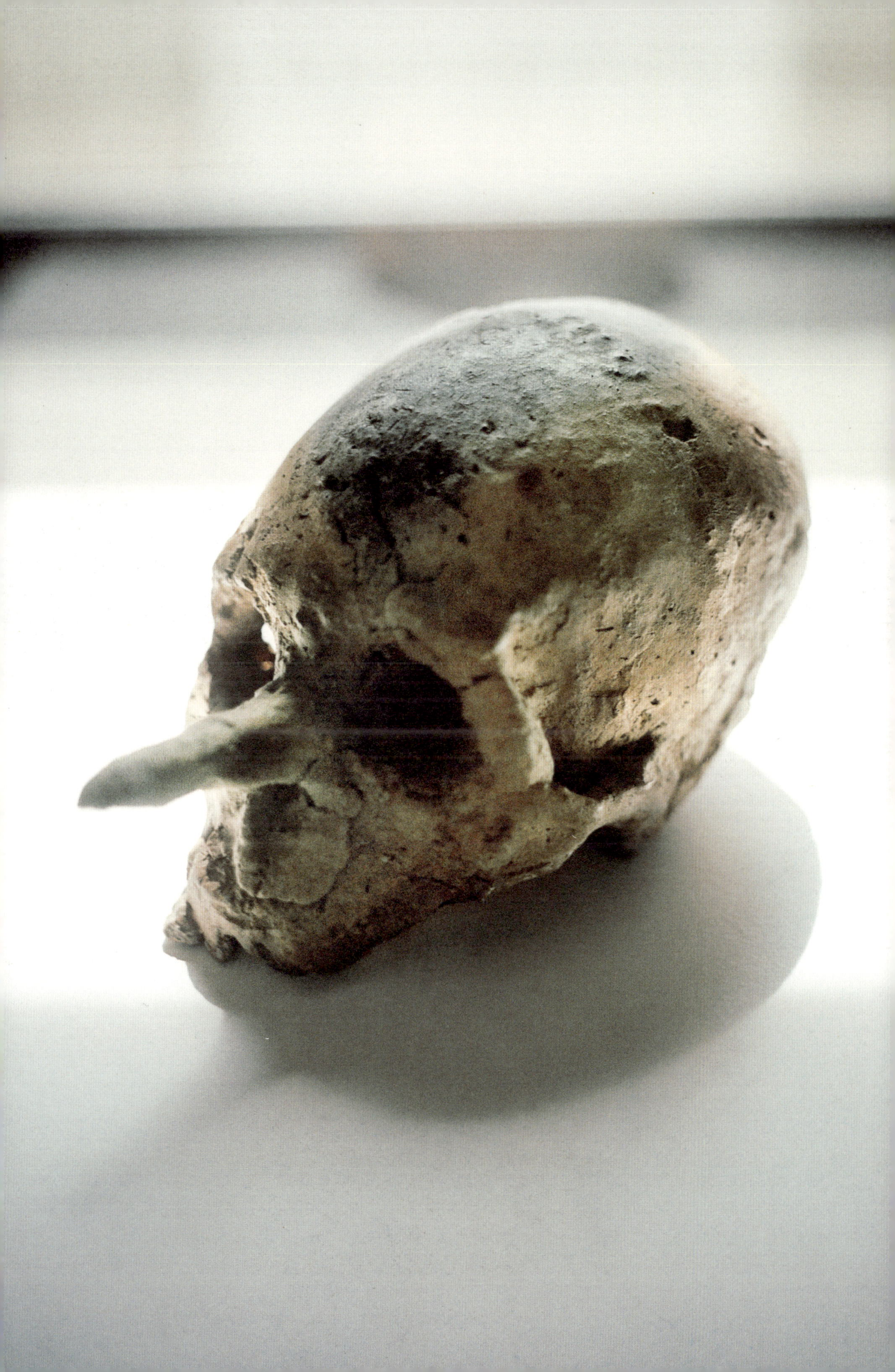

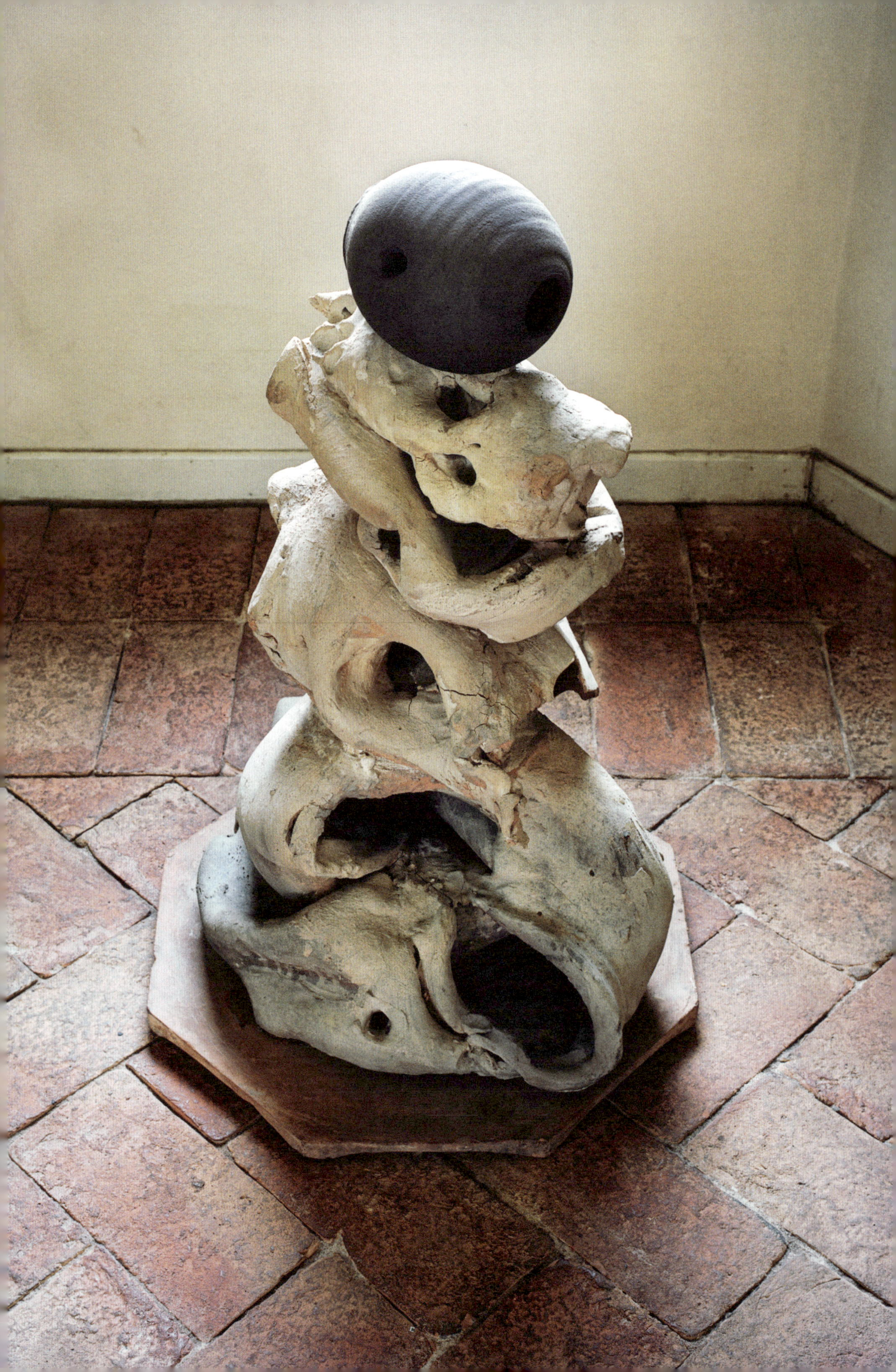

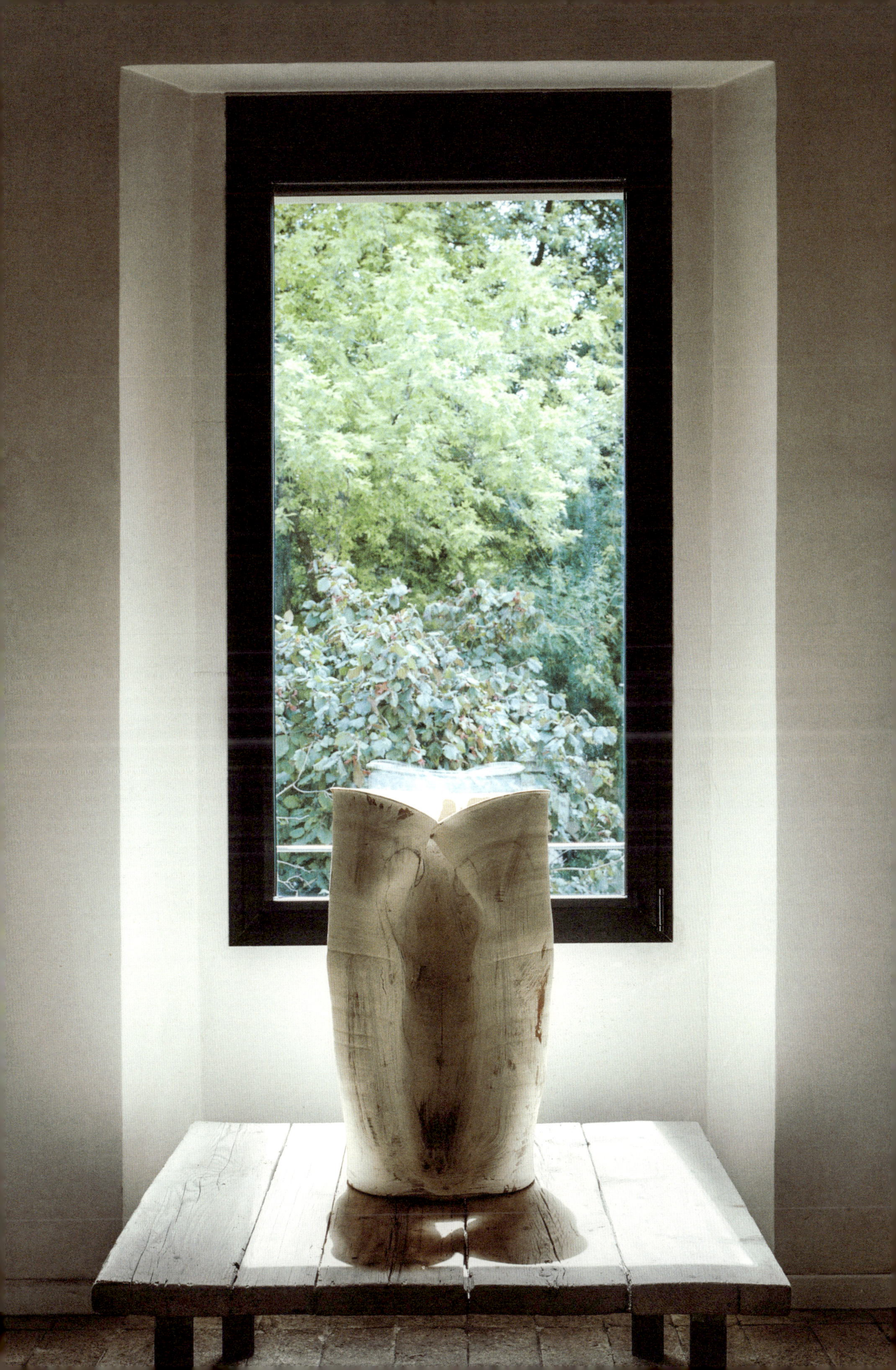

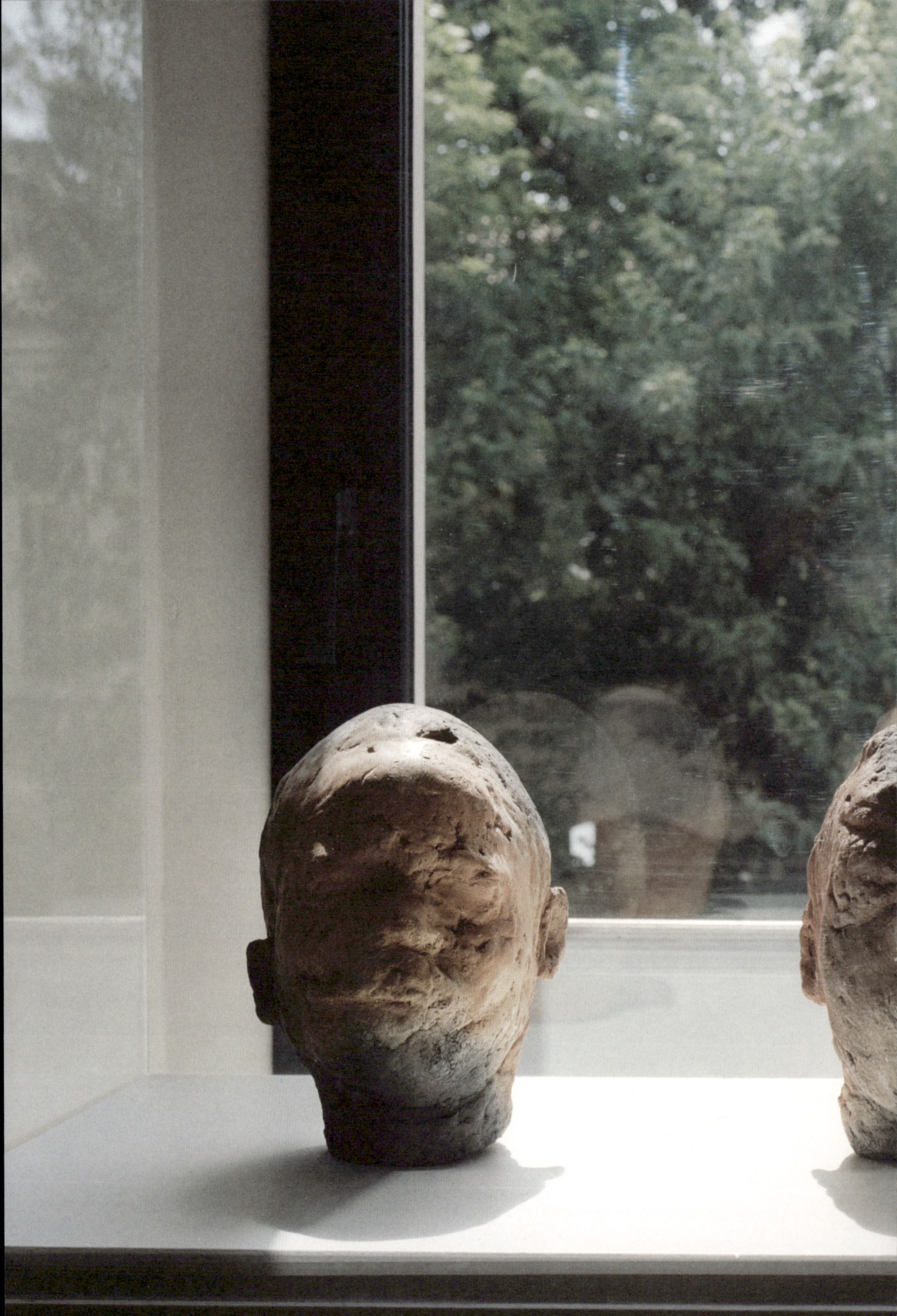

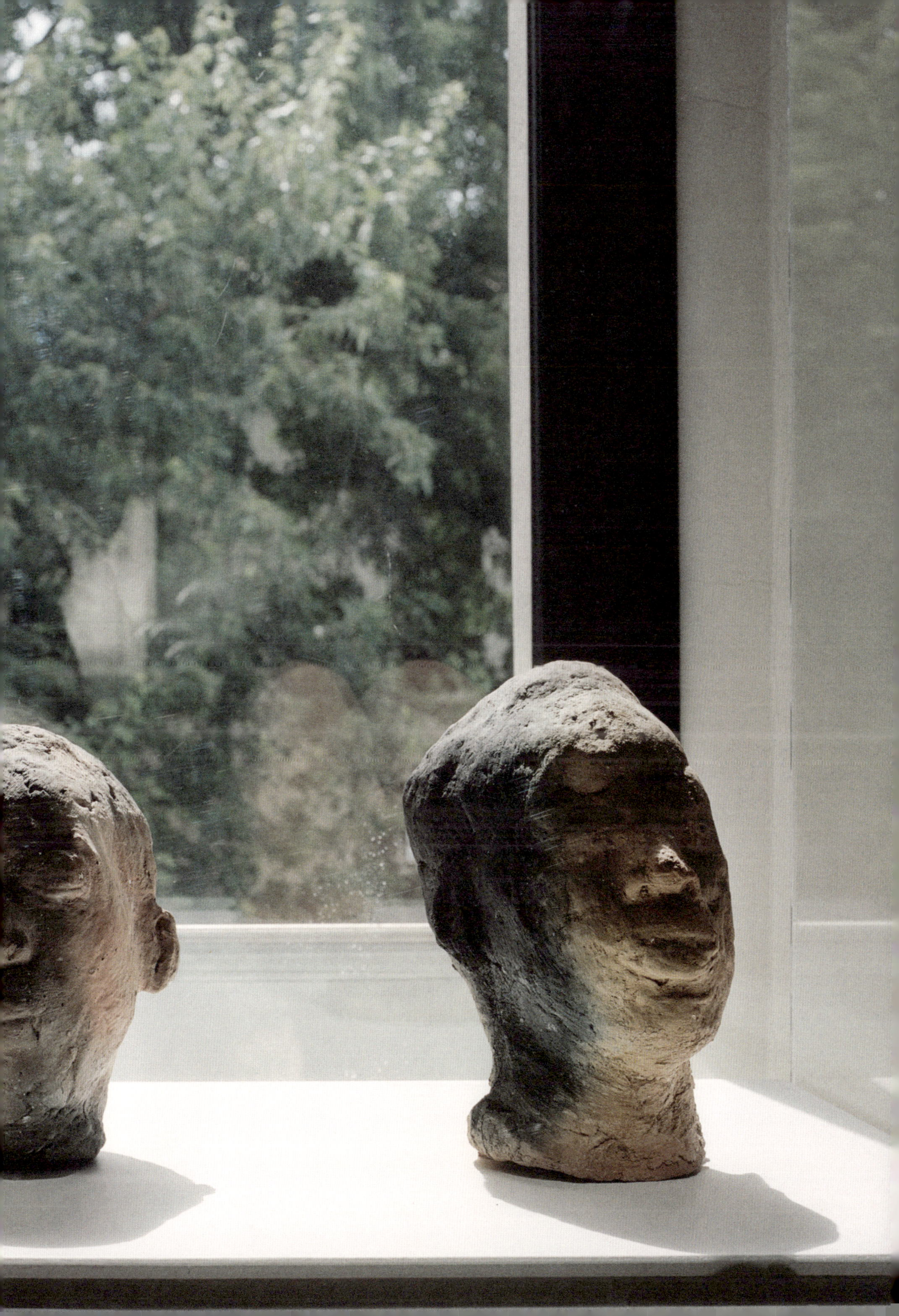

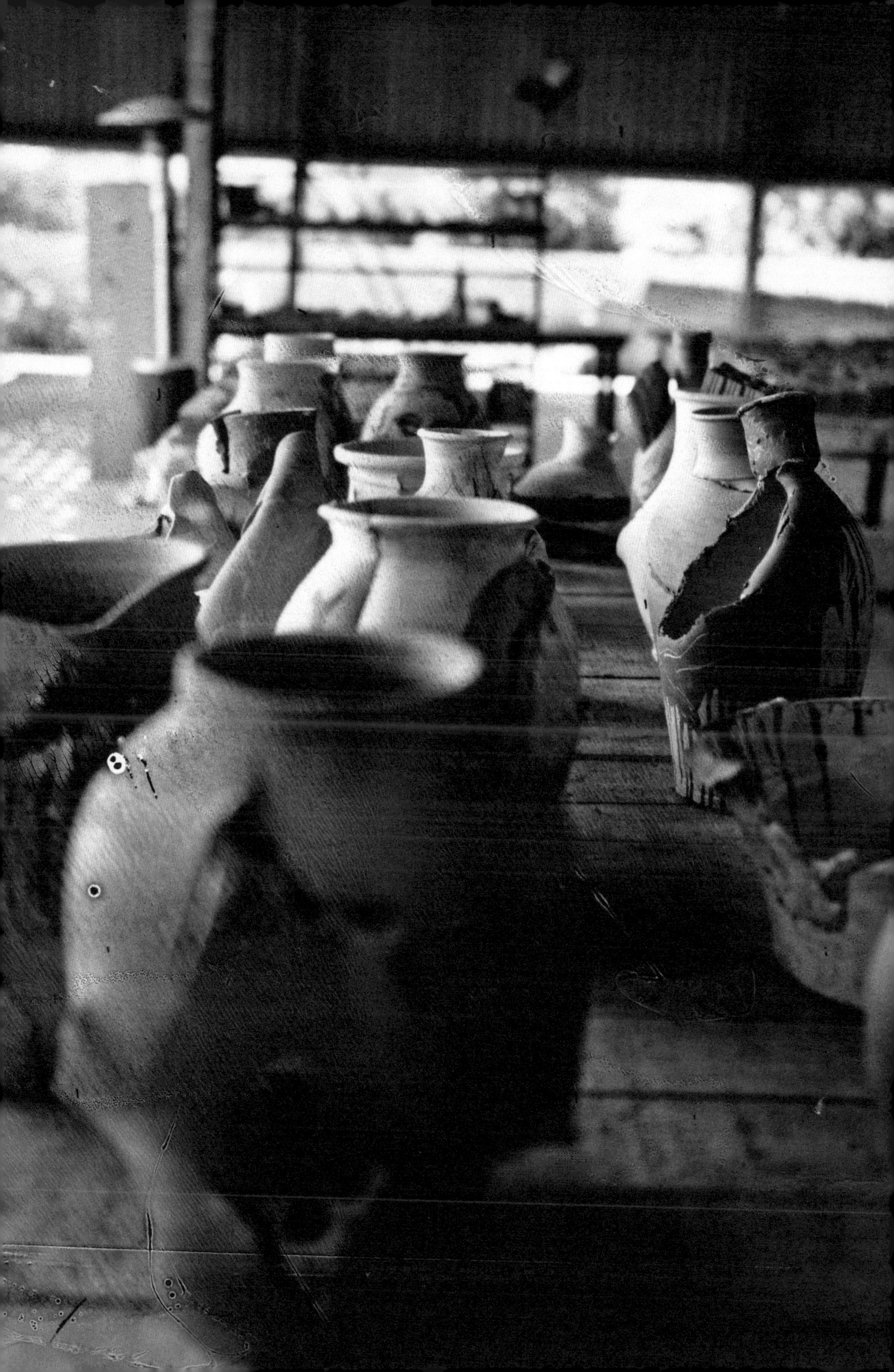

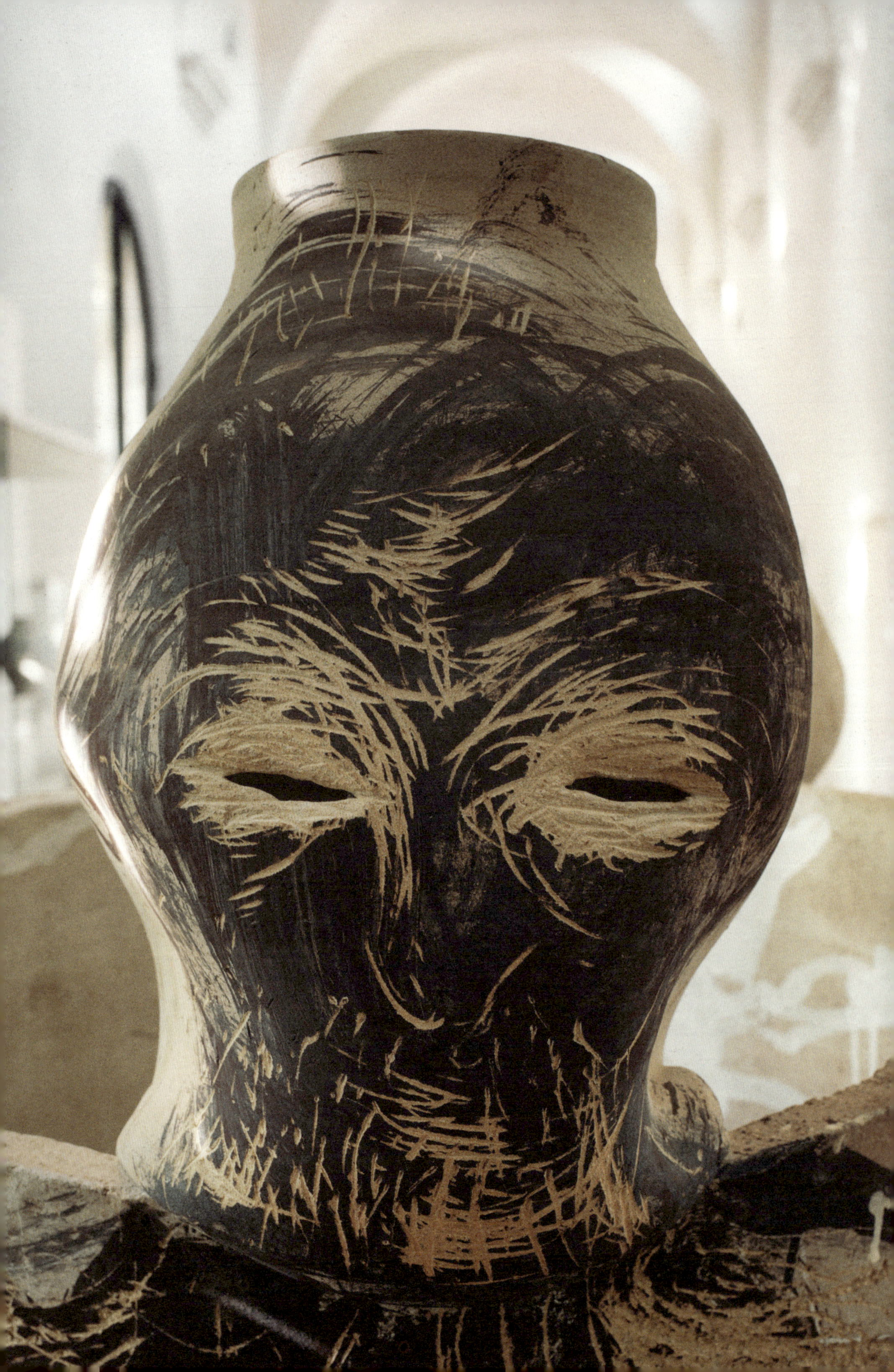

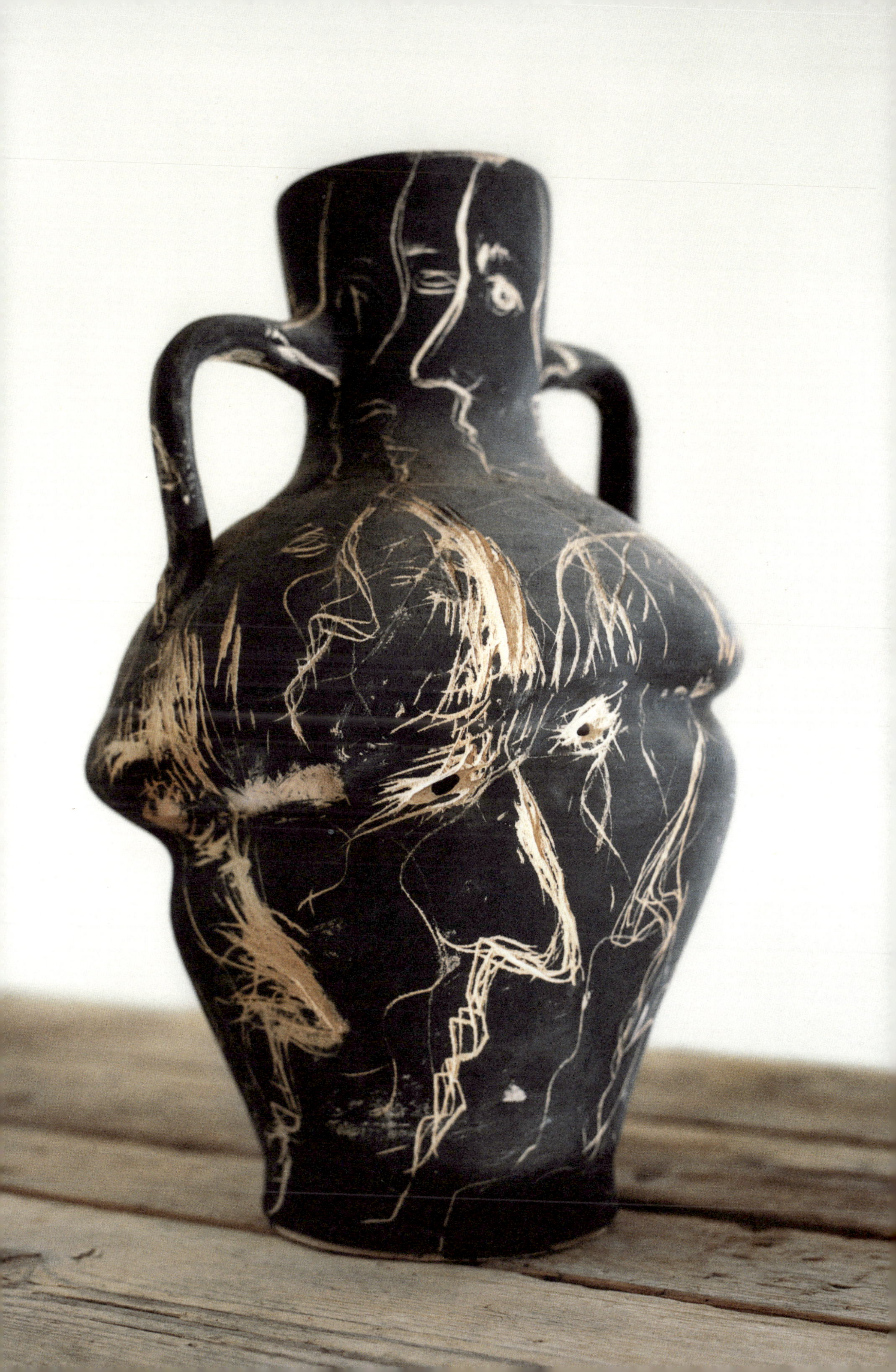

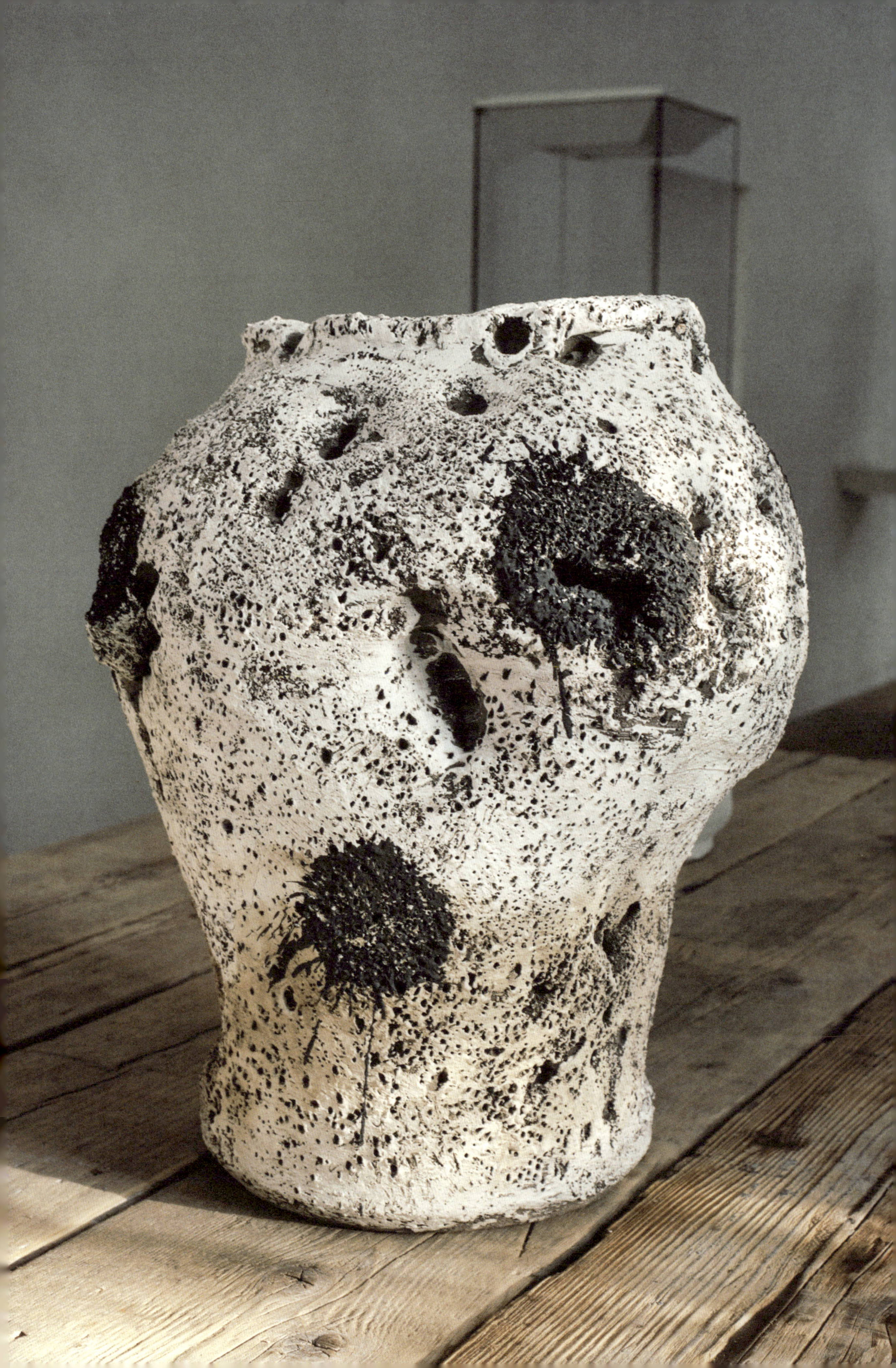

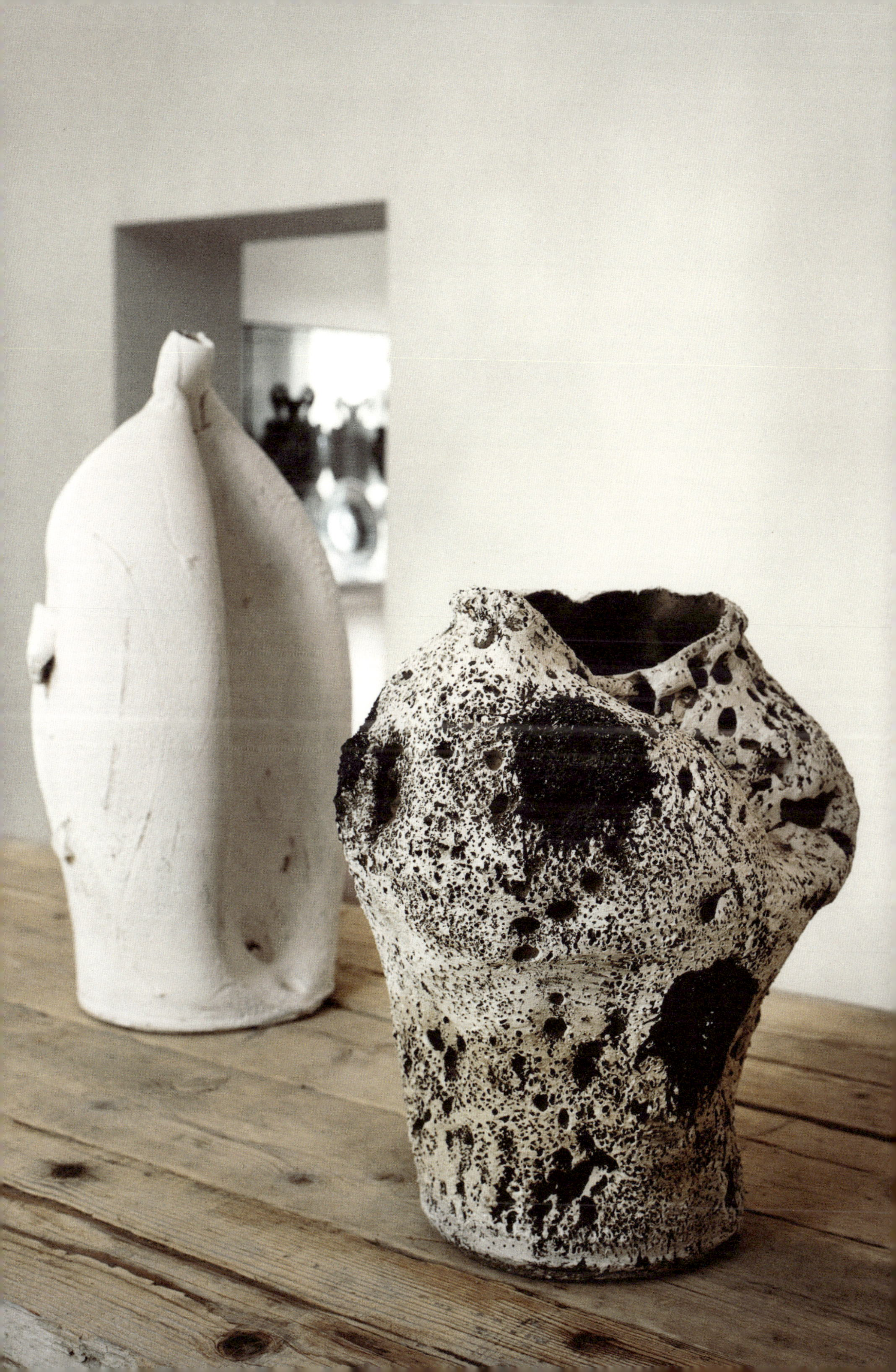

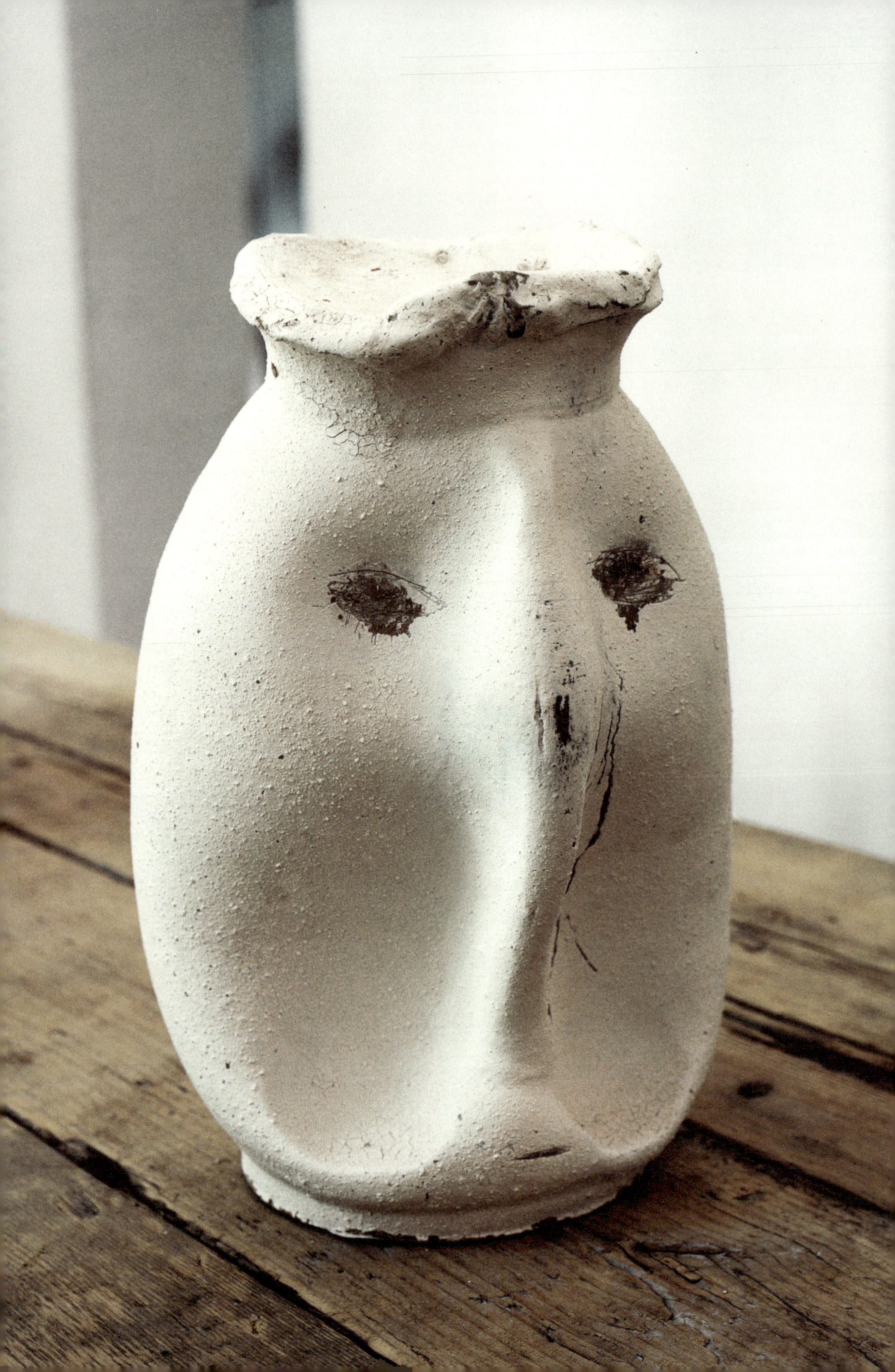

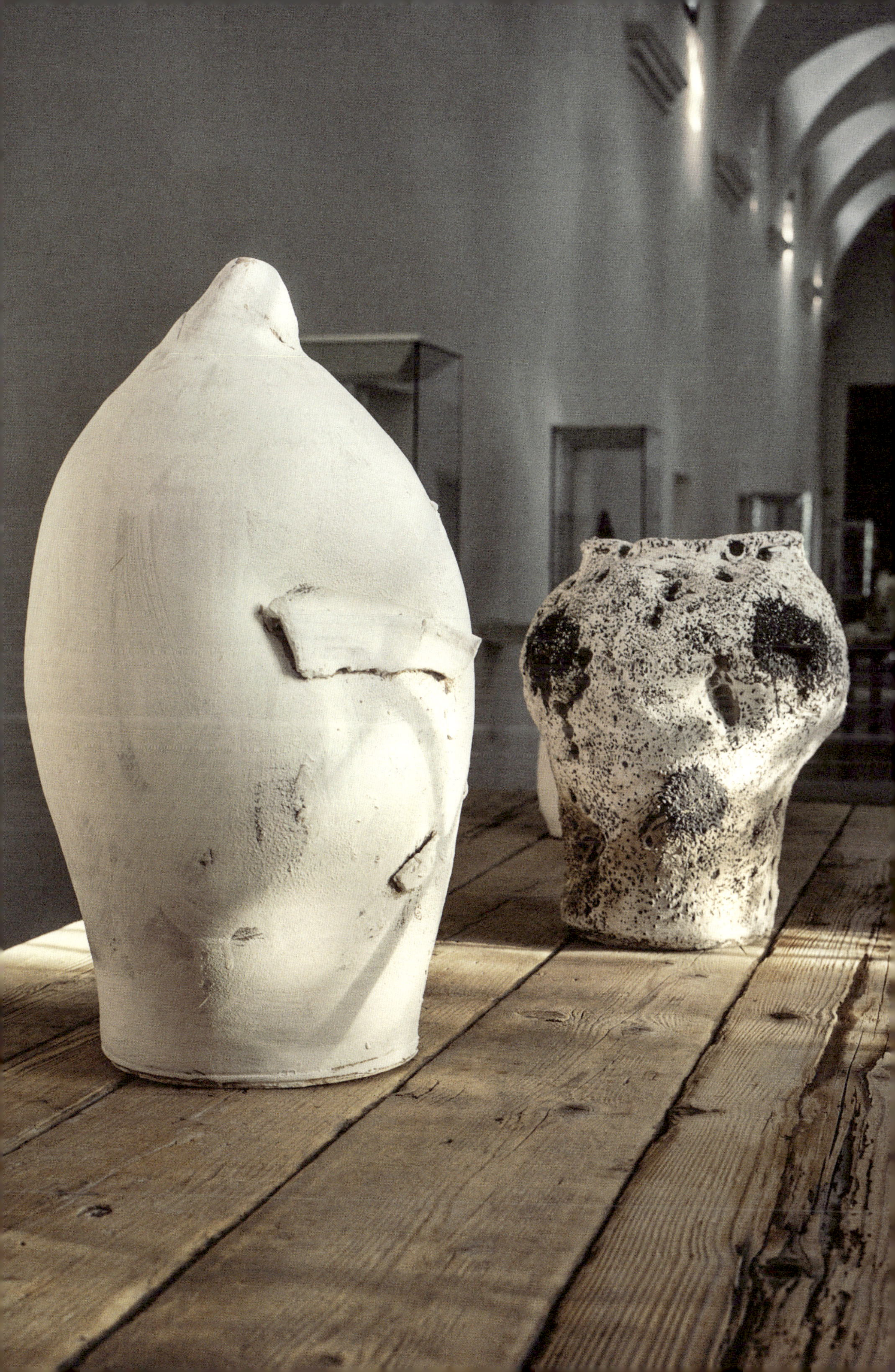

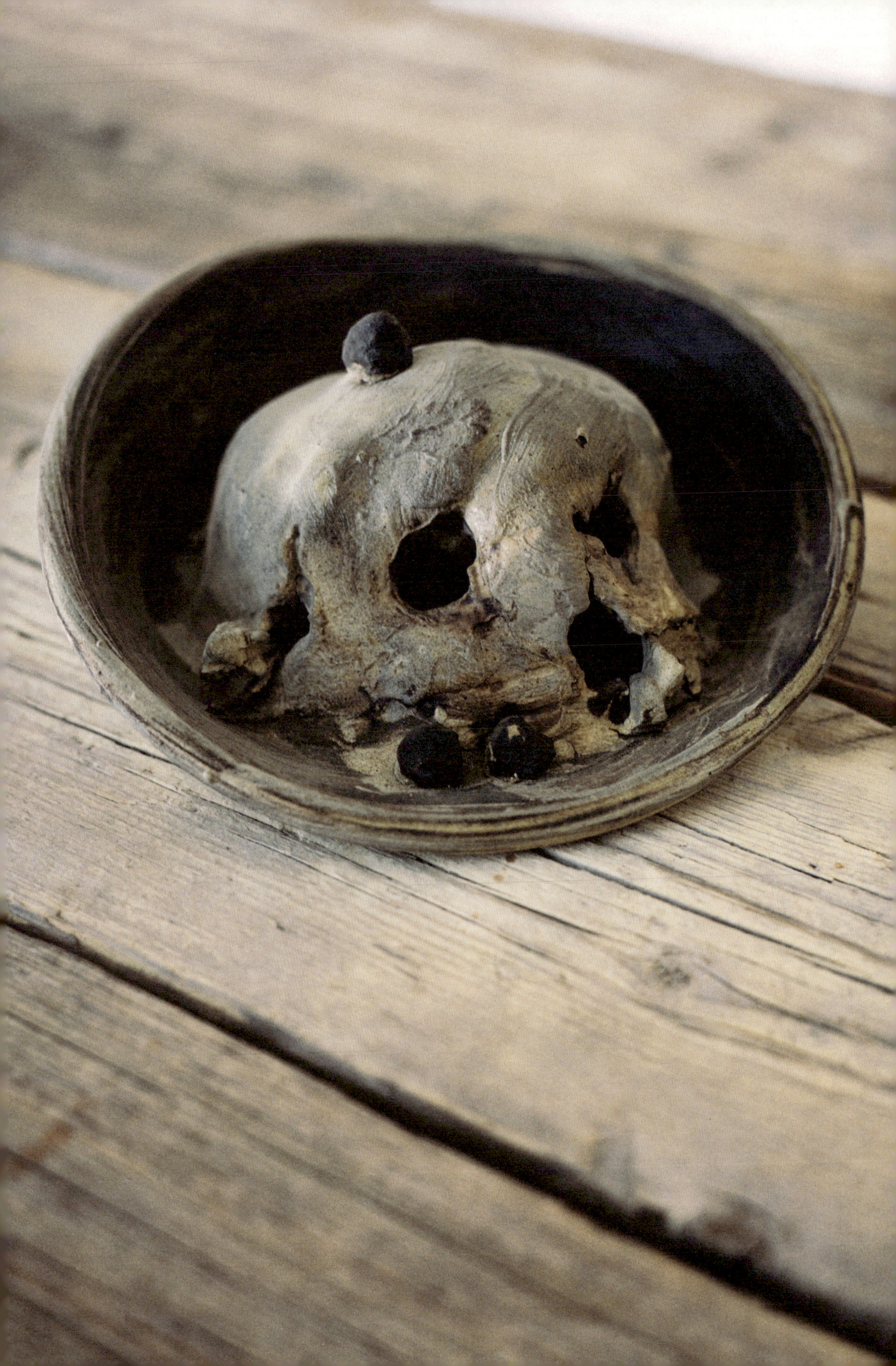

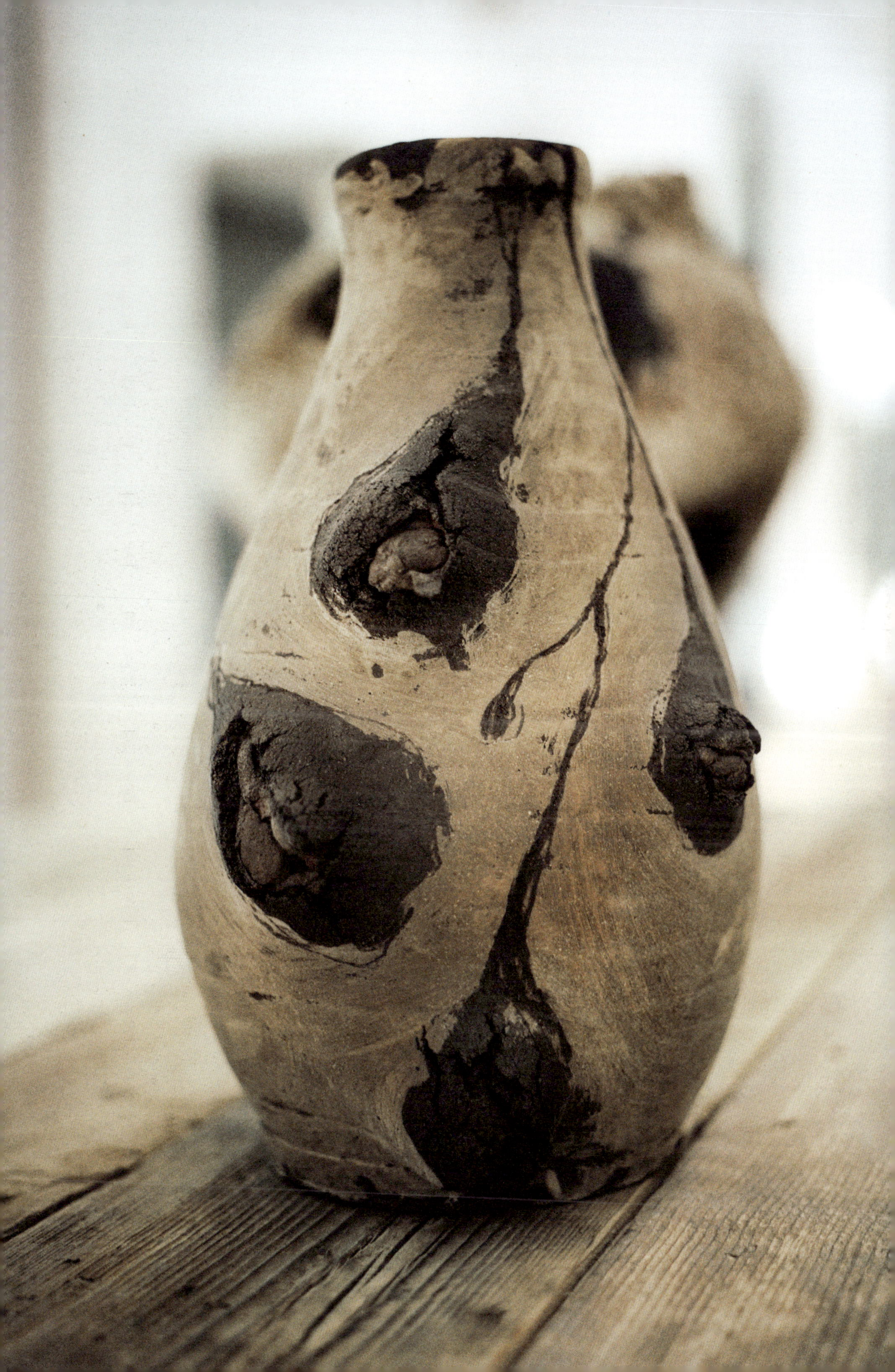

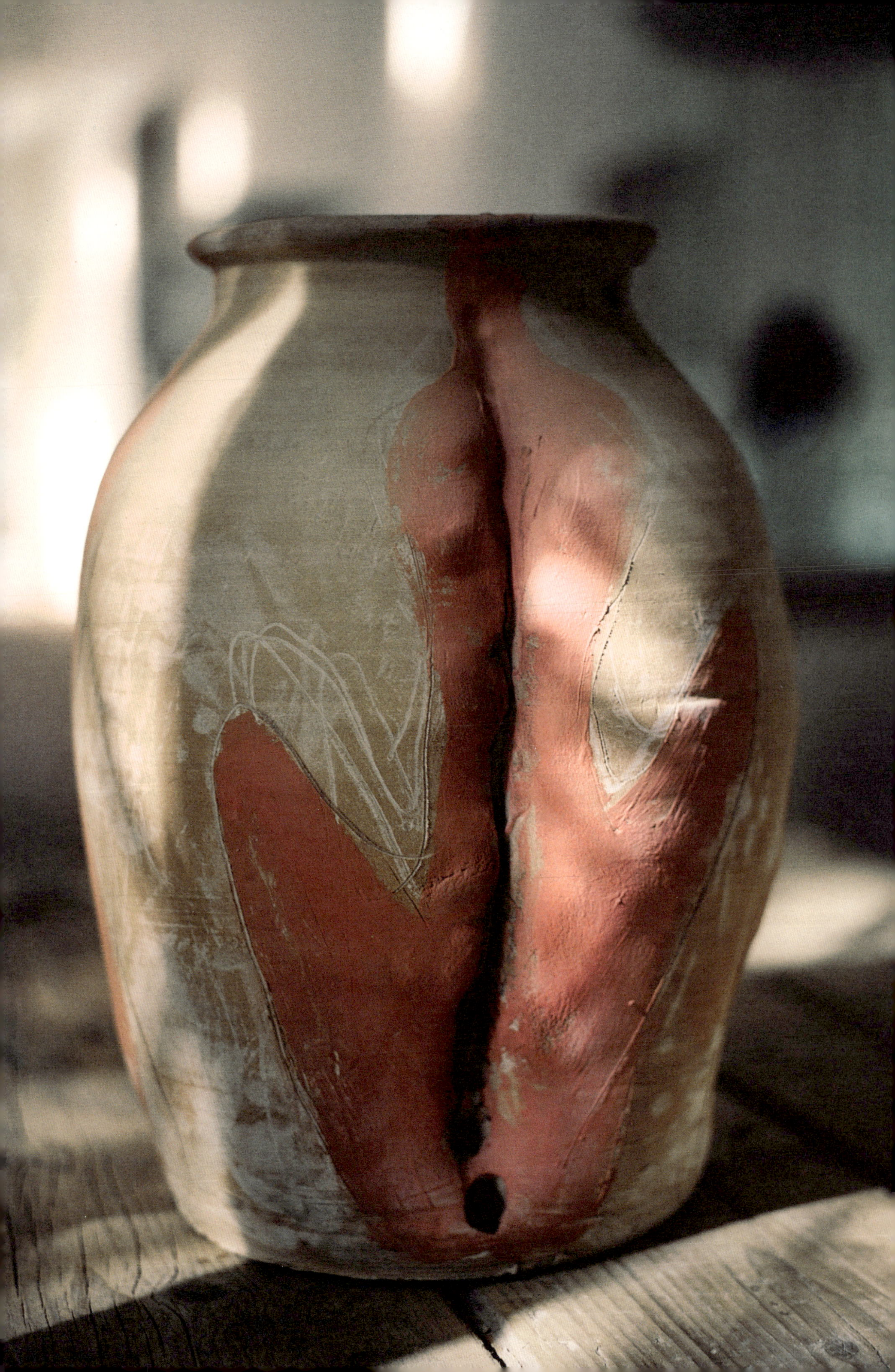

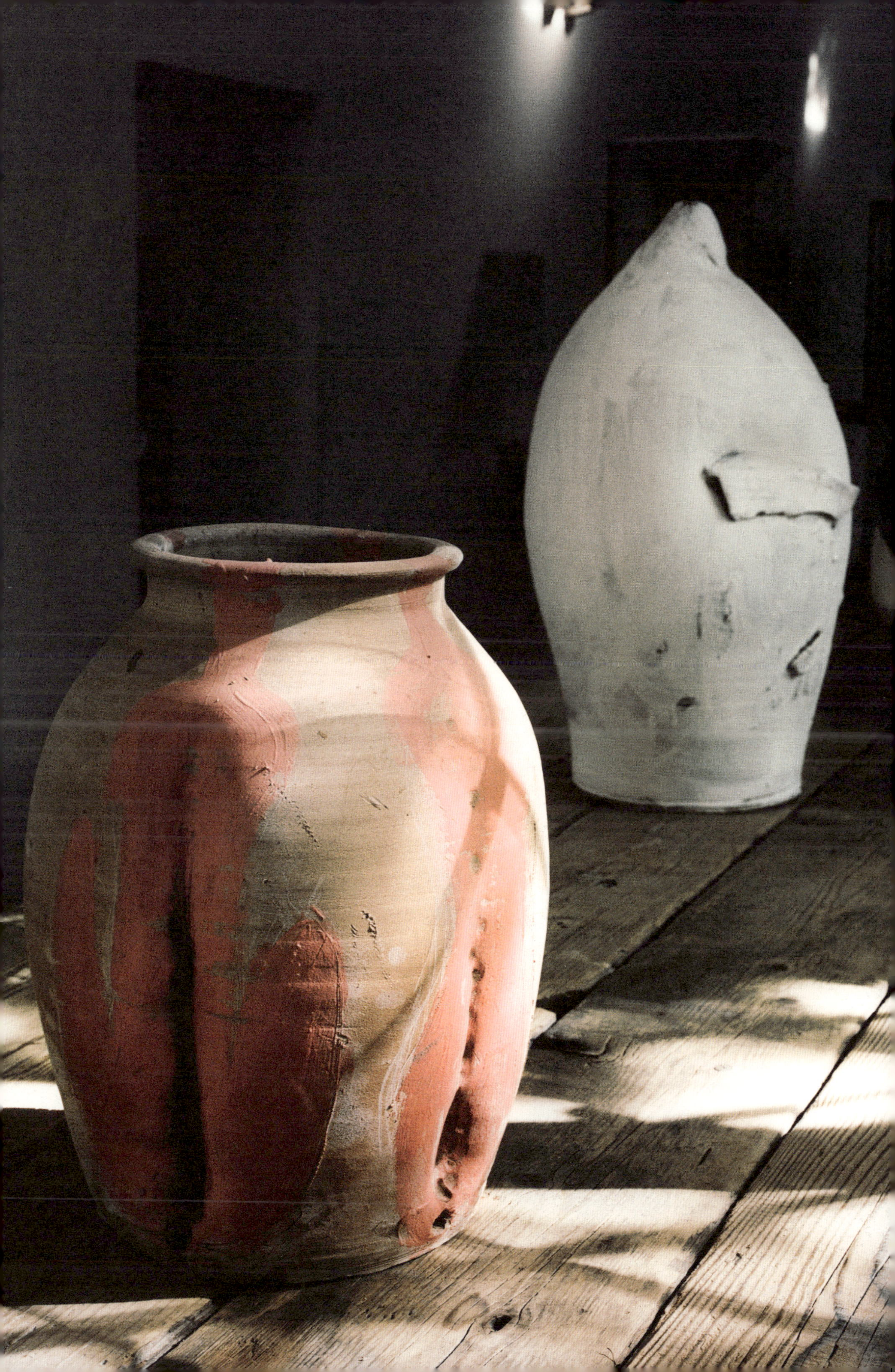

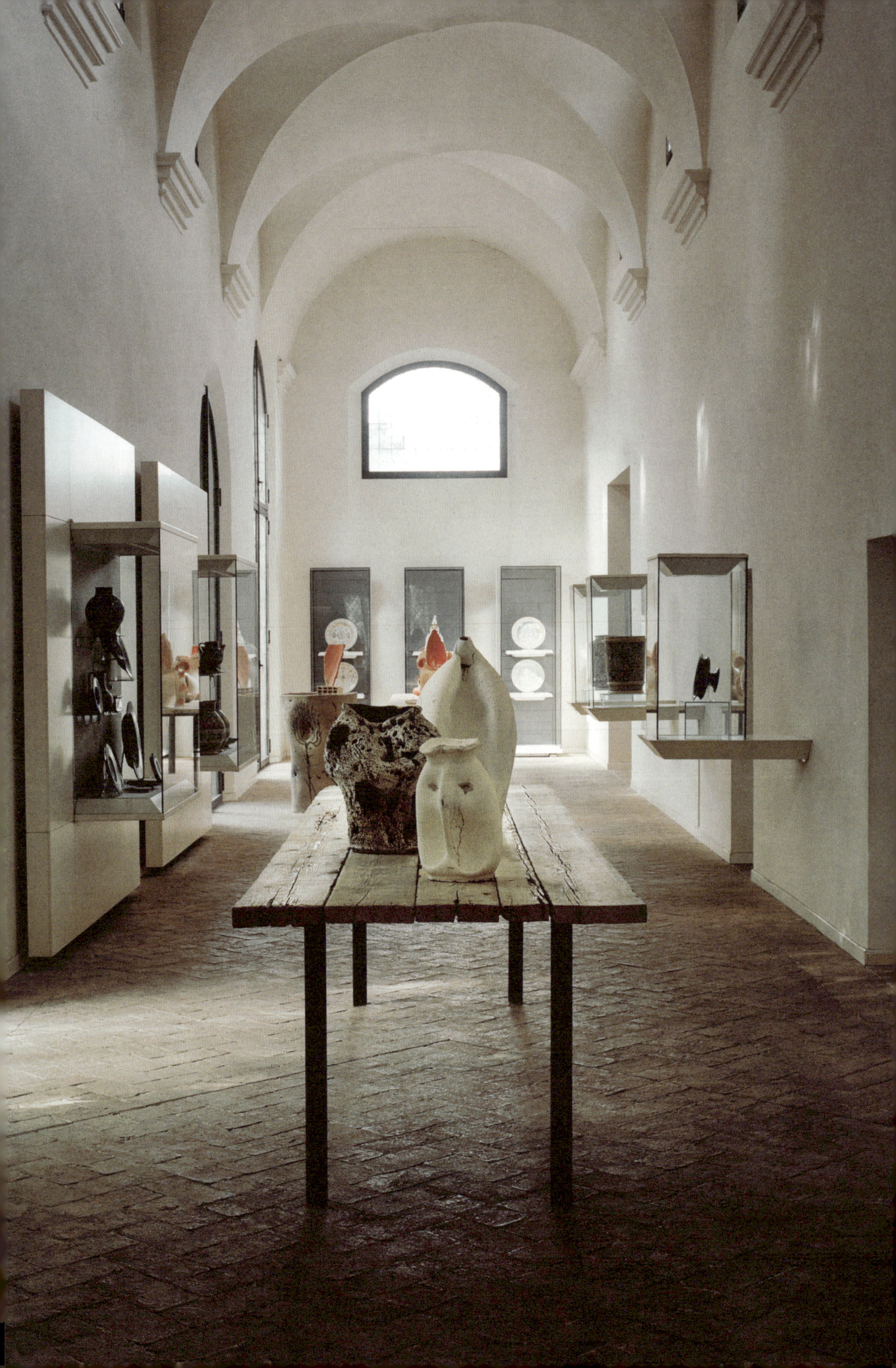

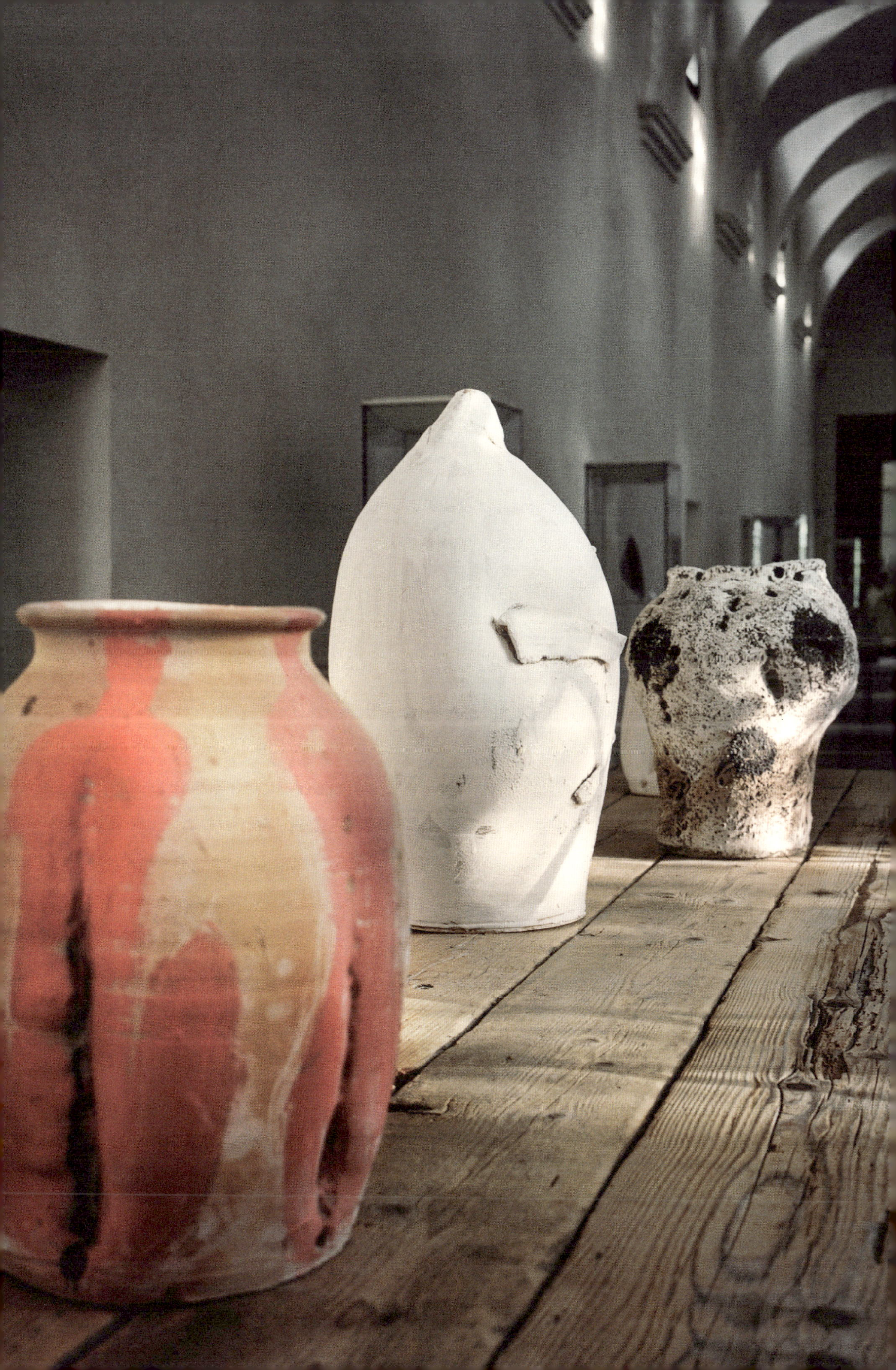

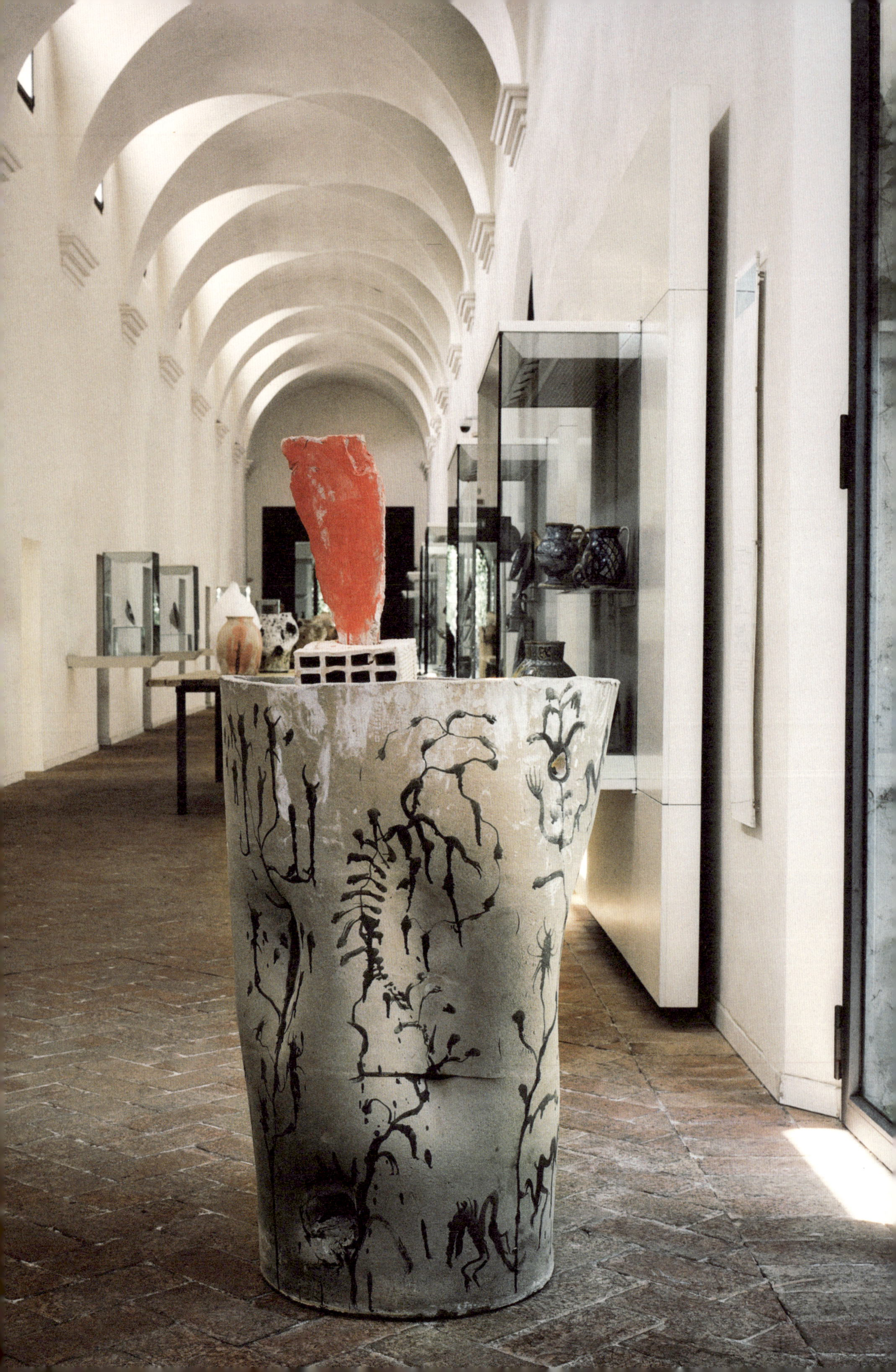

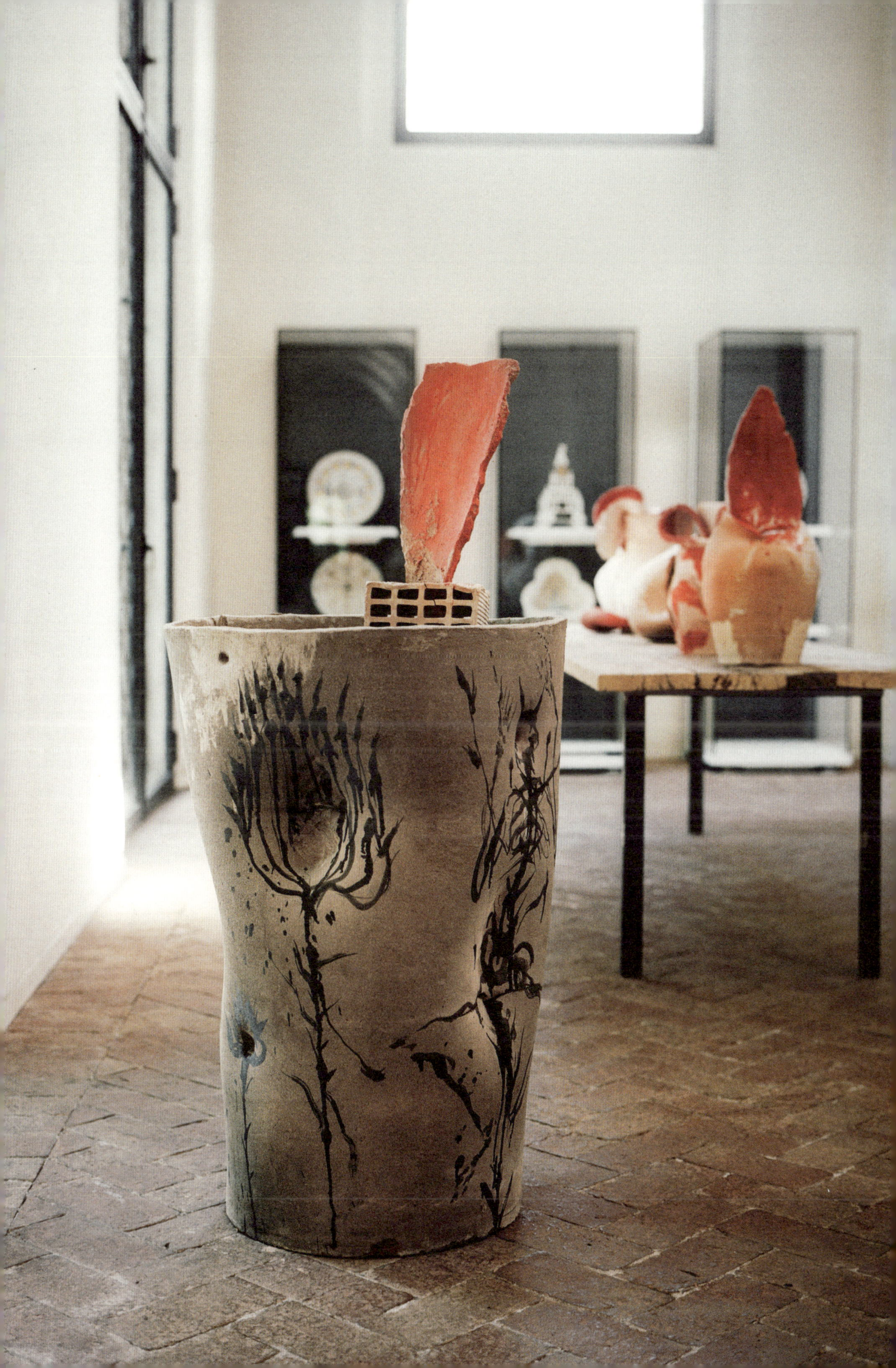

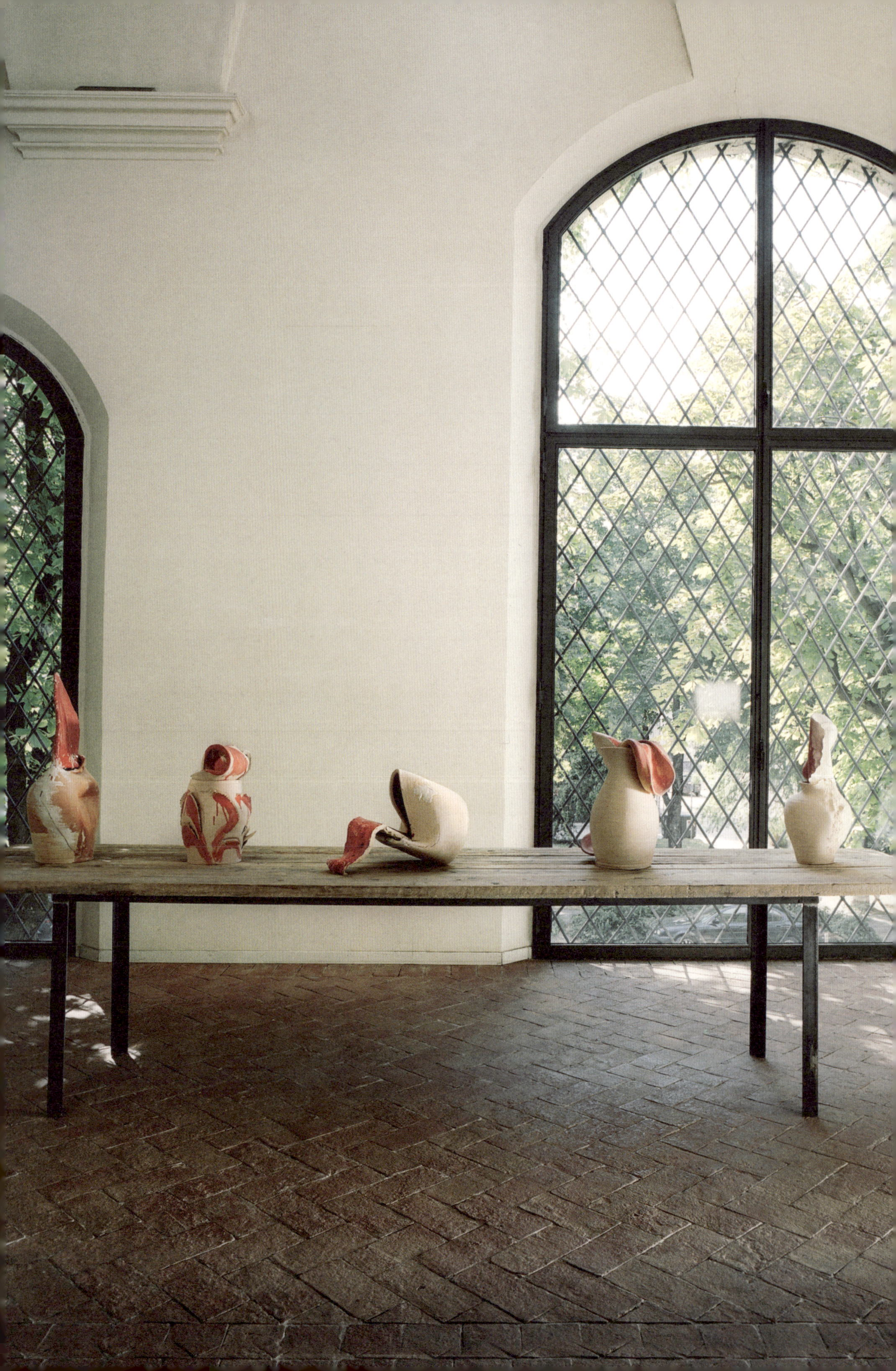

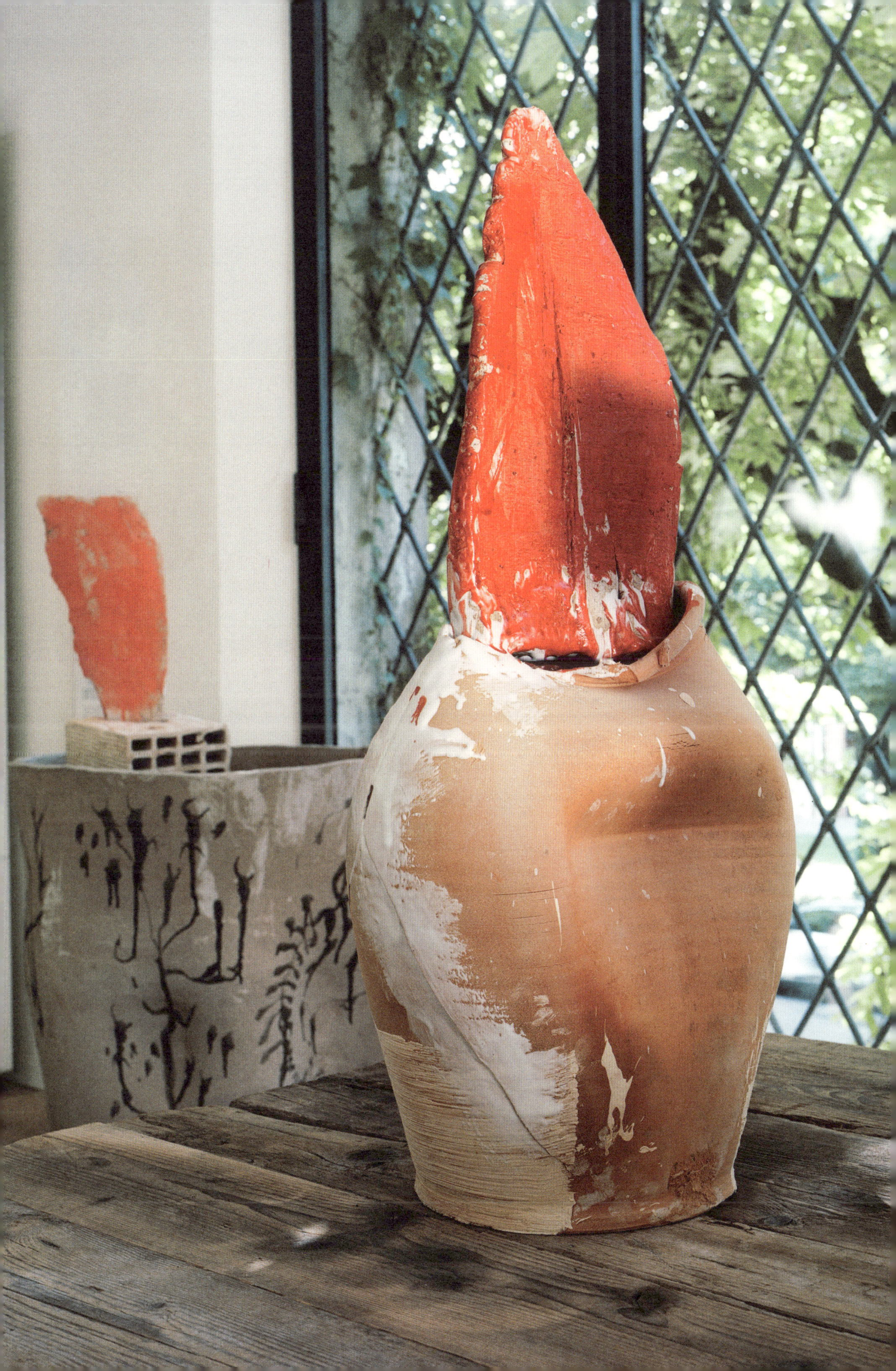

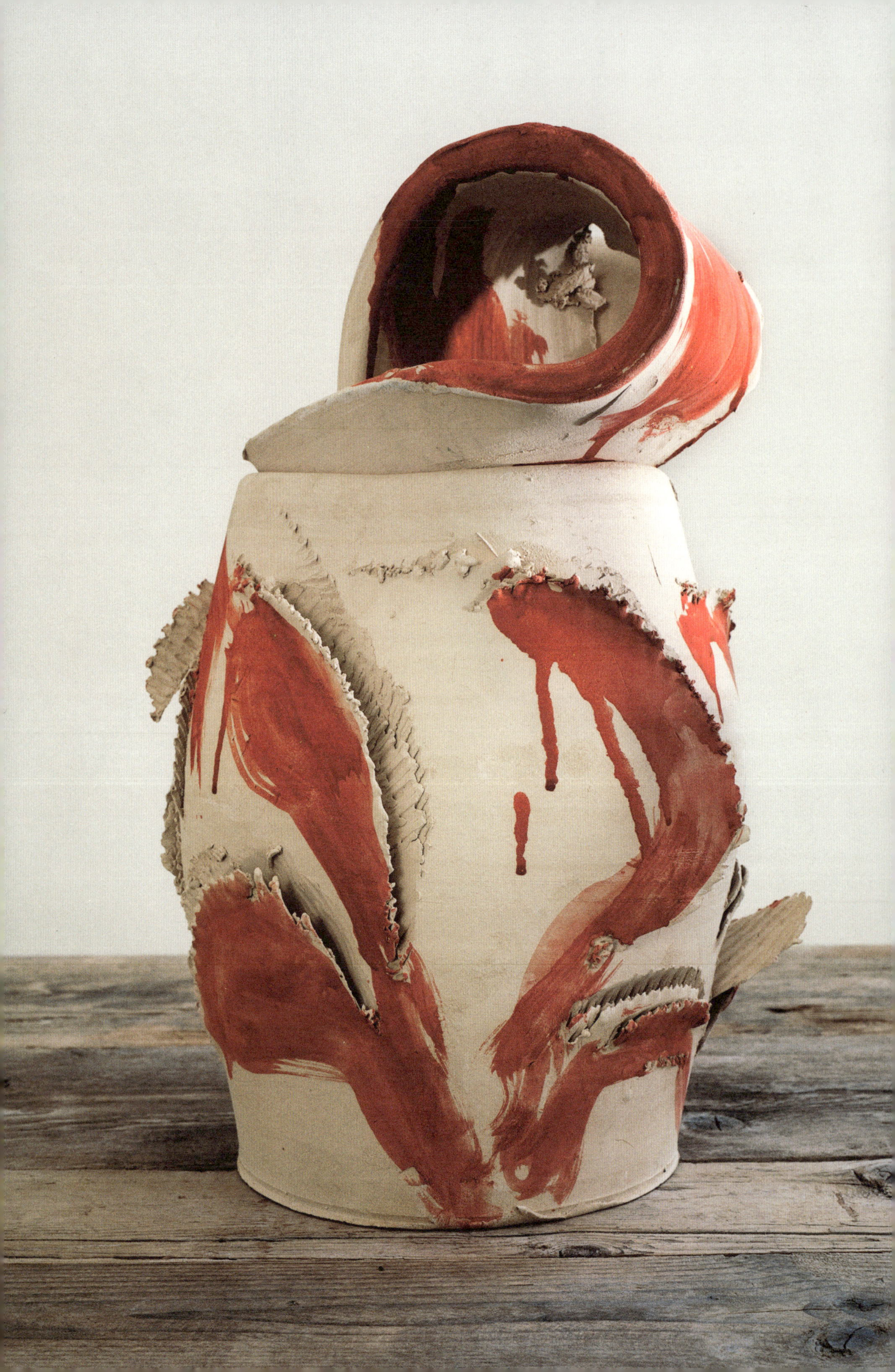

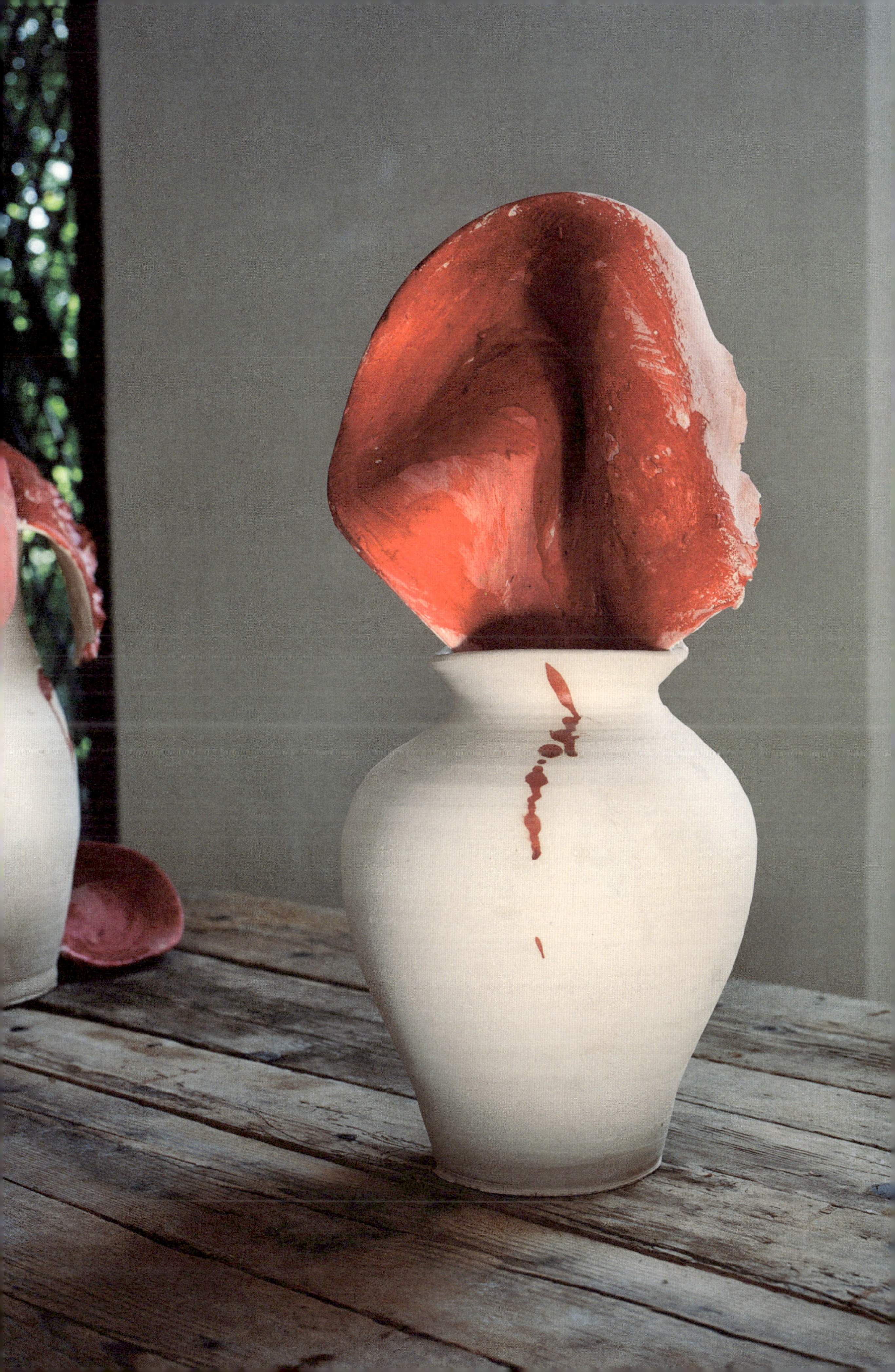

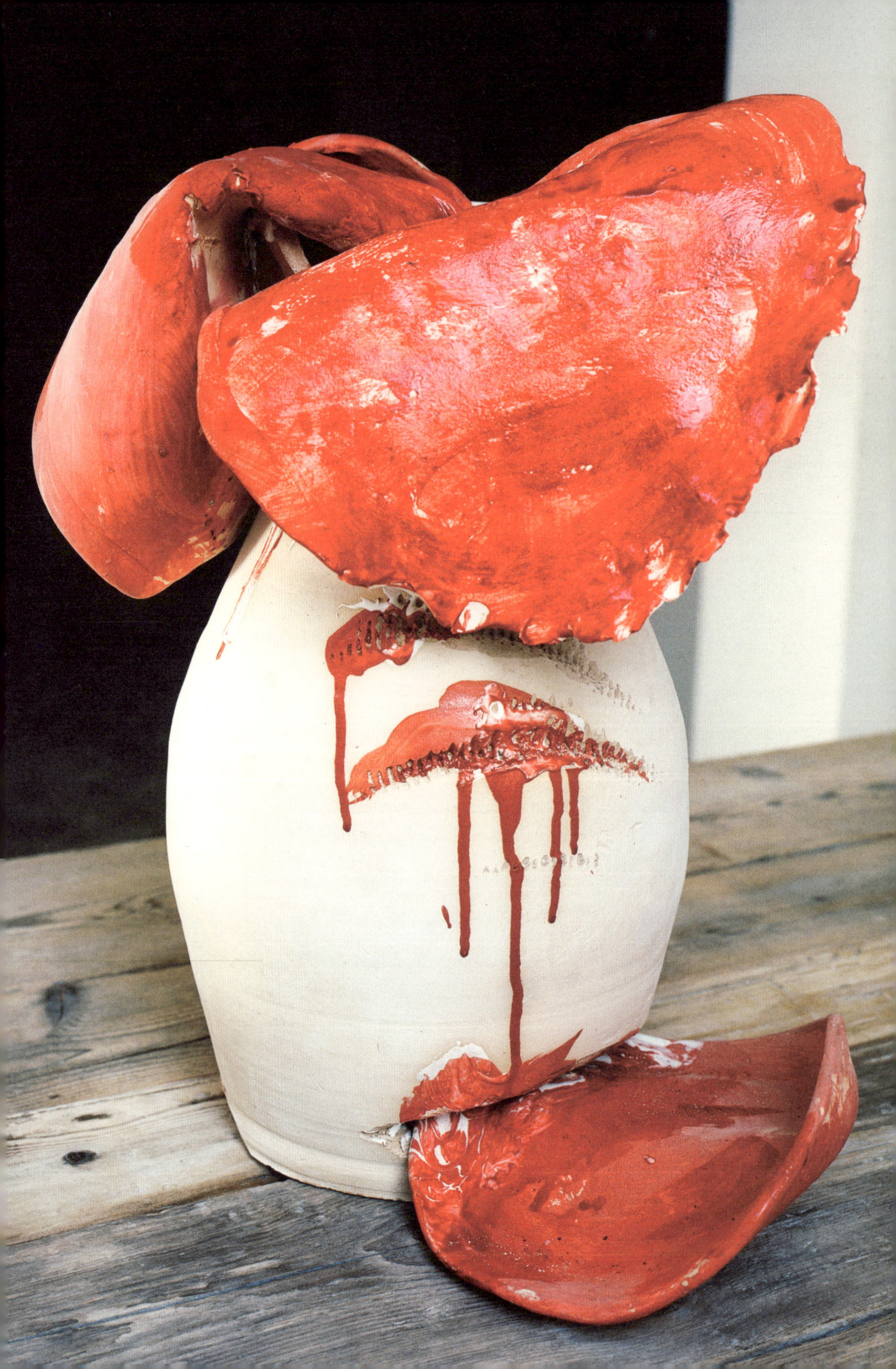

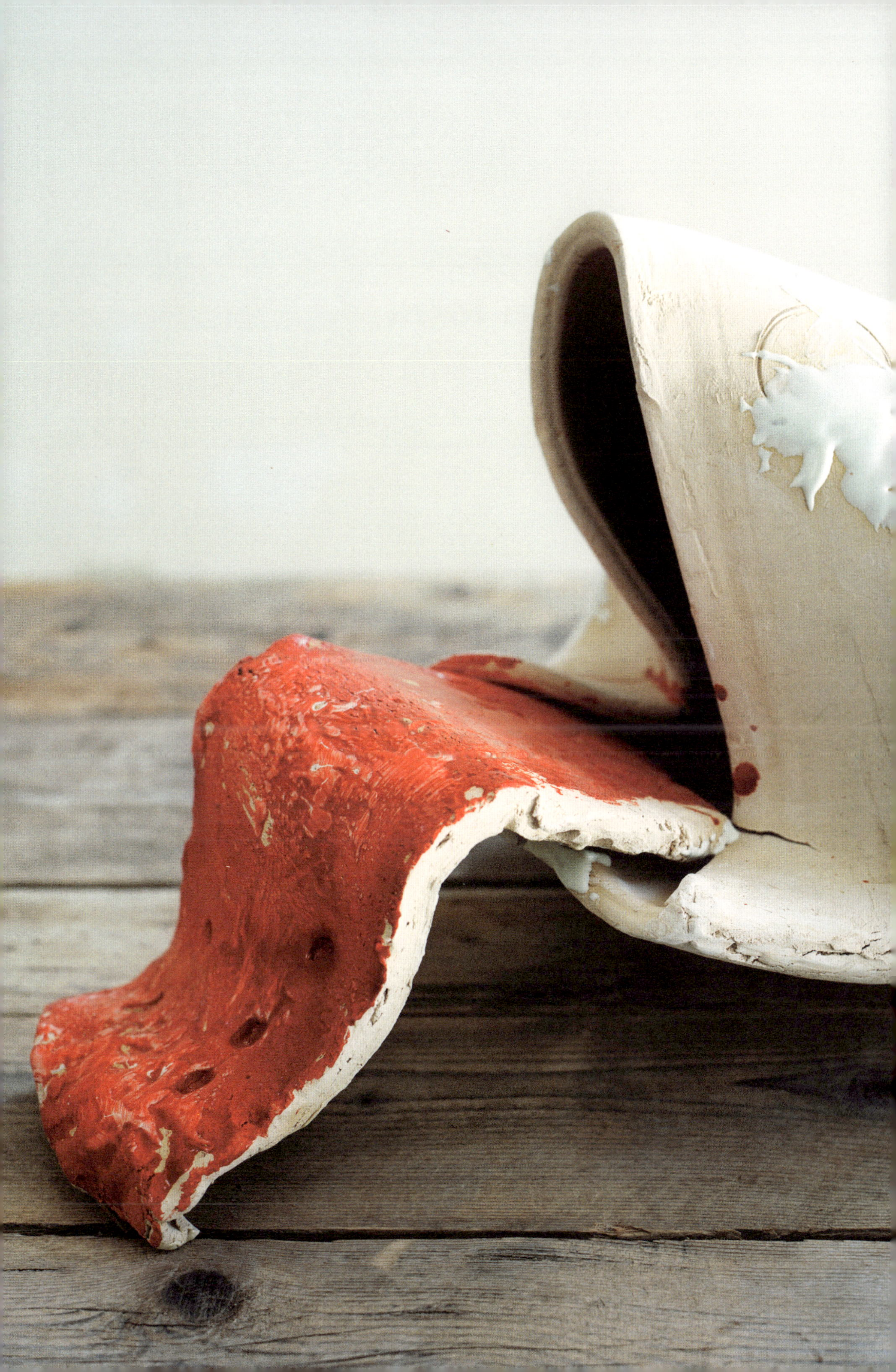

Cécile Pocheau Lesteven

Miquel Barceló, il mago della terra

Dall'inizio degli anni Novanta, quando ha cominciato a lavorare la terra presso i vasai dogón in Mali, Miquel Barceló non ha smesso di esplorare il settore della ceramica e ha fatto di questa pratica uno spazio creativo privilegiato, seguendo apprendistati e sperimentando in maniera molto audace. A cominciare dalle prime modellazioni di figure "piene di crepe e di asperità"[1] e cotte in Africa all'aria aperta, per arrivare ai delicati assemblaggi di vasi e mattoni usciti dai forni dell'atelier di Vilafranca, dal fantastico bestiario marino policromo della cappella di Palma ai sobri pezzi di argilla bianca o nera fumo delicatamente scarificati, lavorata nello spettacolo *Paso Doble* dall'argilla a quella sbiancata di *Grand Verre de Terre,* l'impressionante produzione ceramica dell'artista maiorchino si sviluppa in territori sconosciuti dove sono abolite le frontiere tra discipline.
"Le mie ceramiche vengono dall'Africa, così come il mio modo di lavorare".[2] L'Africa è il luogo dei suoi primi tentativi con la ceramica. Non potendo dipingere a causa del vento, carico di sabbia e polvere, Barceló ha il "grande privilegio"[3] di poter apprendere le ancestrali tecniche di modellazione e cottura della terra sul fuoco di legna con le donne del villaggio dogón dove si è stabilito.

> Ho preso la terra nei luoghi in cui i vasai la raccolgono da secoli, l'ho lavorata più volte come fosse pasta di pane e l'ho mescolata con sterco secco di mucca e di cammello [...], paglia di miglio sottile come spaghetti cinesi e, per finire, con cocci rotti.[4]

Da quelle esperienze iniziatiche nascono sculture di terra rossa parzialmente annerite sulla fiamma di un fuoco di fortuna: la testa di *Pinochio mort*, autoritratto dal naso appuntito su un teschio, le piccole teste scavate all'interno che rappresentano un viso con gli occhi chiusi di *Amassagou, Dolo e Amo*, gracili torsi modellati sul teschio dei cavalli, prime opere con figure e temi che, a volte, verranno ripresi in bronzo, dipinti o incisi.
Dalla fine del 1996, Barceló si è stabilito sull'isola natale di Maiorca nell'atelier di Jeroni Ginard, un vasaio tradizionale del villaggio di Artà che lavora a un tornio elettrico e cuoce i suoi pezzi in un rudimentale forno a legna. Ed è là che, graffiando, tagliando, scavando e distorcendo le forme di argilla cruda tornite dall'artigiano, l'artista sperimenta ed elabora un vocabolario plastico tridimensionale che esalta i temi presenti nel suo prolifico immaginario: ritratti e autoritratti, maschere, nature morte, frutti, legumi e pesci del Mediterraneo, animali familiari o ibridi, teschi e vanità.

1 Miquel Barceló, *Céramiques,* in *Terra Ignis*, catalogo della mostra, Actes Sud, Arles 2013, p. 8.
2 Miquel Barceló, conversazione con Eric Mézil, in *Terramare*, catalogo della mostra, Actes Sud, Arles 2010, p. 240.
3 *Terra Ignis* cit., p. 8.
4 Ibid.

Come spesso avviene in Barceló, l'insopprimibile desiderio di superare i limiti della propria arte lo spinge verso nuove sperimentazioni. Per un certo periodo si stabilisce nell'atelier di Armelle Benoît e Hugo Jakubec a Durtal per lavorare a opere di grande formato, delle dimensioni di un essere umano. All'inizio degli anni Duemila, per rispondere alla committenza di una decorazione per la cappella di Sant Pere nella cattedrale di Palma di Maiorca, l'artista si reca a Vietri sul Mare, non lontano da Napoli, presso il ceramista Vincenzo Santoriello, noto per le sue collaborazioni con i grandi nomi della creazione contemporanea, come Enzo Cucchi o Ettore Sottsass. Barceló ha immaginato per la cappella un enorme rivestimento di terra di 300 metri quadrati su 12 metri di altezza che rammenta la moltiplicazione del pane e dei pesci presente nel Vangelo di Giovanni. Nel capannone di Vietri, l'enorme atelier di Santoriello, troverà l'assistenza tecnica e lo spazio necessari per mettere a punto e modellare questo capolavoro ceramico. Nelle 150 tonnellate di argilla chiara fissata su una struttura metallica, che l'artista ha scolpito e modellato dal dietro e colorato con almeno 2000 chili di smalto, si leggono la ritrovata abbondanza del racconto biblico, la generosità del mare che sotto l'onda riversa i pesci, la sensualità della Terra nutrice che, sotto la figura del Cristo, accoglie anche l'ossario, memento indispensabile della fugacità del tempo.
Qualche mese prima dell'inaugurazione ufficiale della cappella di Palma, Miquel Barceló ha creato con il coreografo e ballerino Josef Nadj la performance *Paso Doble*, una pièce sorprendente che ha ampiamente contribuito al riconoscimento internazionale della sua opera ceramica. Per Barceló, *Paso Doble* è "una forma di messa in scena di strumenti e gesti del [suo] lavoro con l'argilla. Il corpo come strumento. Il corpo positivo e negativo, stampo e calco"[5]. Fare corpo con la materia, far nascere, con l'aiuto di ogni tipo di attrezzo, l'immagine del magma originale, impadronirsi delle forme esistenti e alterarle, trarre vantaggio dagli incidenti, lasciare visibile il gesto della creazione... con l'argilla come con la pittura, "è la materia a dare l'immagine, non l'opposto"[6]. La creazione di *Grand Verre de Terre*, opera magistrale realizzata nel 2016 in dodici giorni sulla lunga vetrata della Bibliothèque nationale de France, si inserisce in questo approccio:

> Inizialmente ho inciso l'argilla secca, poi ho notato che era un po' troppo grafica e mi sono messo a lavorare sull'argilla fresca con il corpo, le braccia, i gomiti, entrambe le braccia, ed è diventata più fisica, più sensuale, più pittorica. Poi si è trasformata in un vero e proprio dipinto che si anima quando la luce del sole attraversa l'affresco![7]

Nel 2008, Barceló converte in atelier per la ceramica un antico mattonificio di Vilafranca, a Maiorca. Il mattone, "quella pietra quadrettata",[8] diventa una fonte d'ispirazione allo stesso modo delle forme tornite di vasi e piatti, e un materiale costitutivo della sua ampia produzione ceramica. Assemblati, deformati, alterati, vasi e mattoni si compenetrano, i mattoni diventano teste primitive, mostruose – umane o animali –, i vasi si trasformano in corpi e sessi di donna, in teste di filosofi, i piatti in arena per le corride. Grandi totem, sovrapposizioni di mattoni monumentali, a metà segmenti di colonne doriche che rammentano le rovine di un'antica civiltà mediterranea, a metà maschere zoomorfe di misteriose divinità che ricordano, con il loro precario equilibrio, la fragilità dell'esistenza umana.
La produzione ceramica di Barceló attinge ai miti delle origini e ai gesti primitivi. E concentra – pesantemente esacerbate perché iscritte nella materia – le pulsioni contrarie che attraversano e animano tutta la sua opera: uno slancio vitale fortissimo, un allegro spirito infantile e inventivo, una libertà di gesti, che convivono con un'acuta consapevolezza della finitudine, dell'ineluttabile ritorno alla polvere delle origini.

Parigi, 2 maggio 2019

5 Ibid.
6 *Terramare* cit., p. 221.
7 *La solitude habitée de Barceló*, conversazione con Zoé Balthus, 26 marzo 2016. Blog di Zoé Balthus.
8 *Terra Ignis* cit., p. 9.

Cécile Pocheau Lesteven

Miquel Barceló, magician of clay

Since he first started working with clay during his time with the dogón potters in Mali in the early 1990s, Miquel Barceló has never stopped exploring the field of ceramics and over the course of his most daring apprenticeship and experimentations, it became a favored medium. From the first modelled figures "full of cracks and mishaps"[1] baked outside in Africa to the skilled assembly of vases and bricks straight out of the kilns at Vilafranca, from the fantastical polychrome marine creatures at the chapel in Palma to the understated white or smoke-blackened delicately scarified clay pieces, from the "sculptural performance" of *Paso Doble* to the colour-washed *Grand Verre de Terre*, the Majorcan artist's impressive ceramic production moves into unchartered territory and knows no boundaries between artistic disciplines.
"My ceramics come from Africa just like my way of working."[2]
Africa was where he first experimented with ceramics. Unable to paint with the sandstorms and dust, Barceló had "the great privilege"[3] of being trained in the ancestral tradition of modelling clay by the women of the dogón village where he was staying and then baking his work on a wood fire.

> I gathered up the clay in the same places as potters had been doing for centuries. I kneaded it over and over like bread dough and mixed it with dried cow and camel dung [...], with millet straw as fine as Chinese noodles and lastly, bits of broken pottery.[4]

These initiating experiments resulted in red clay sculptures that were slightly blackened by the flames of the campfire: the *Pinochio mort* head, a self-portrait with a pointed nose sculpted onto a skull, small hollowed out heads representing the closed-eyed faces of *Amassagou, Dolo e Amo*, slender torsos moulded onto horses skulls, the first figures in his work and themes which were sometimes reworked using other mediums and techniques such as bronze, painting or engraving.
At the end of 1996, Barceló moved into Jeroni Ginard's studio on his native island of Mallorca. Ginard was a traditional potter from the village of Artà who worked with an electric wheel and baked his pieces in a rudimentary wood oven. There, scratching, lacerating, slashing and distorting the crude clay forms thrown by the craftsman, the artist experimented and developed a three-dimensional plastic vocabulary exalting the motifs drawn from his fertile

1 Miquel Barceló, "Céramiques", in *Terra Ignis*, exh. cat. (Arles: Actes Sud, 2013), p. 8.
2 Miquel Barceló, interview with Eric Mézil, in *Terramare*, exh cat. (Arles: Actes Sud, 2010), p. 240.
3 *Terra Ignis*, *op. cit.*, p. 8.
4 Ibid.

imagination: portraits and self-portraits, masks, still-lifes, fruits, Mediterranean vegetables and fish, familiar or hybrid animals, skulls and vanities.

As is often the case in Barceló's work, the irrepressible desire to go beyond the limits of his art have pushed him towards new experimentations. For a short time he worked on some large human-scale pieces in Armelle Benoît and Hugo Jakubec's studio in Durtal. Then, in the early 2000s, the artist travelled to Vincenzo Santoriello's studio, well-known for having worked with some of the great names of contemporary creation like Enzo Cucchi or Ettore Sottssas, in Vietri sul Mare near Naples for a commission to decorate the Sant Pere chapel in Palma de Mallorca cathedral. Barceló decided to cover the chapel in a gigantic 300m2 skin measuring 12 metres high and evoking the multiplication of the bread and fish in the gospel according to Saint John. In Santoriello's immense studio, a transformed warehouse in Vietri, Barceló found both the technical savoir faire and the space needed to develop and create his ceramic masterpiece. The piece consists of 150 tons of skin-coloured clay fixed onto a metallic structure, sculpted and shaped on the reverse side by the artist, and coloured with around 2000 kilos of enamel. It reflects the re-found abundance of the biblical story, the generosity of the sea washing up the fish, the sensuality of mother earth sheltering, under the figure of Christ, the ossuary, an essential reminder of the transience of terrestrial time.

Several months before the official inauguration of the chapel in Palma, Miquel Barceló created *Paso Doble* with the choreographer and dancer Josef Nadj, a striking performance work that vastly contributed to the international recognition of his ceramic production. For Barceló, *Paso Doble* was a "kind of staging of the tools and actions of [his] work with clay. The body as a tool. The positive and negative body, mould and moulding".[5] Being at one with the material, using all sorts of tools to make the image of the original magma surge out, capturing and distorting the existing forms, appropriating errors, leaving the creator's gesture clearly visible... both in clay and painting, "it's the material that creates the image, and not the other way around".[6] The creative process of the *Grand Verre de Terre,* a magistral work made in just 12 days in 2016 for the vast stained-glass window at the Bibliothèque Nationale de France, embodies this approach perfectly:

> In the beginning I etched into the dry clay and then I saw that it was a bit too graphic so I started working with wet clay, with my body, arms, elbows, both my arms, and it became a lot more physical, more sensual, more pictorial. And then it really became a painting, it comes to life when the sunlight filters through the fresco![7]

In 2008, Barceló transformed an old brick-making factory in Vilafranca in Mallorca, into a ceramics studio. Bricks, "this squared stone",[8] became a source of inspiration and a constituting material of his prolific ceramic production just in the same way as the turned forms of vases and plates. Assembled, deformed, distorted, vases and bricks interpenetrate each other, the bricks become monstrous, primitive, human or animal heads, the vases transform into bodies and female genitalia, philosopher's heads, plates become bullrings. Tall totem poles, monumental superpositions of bricks, half segments of Doric columns evoking the ruins of an Antique Mediterranean civilisation, half zoomorphic masks of mysterious divinities, recalling the fragility of the human existence through their precarious equilibrium.

Barceló's ceramic works are inspired by origin myths and primitive gestures. The opposing urges that cut through and animate the ensemble of his work are amplified, powerfully exacerbated because they are inscribed into the very material itself: a formidable vital force, a childlike sense of spirit and invention, freedom of gesture, all sit side by side with a sharp awareness of finiteness, the inescapable return back to original dust.

Paris, 2 May 2019

5 Ibid.
6 *Terramare*, *op. cit.*, p. 221.
7 *La solitude habitée de Barceló*, Zoé Balthus interviews the artist, 26 March 2016. Zoé Balthus' blog.
8 ***Terra Ignis***, *op. cit.*, p. 9.

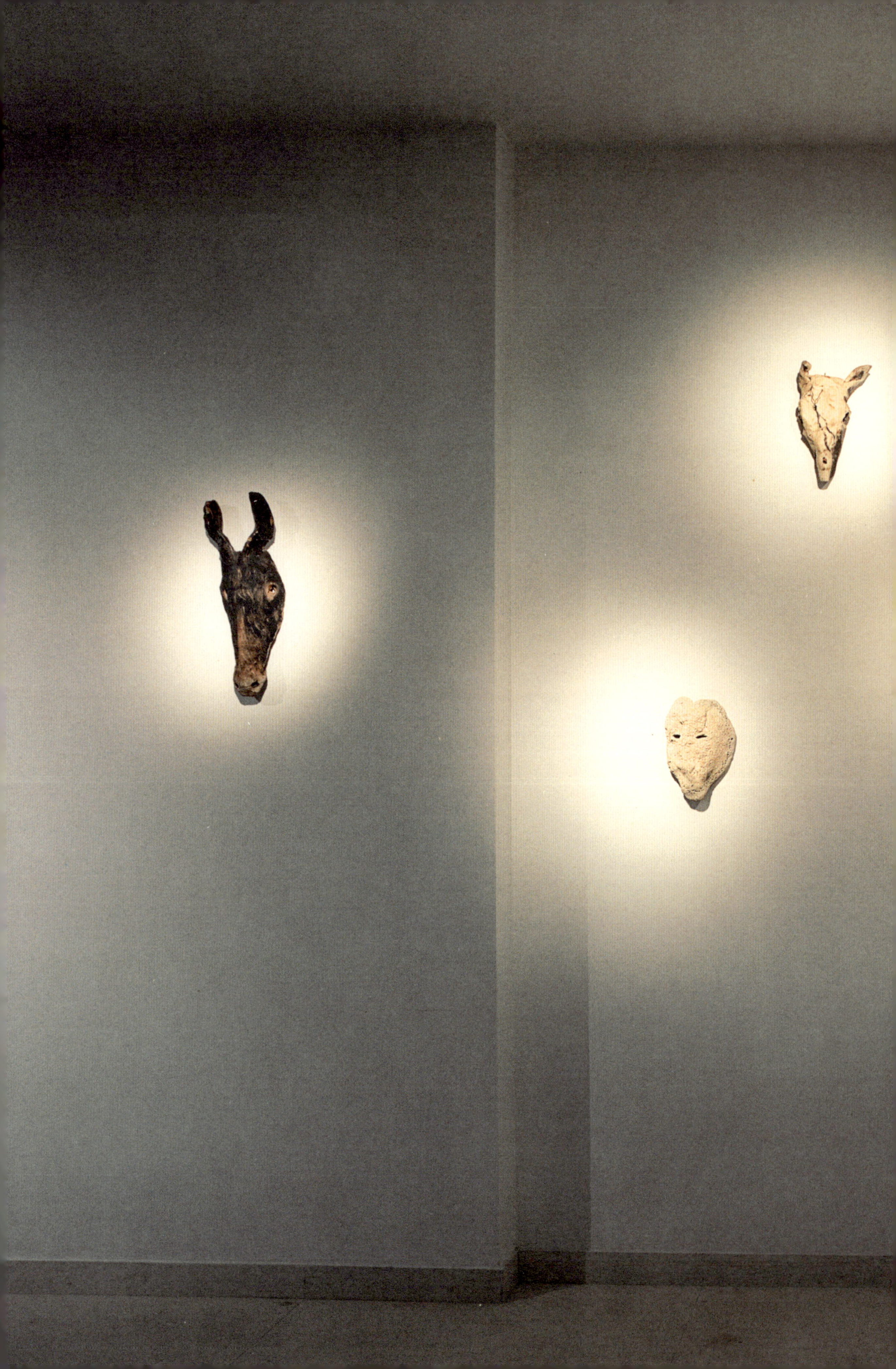

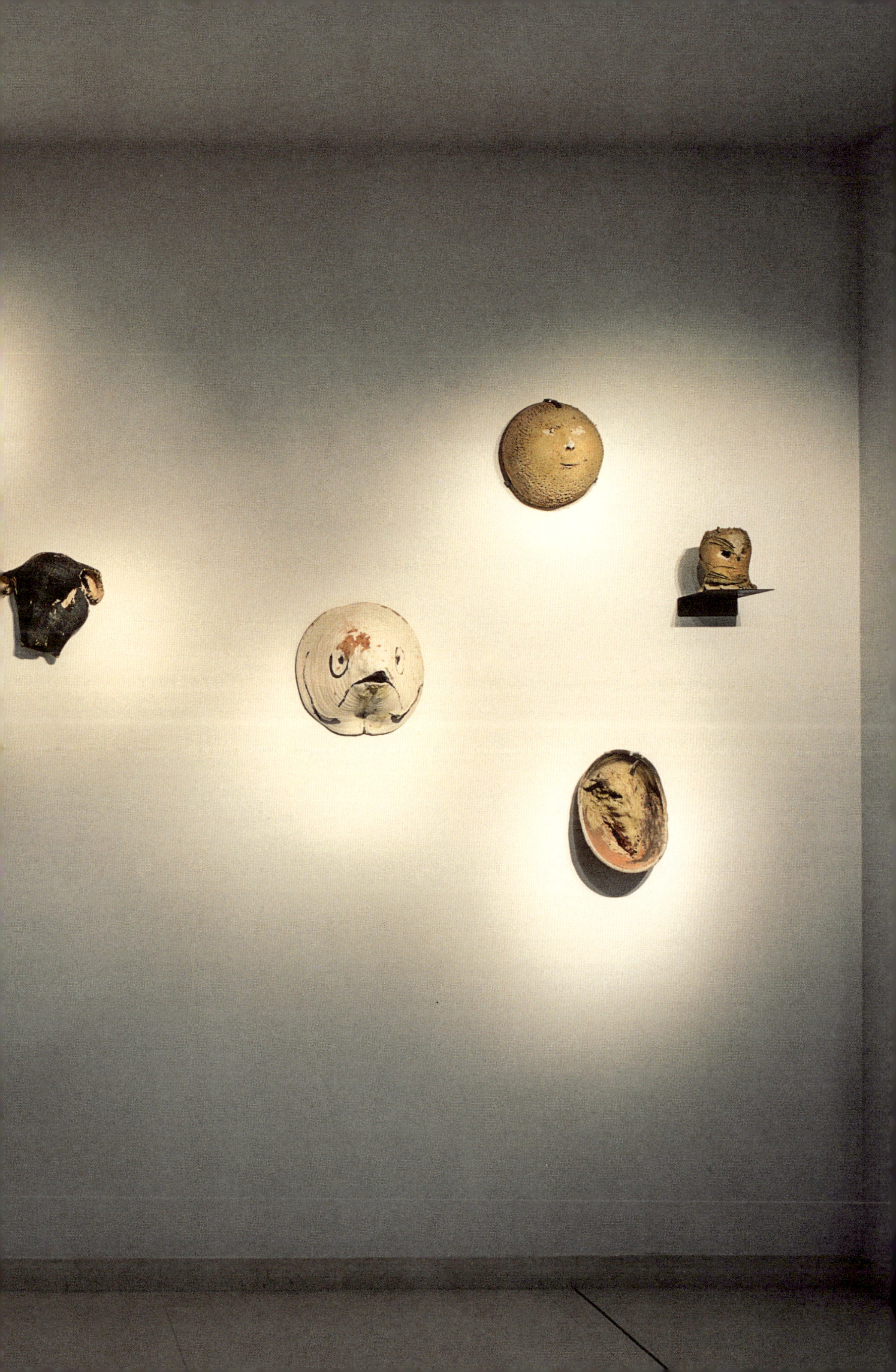

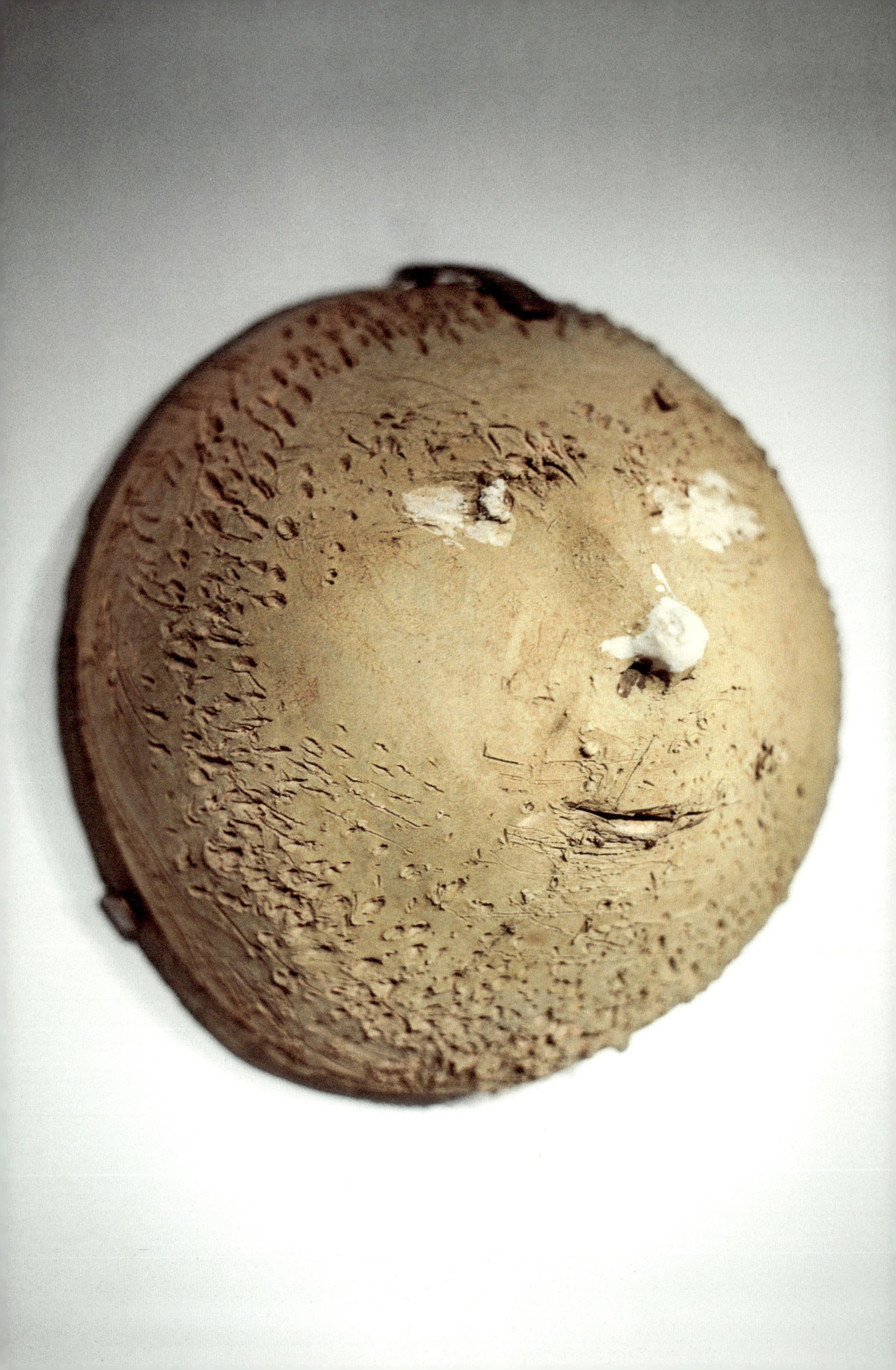

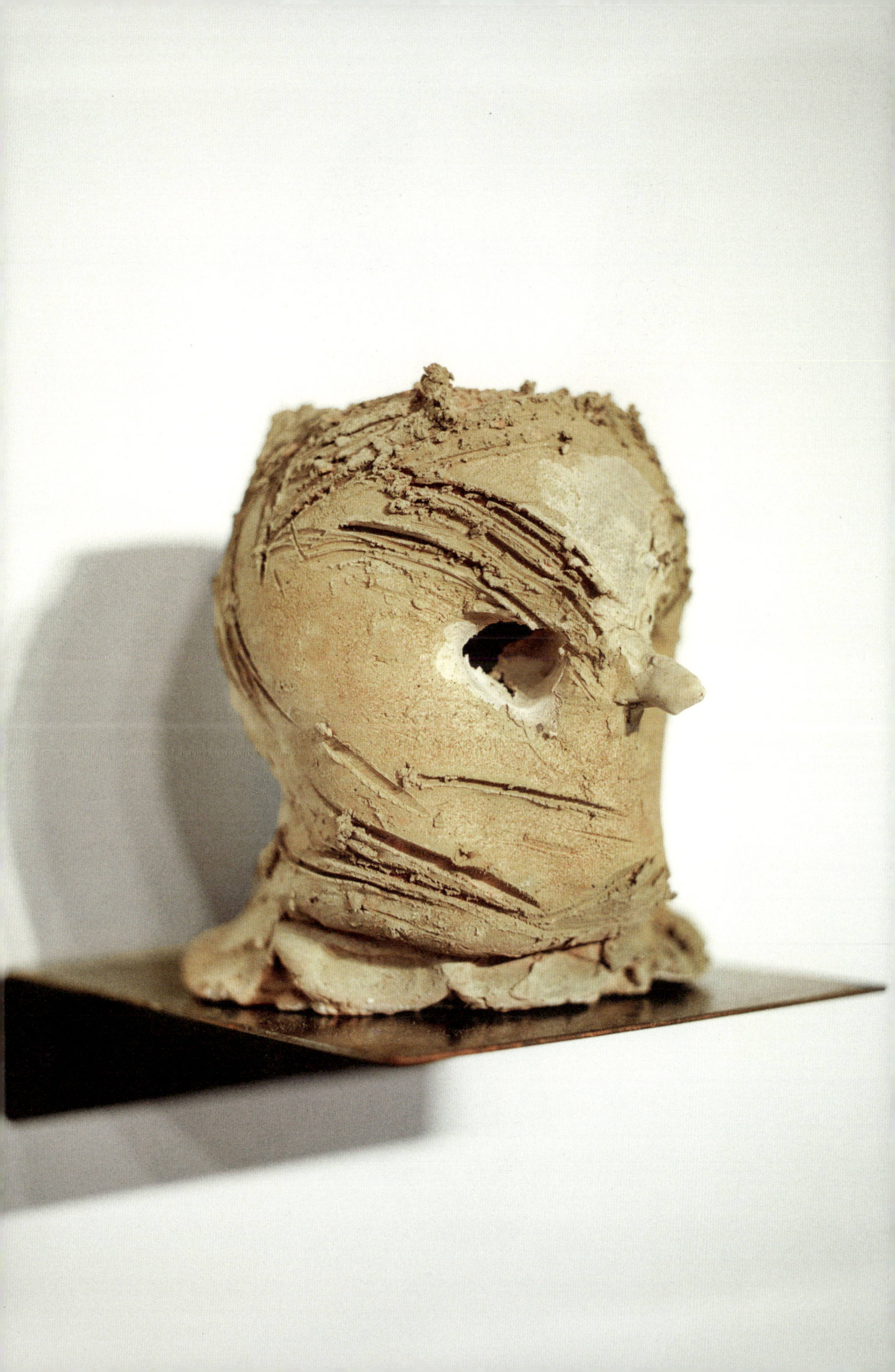

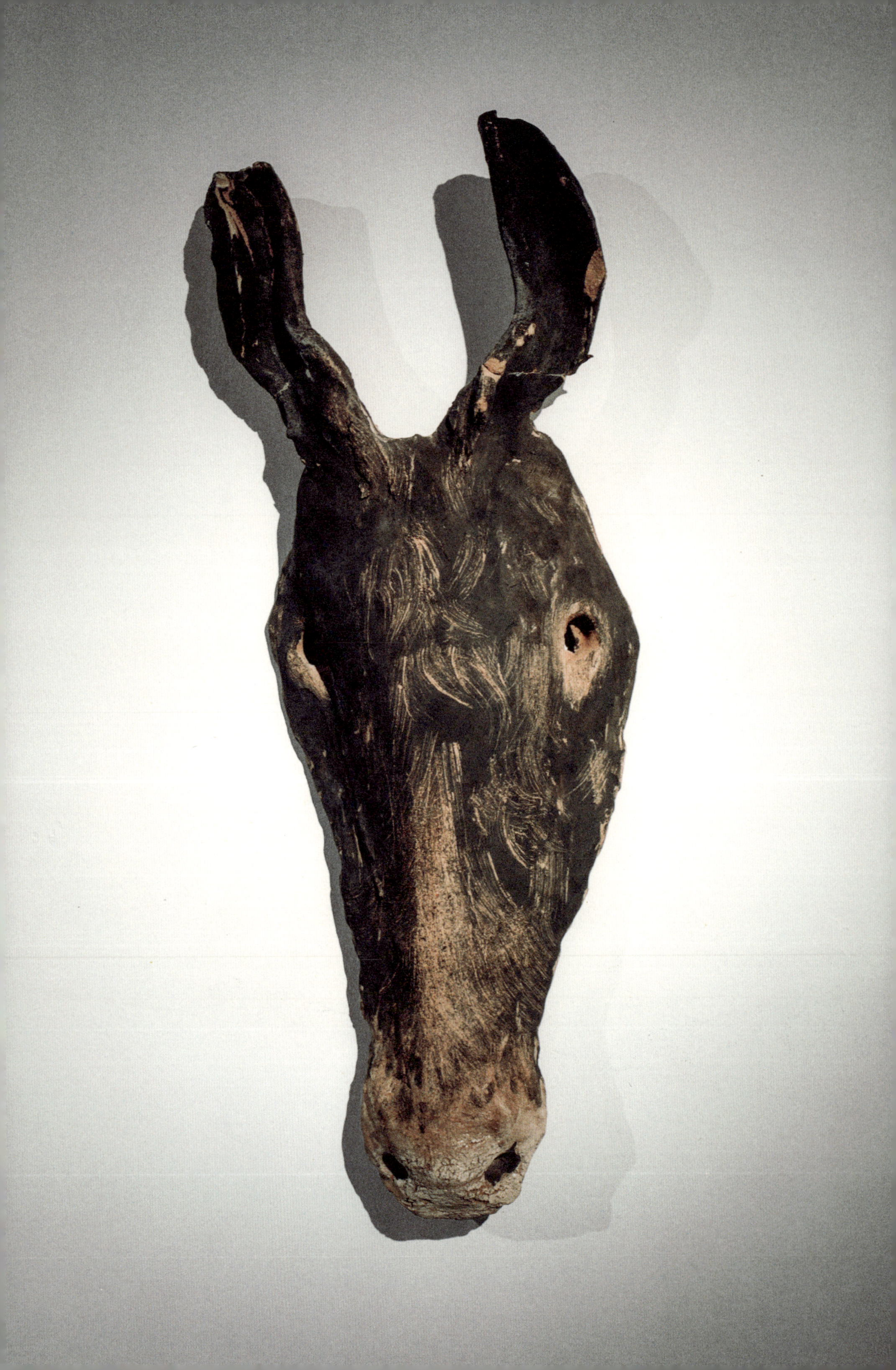

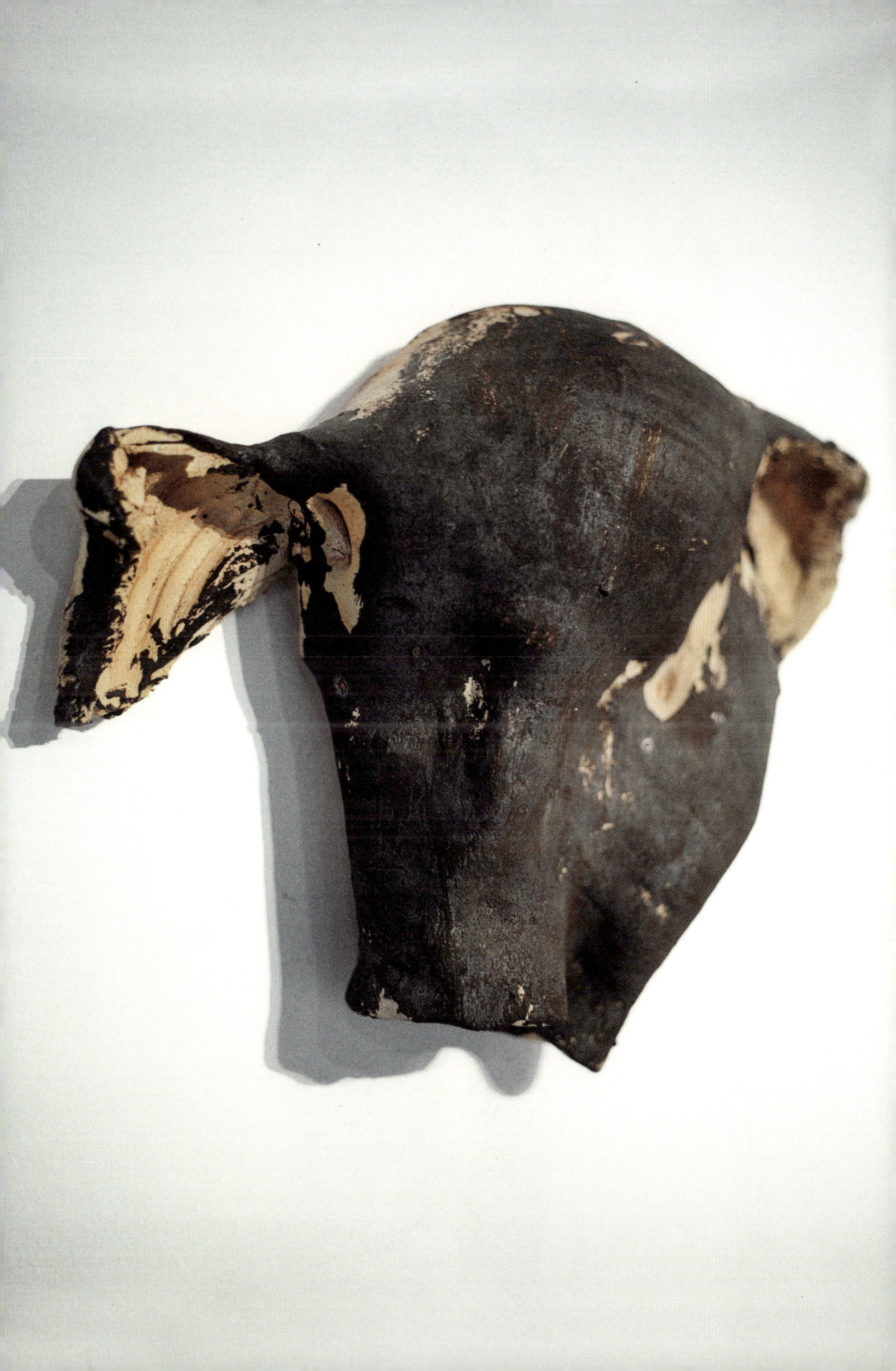

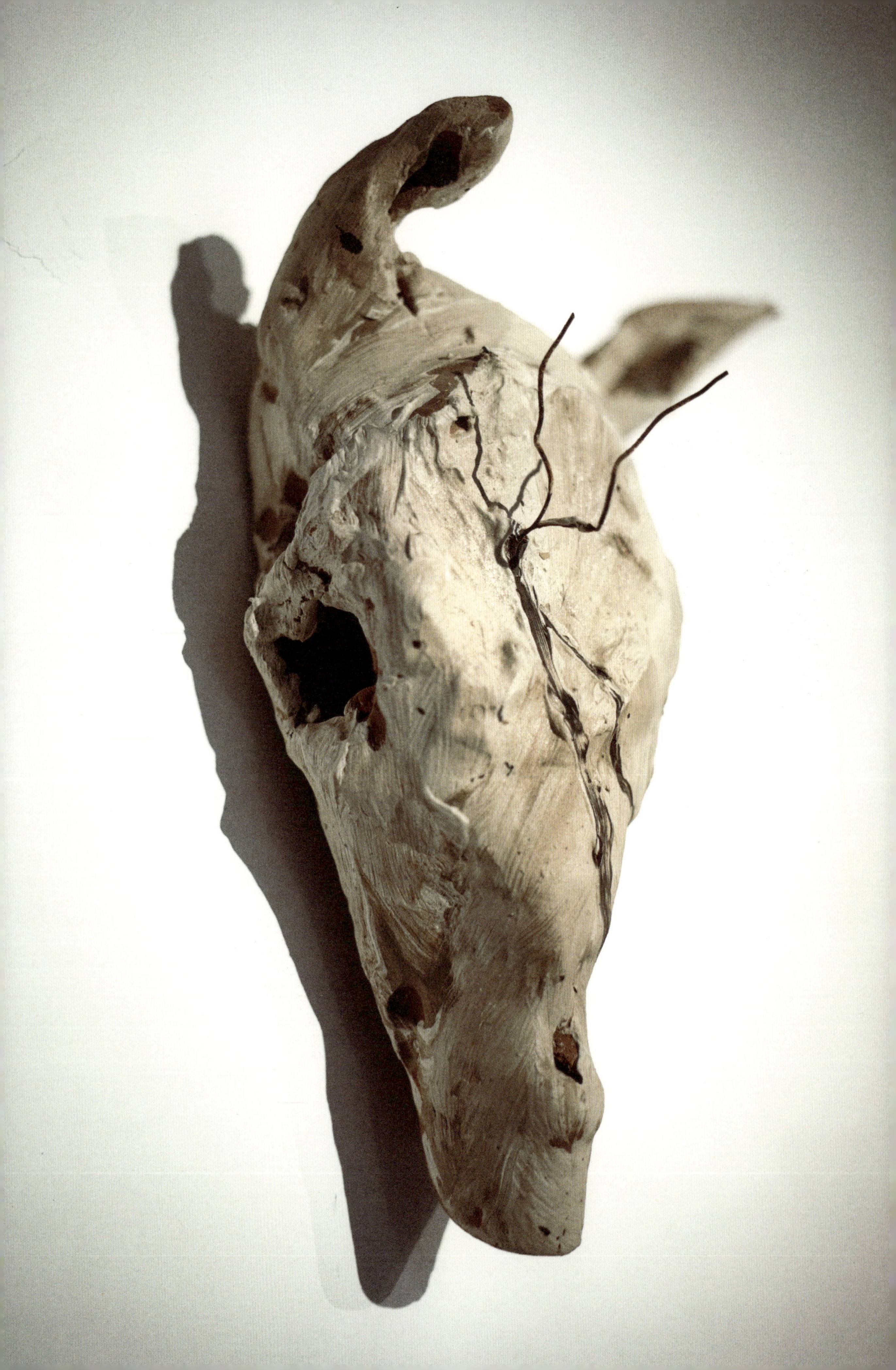

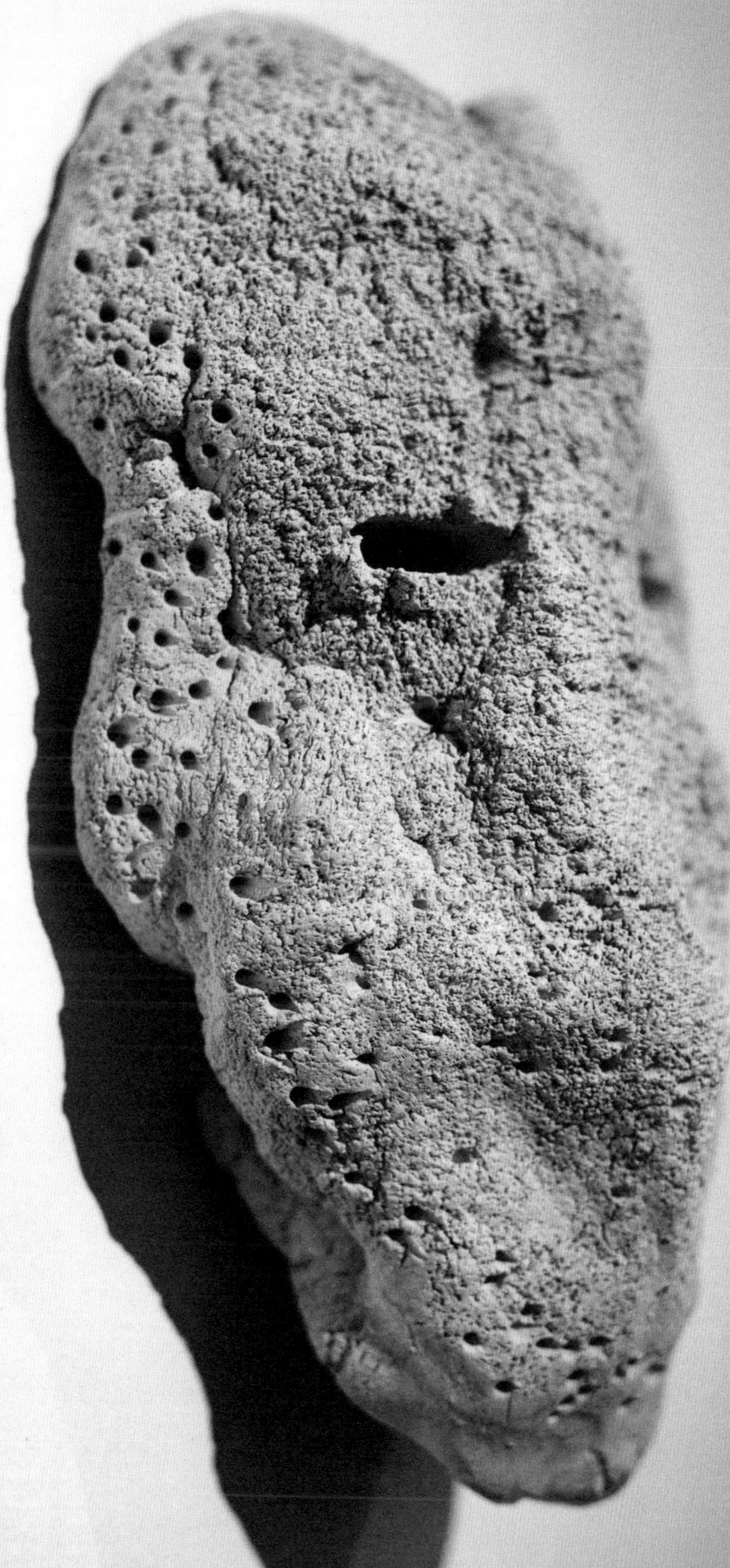

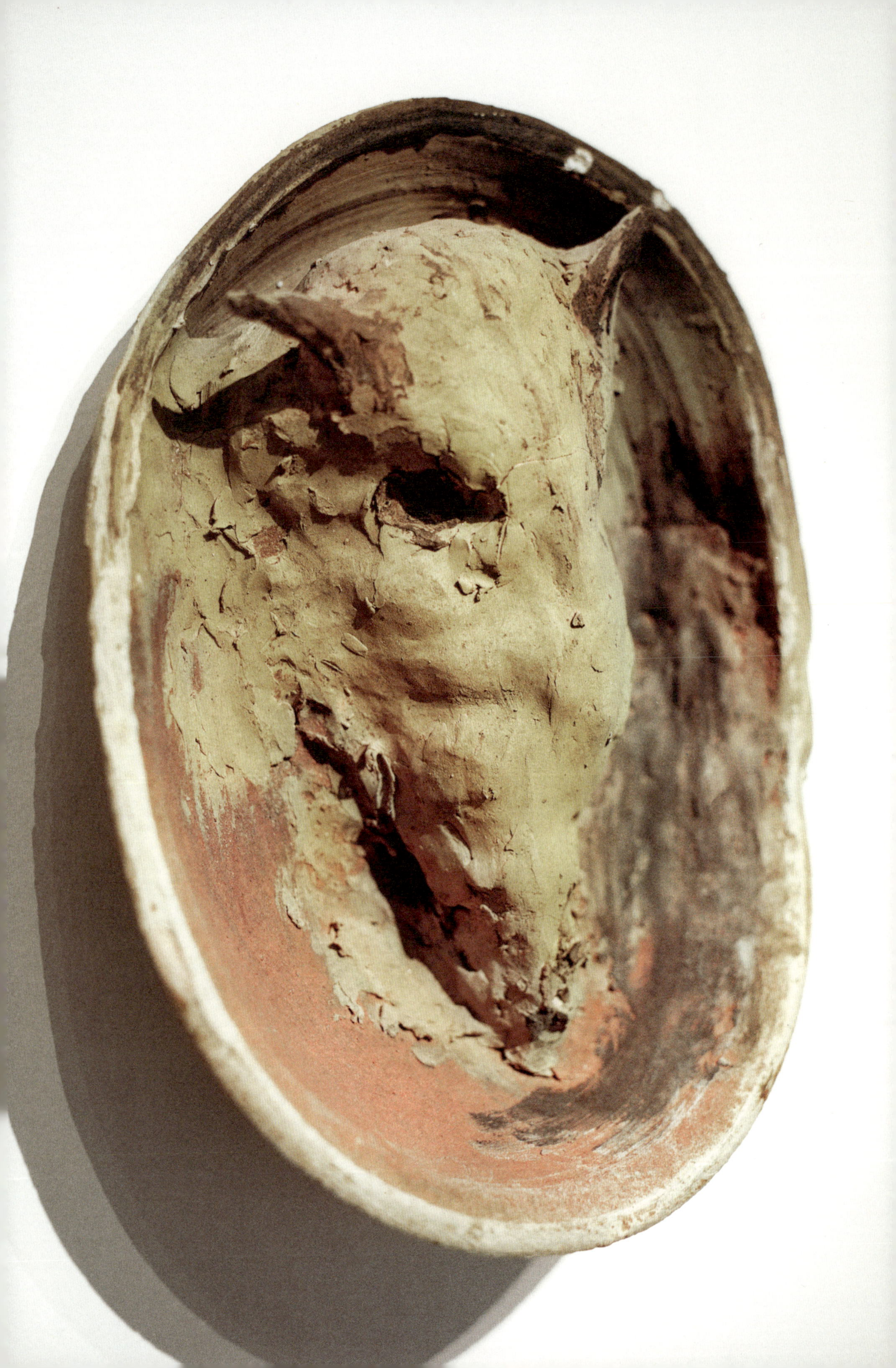

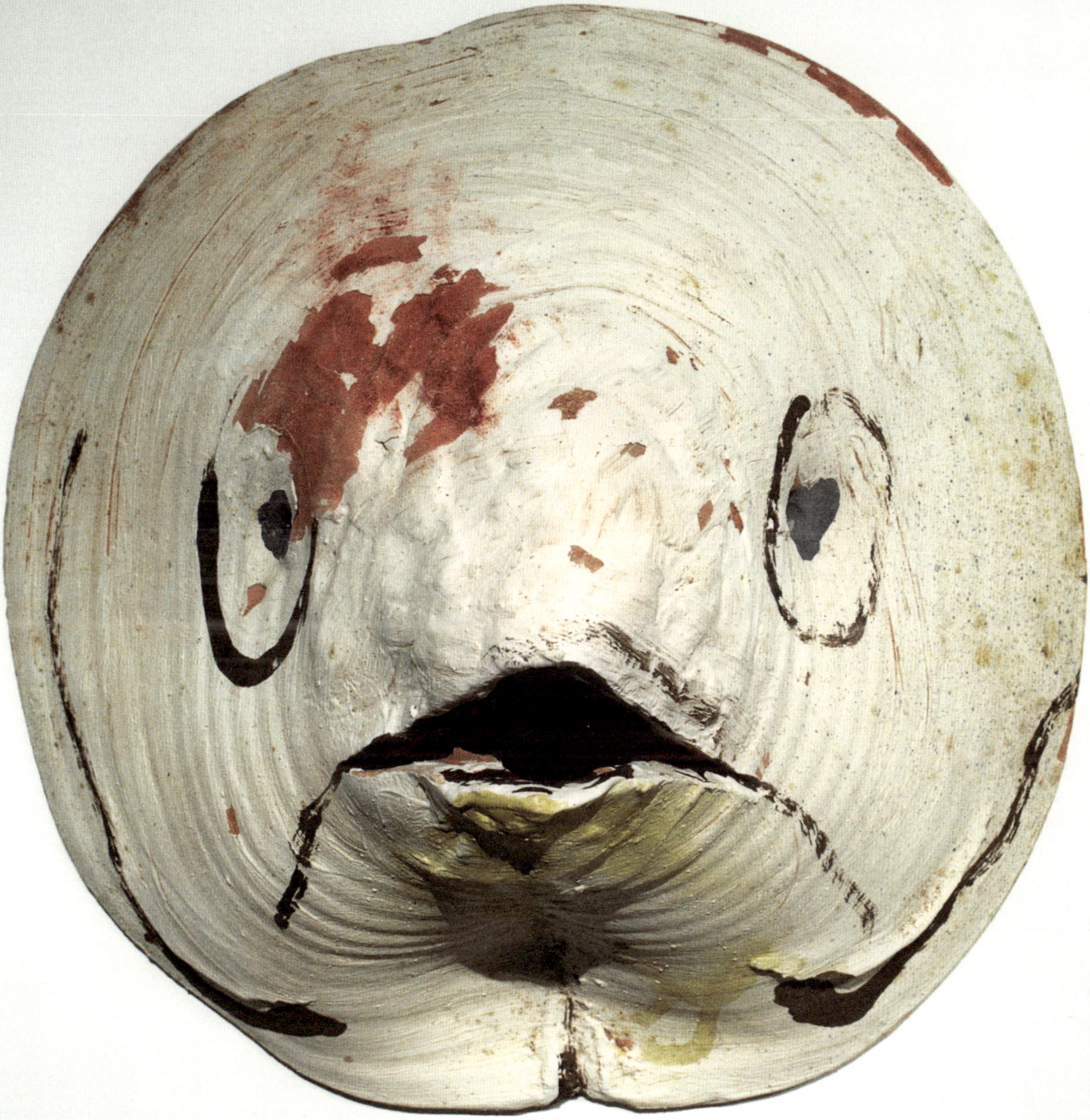

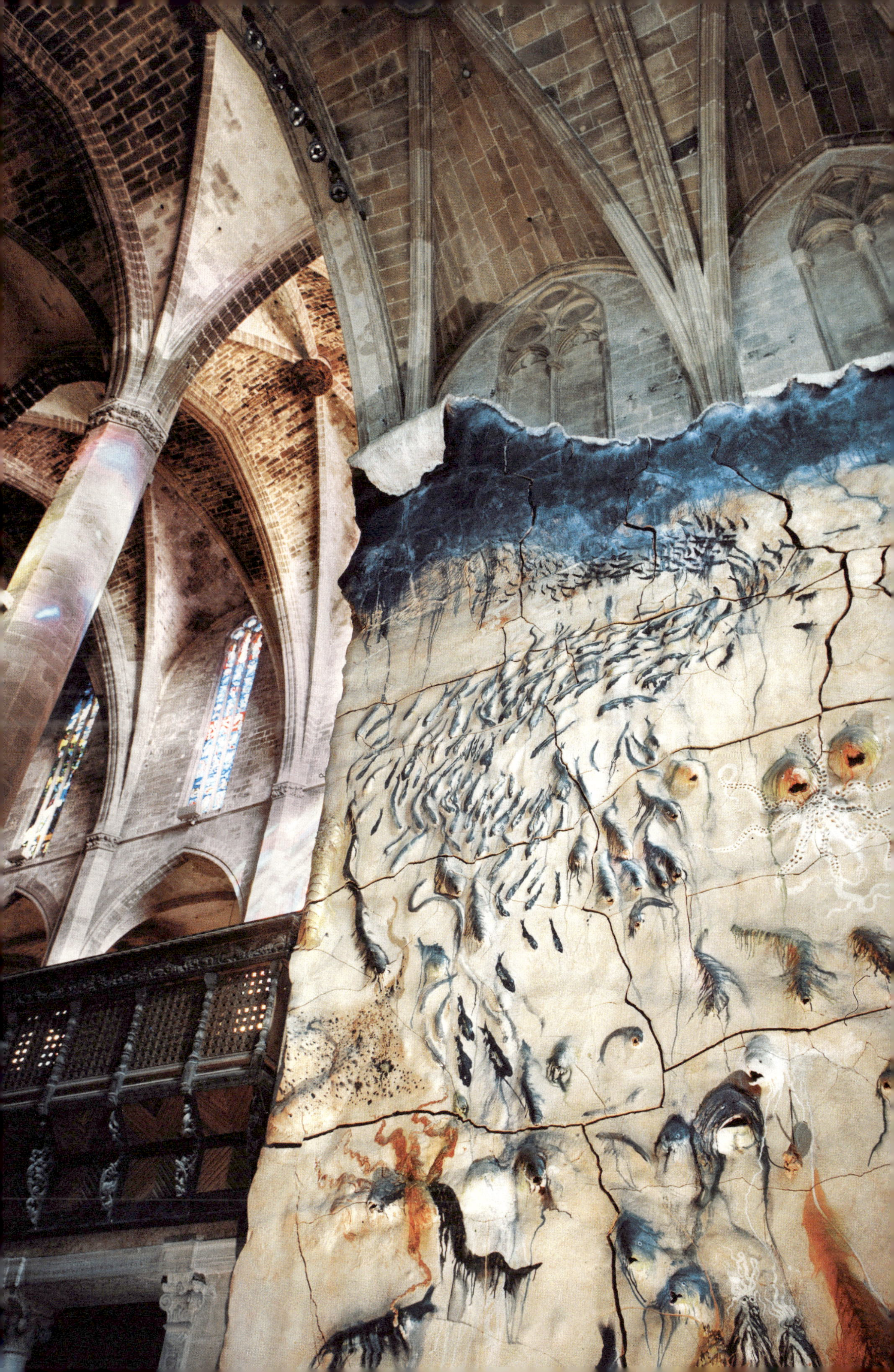

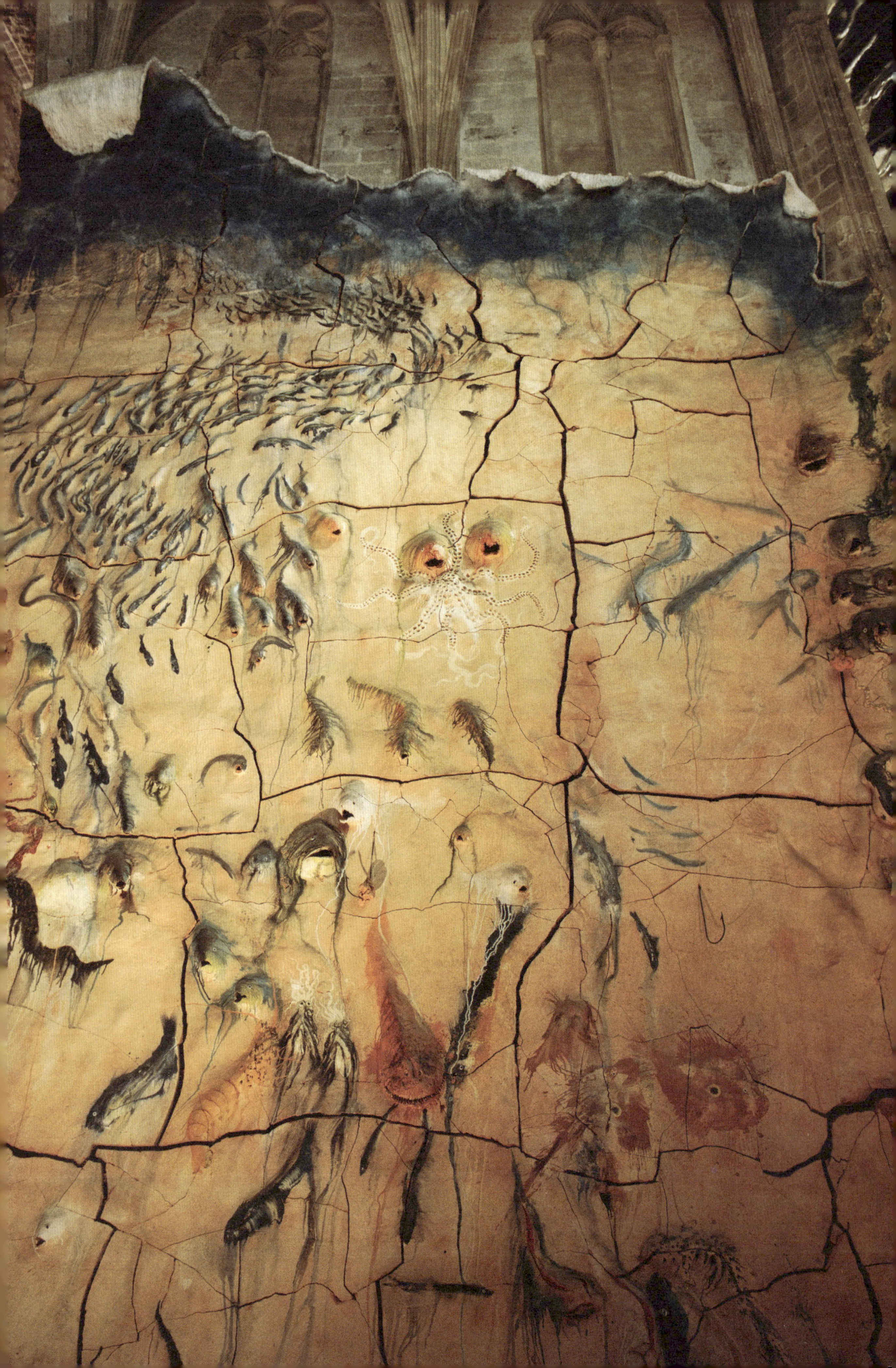

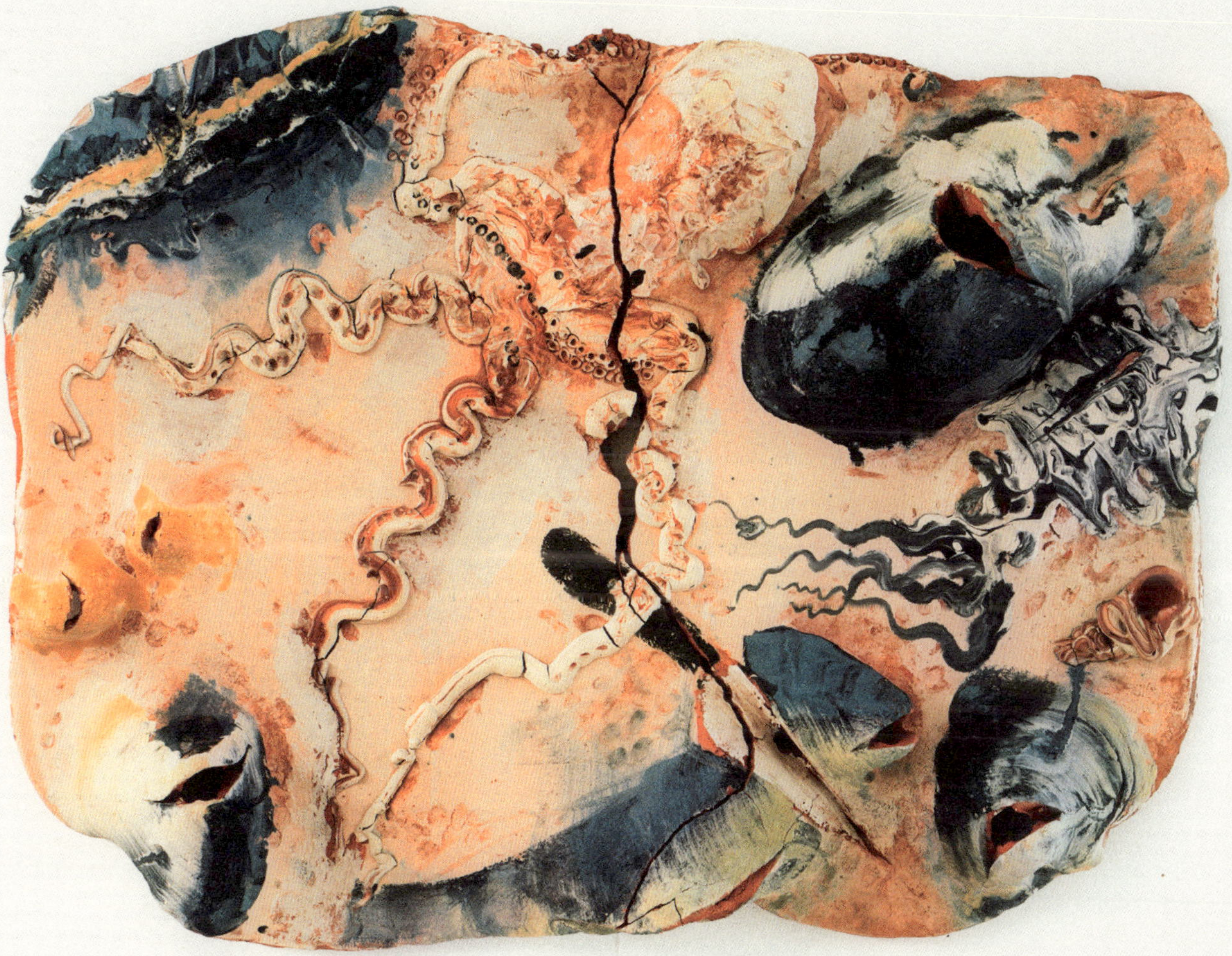

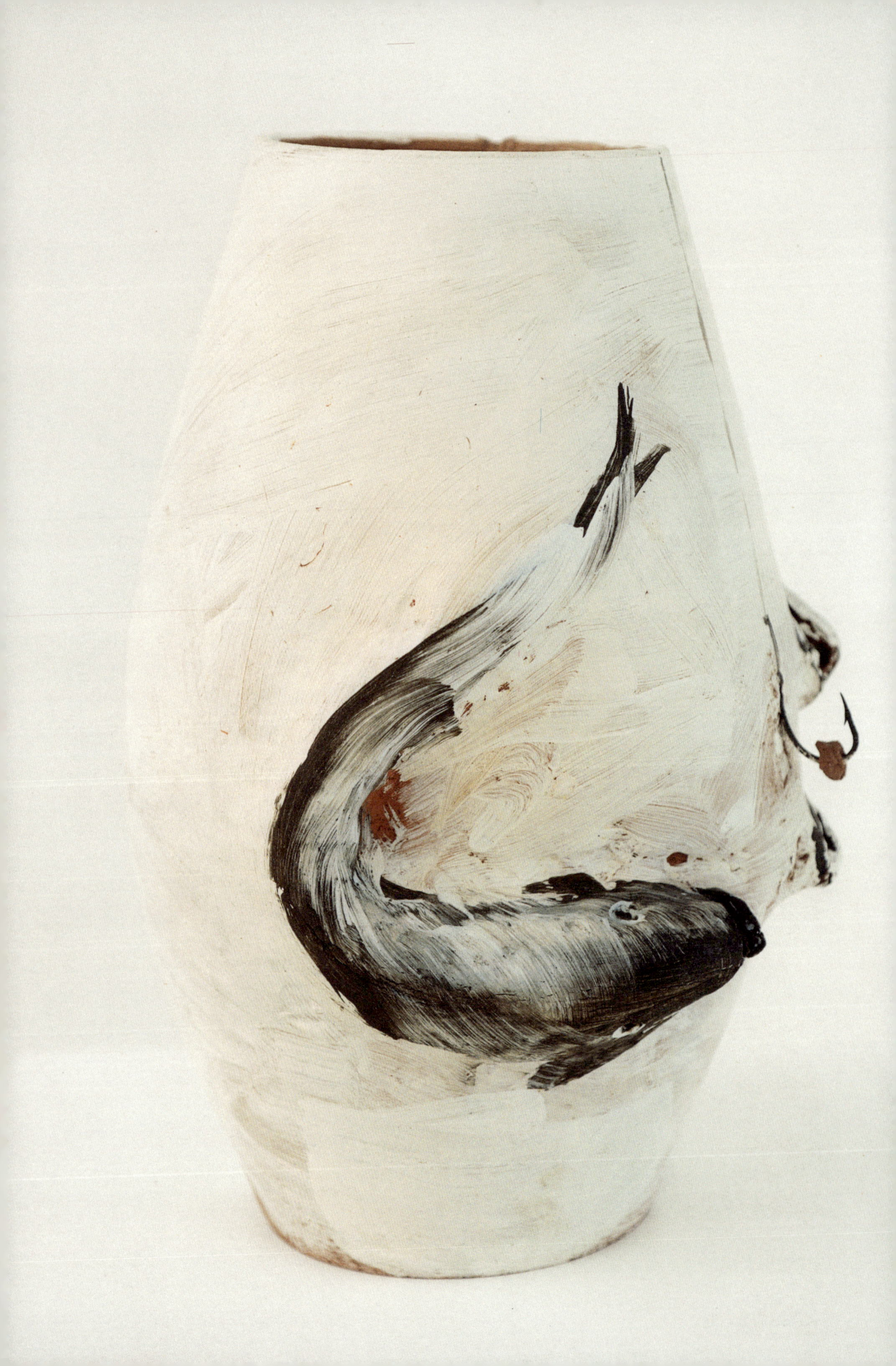

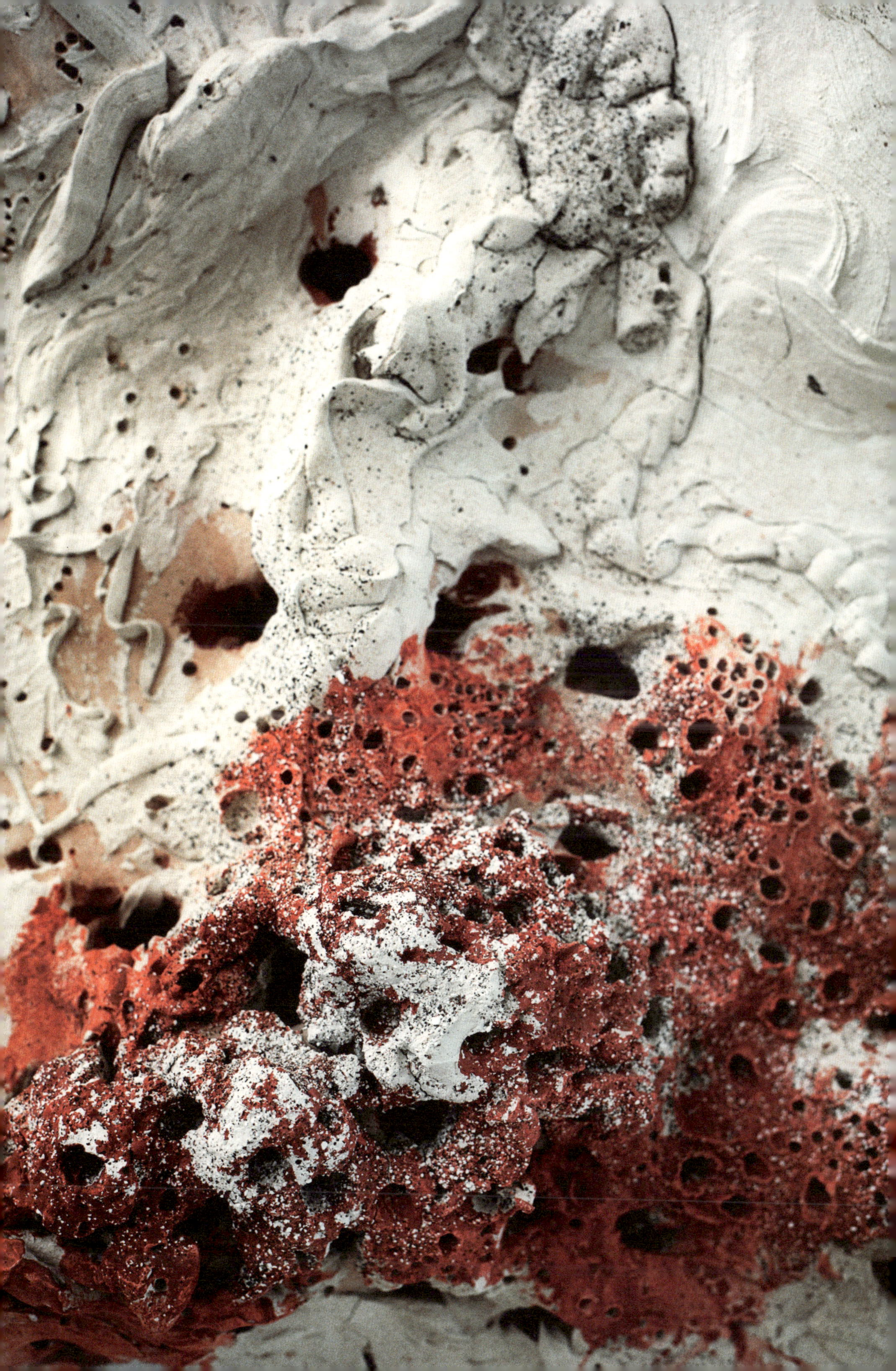

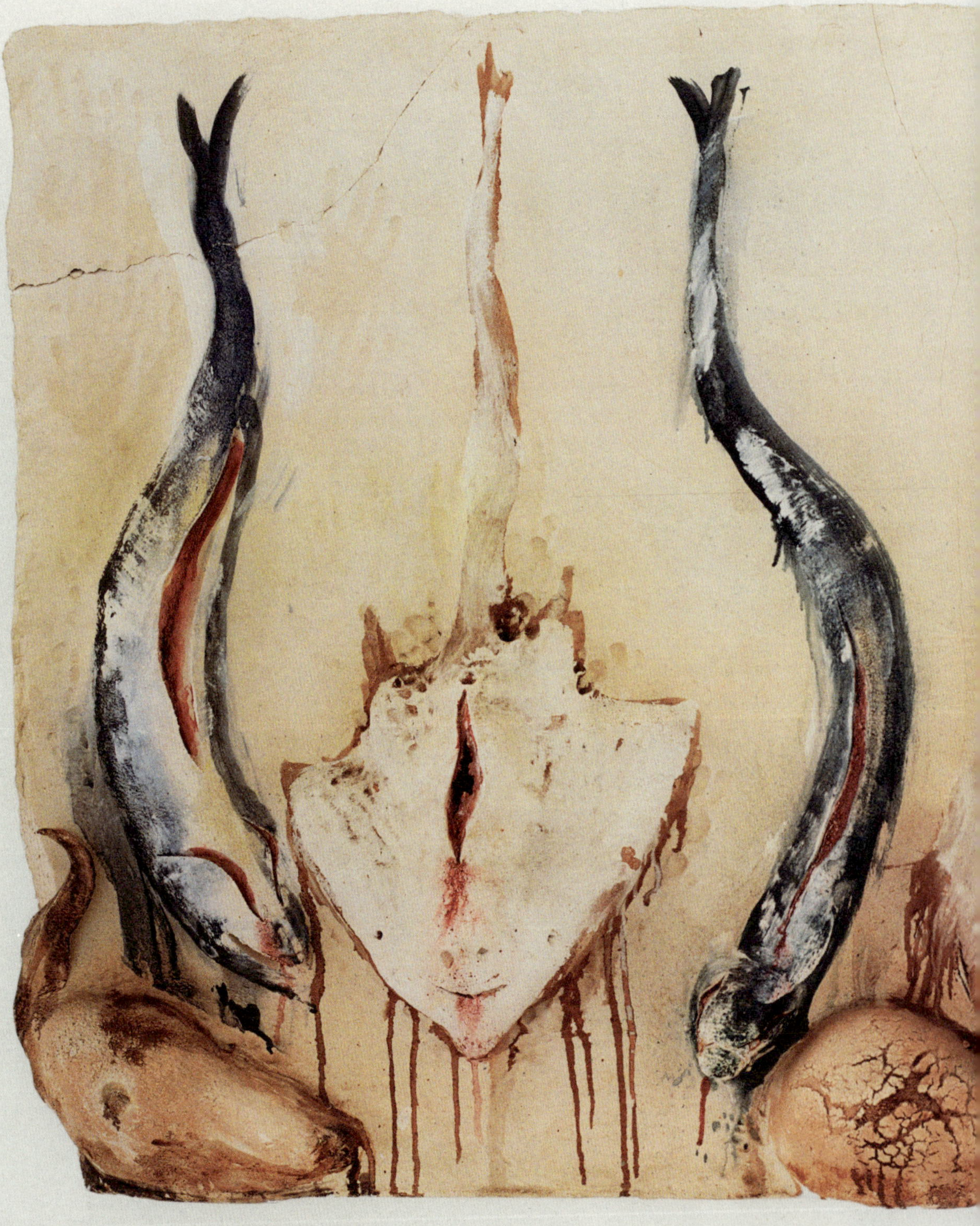

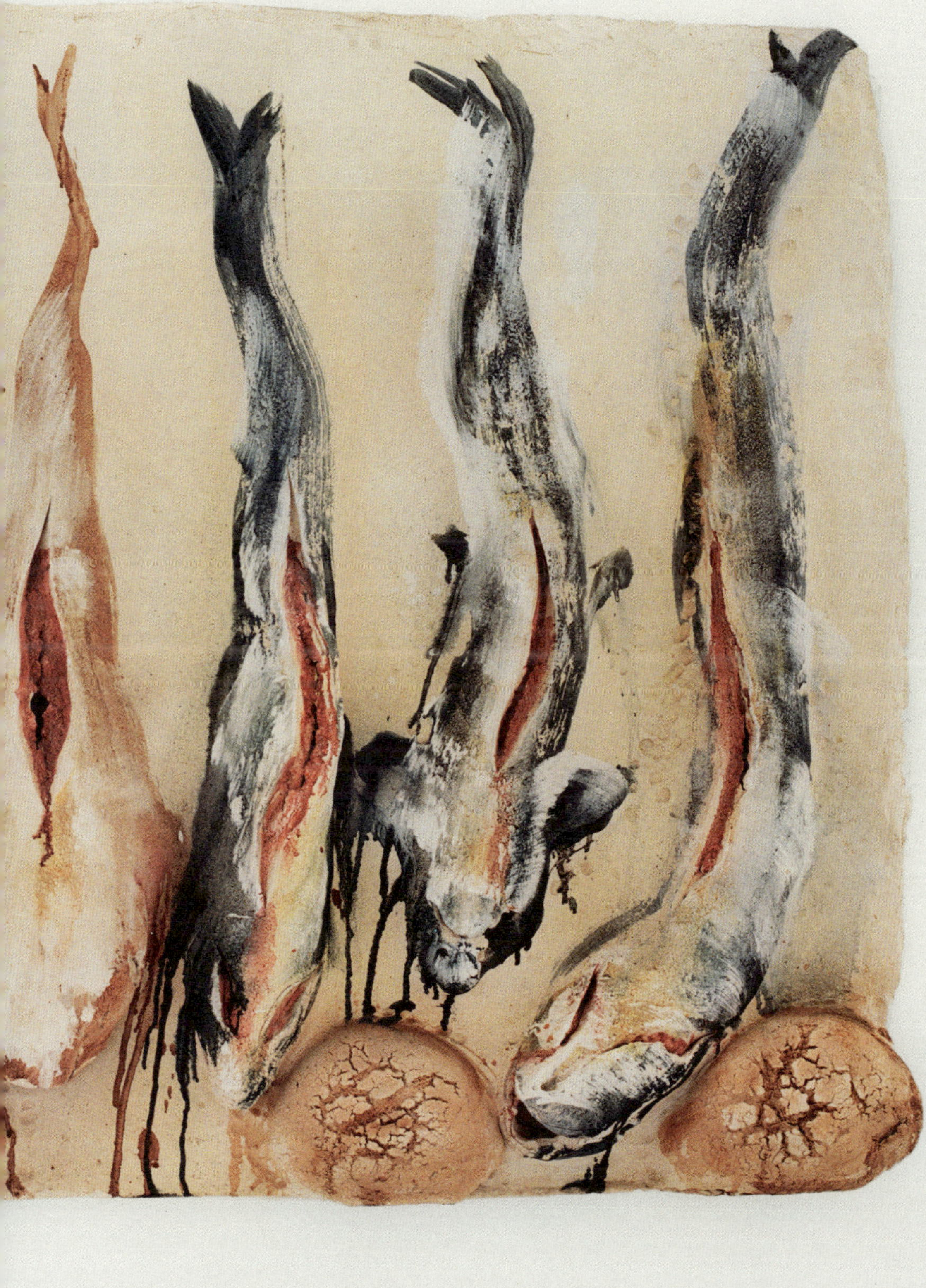

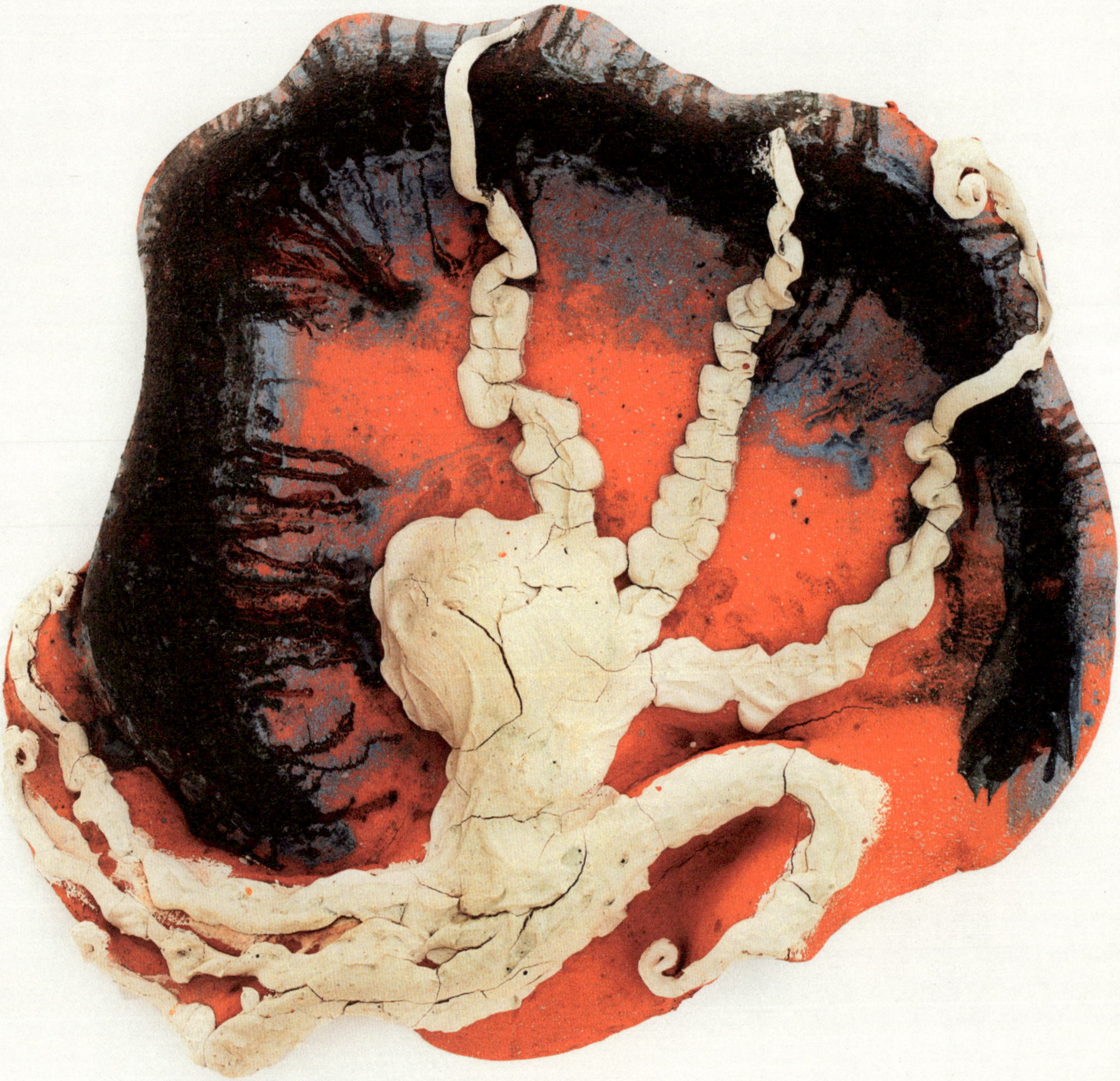

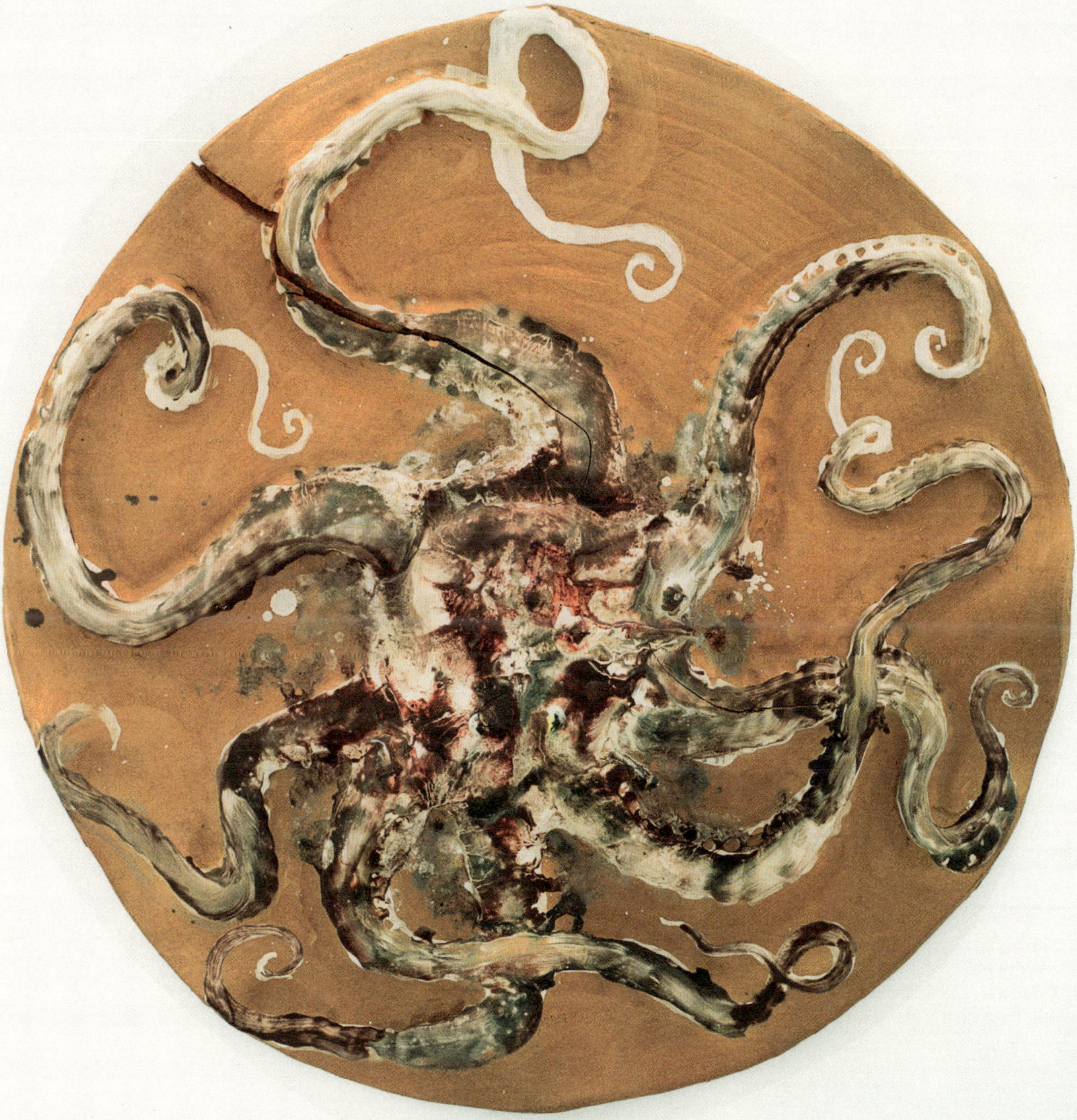

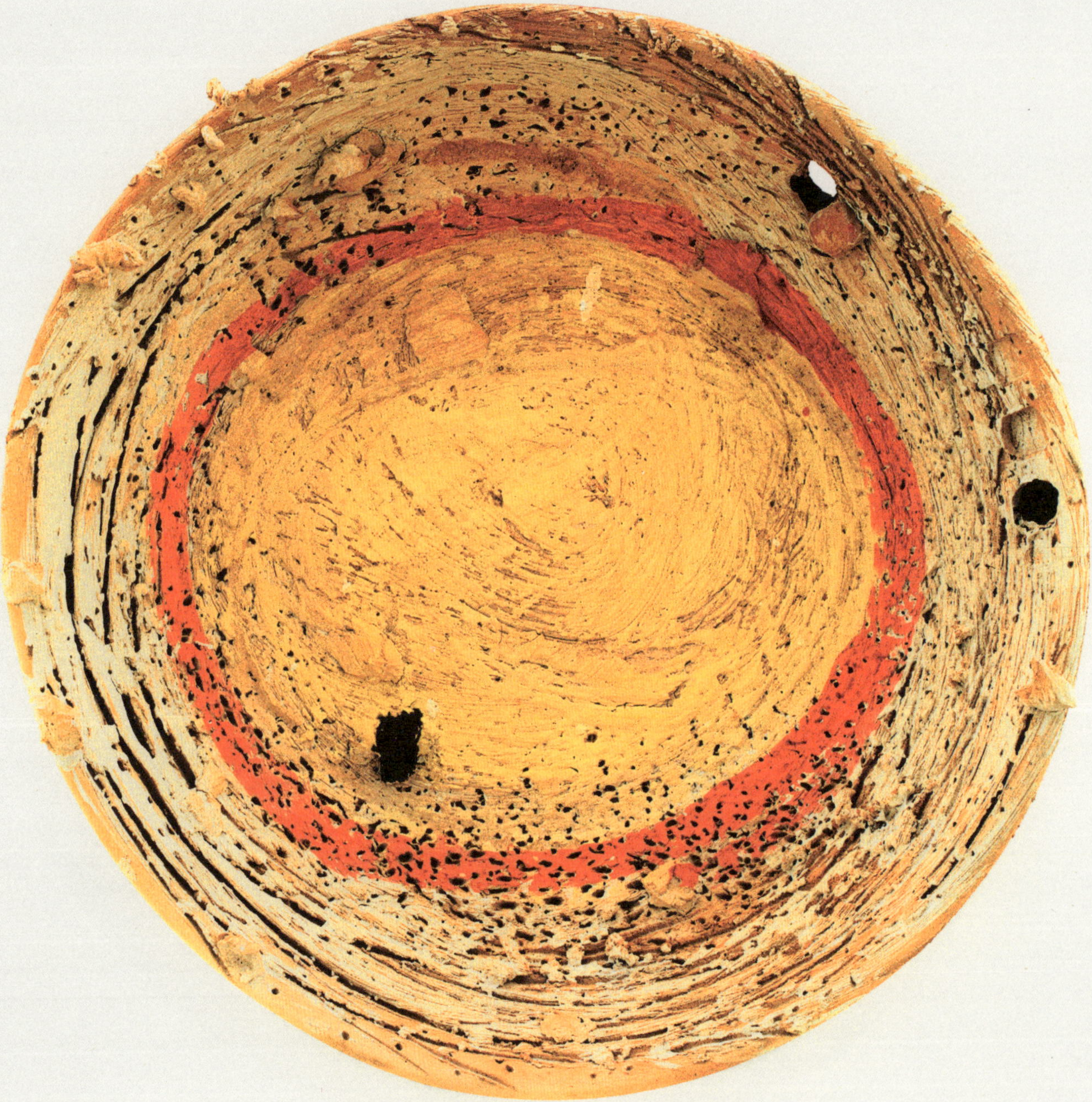

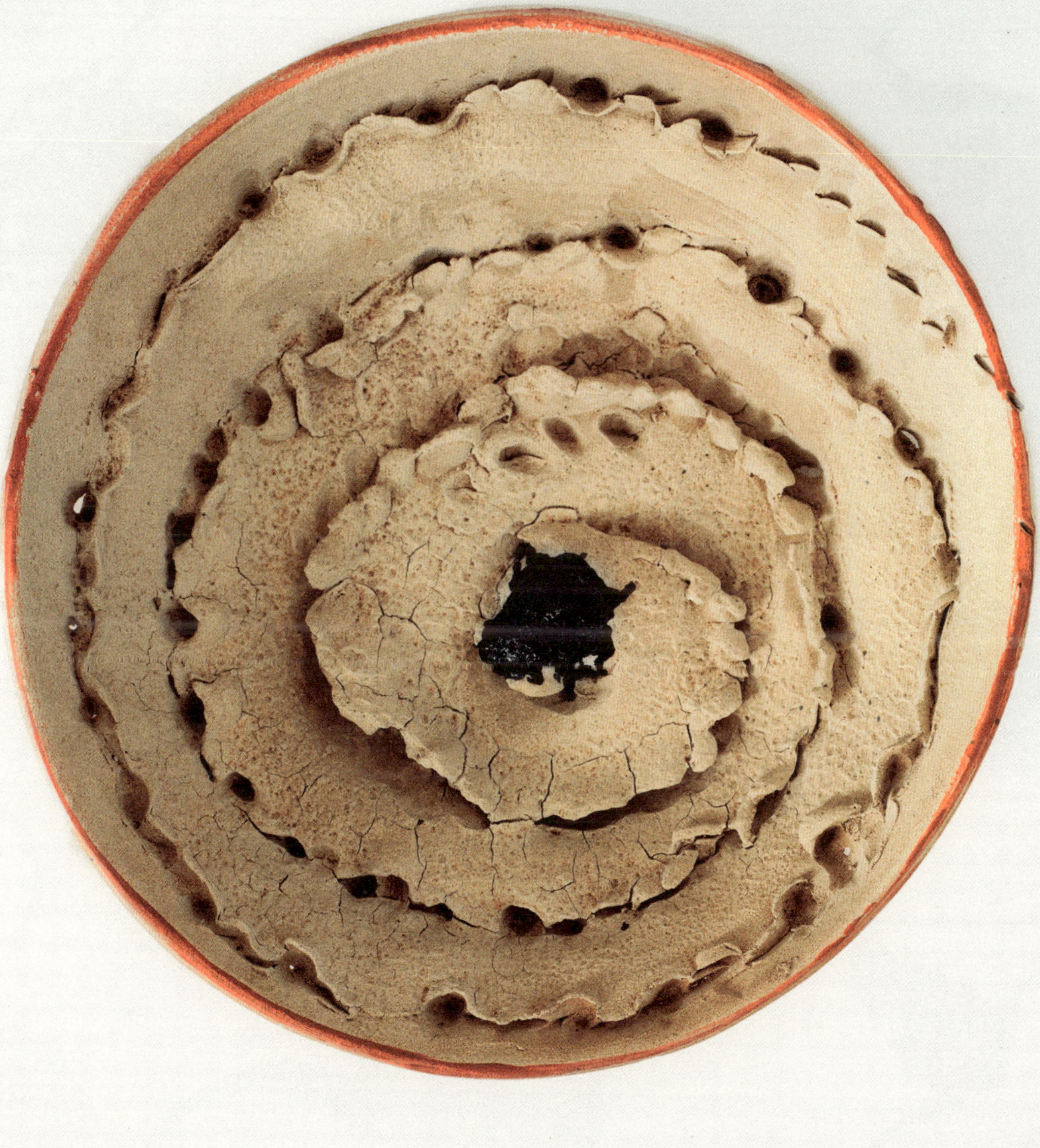

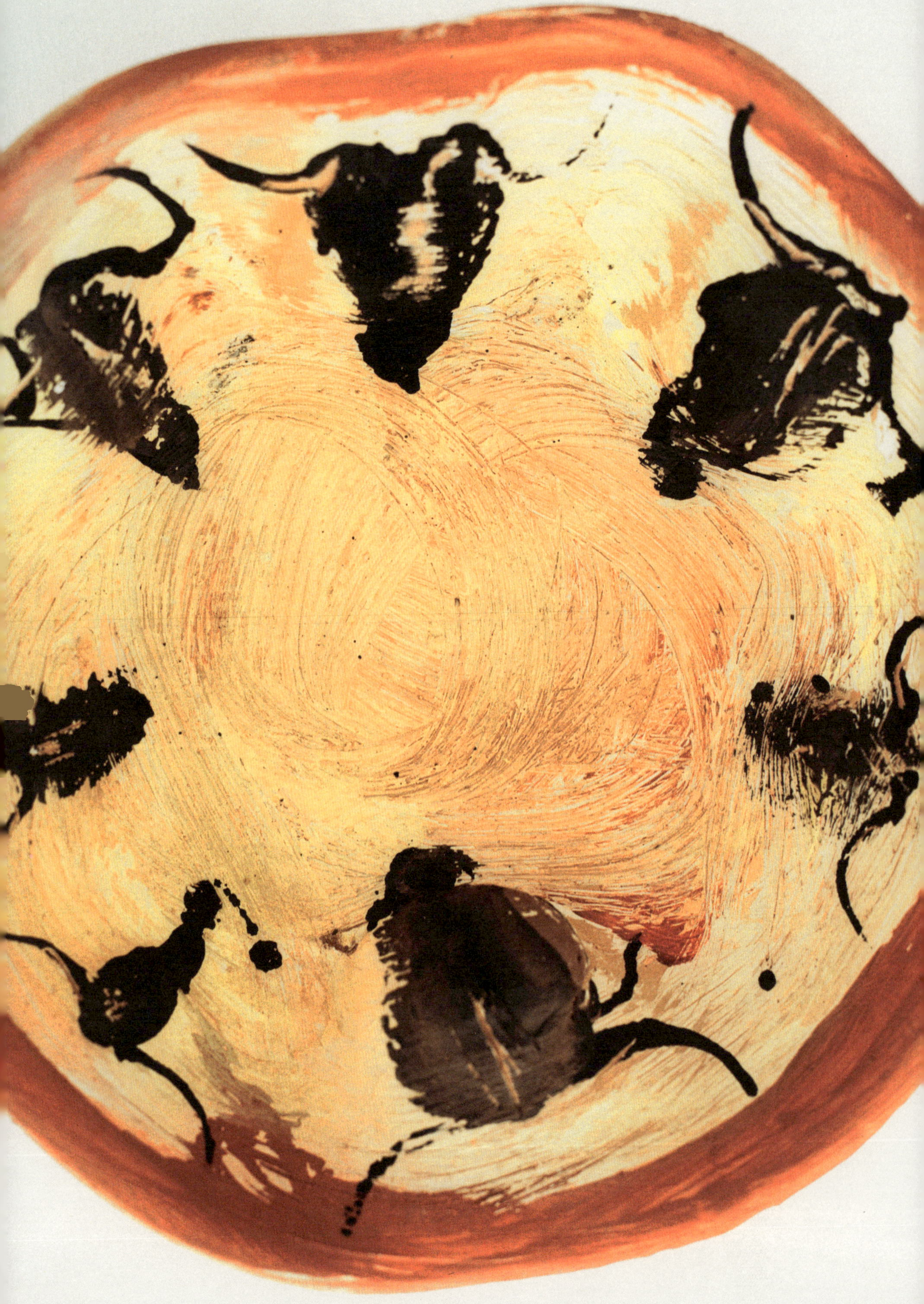

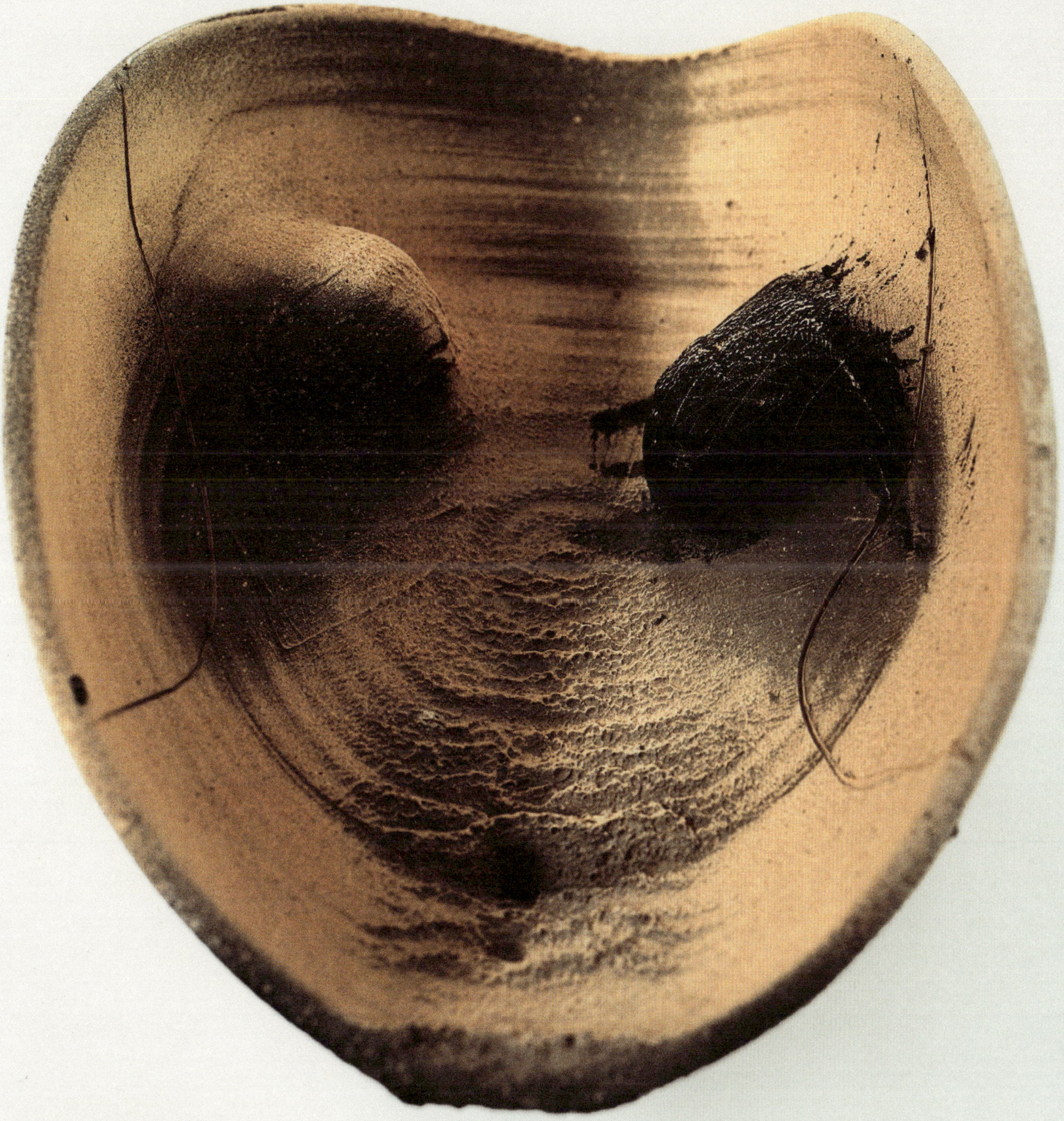

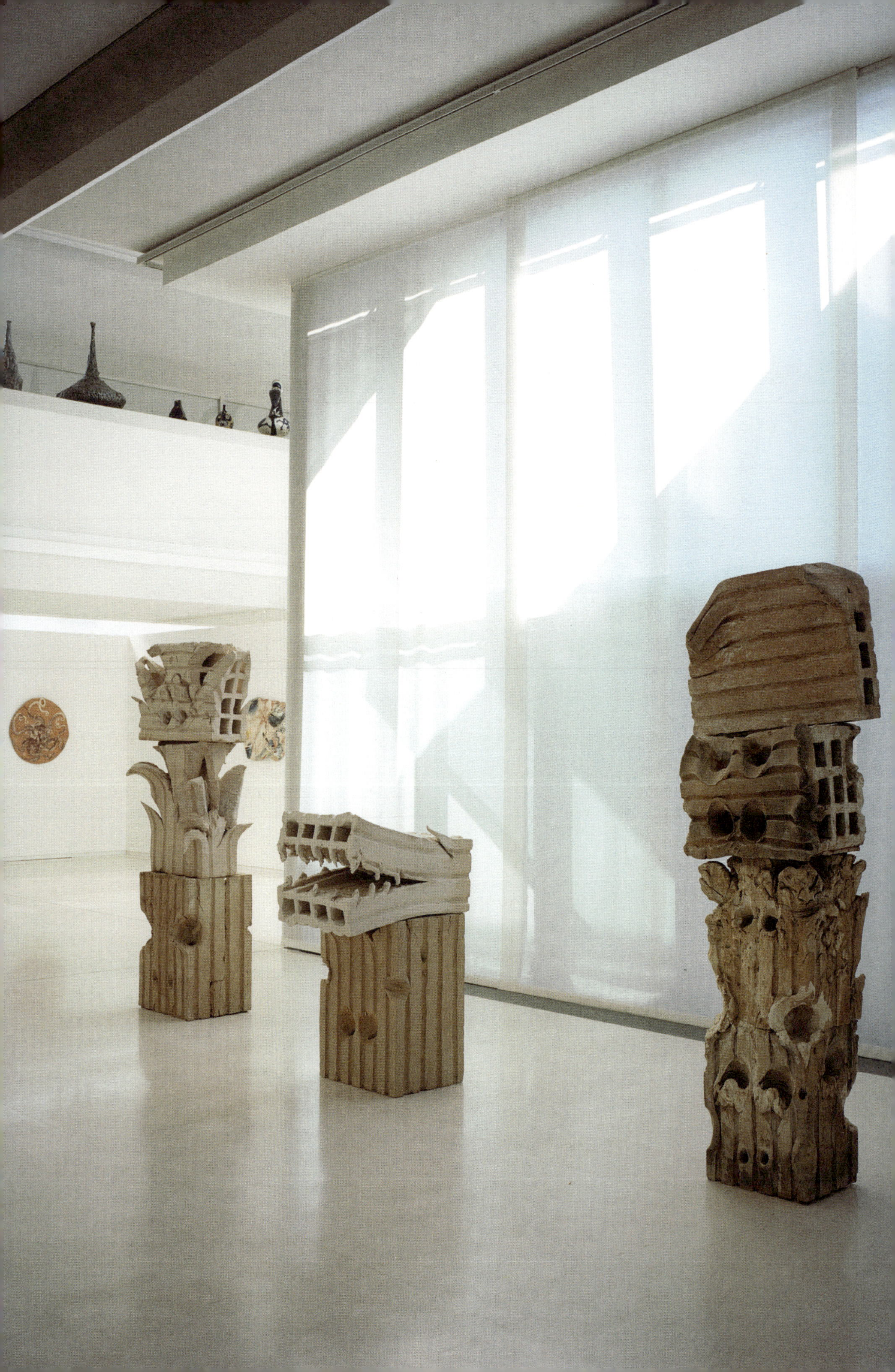

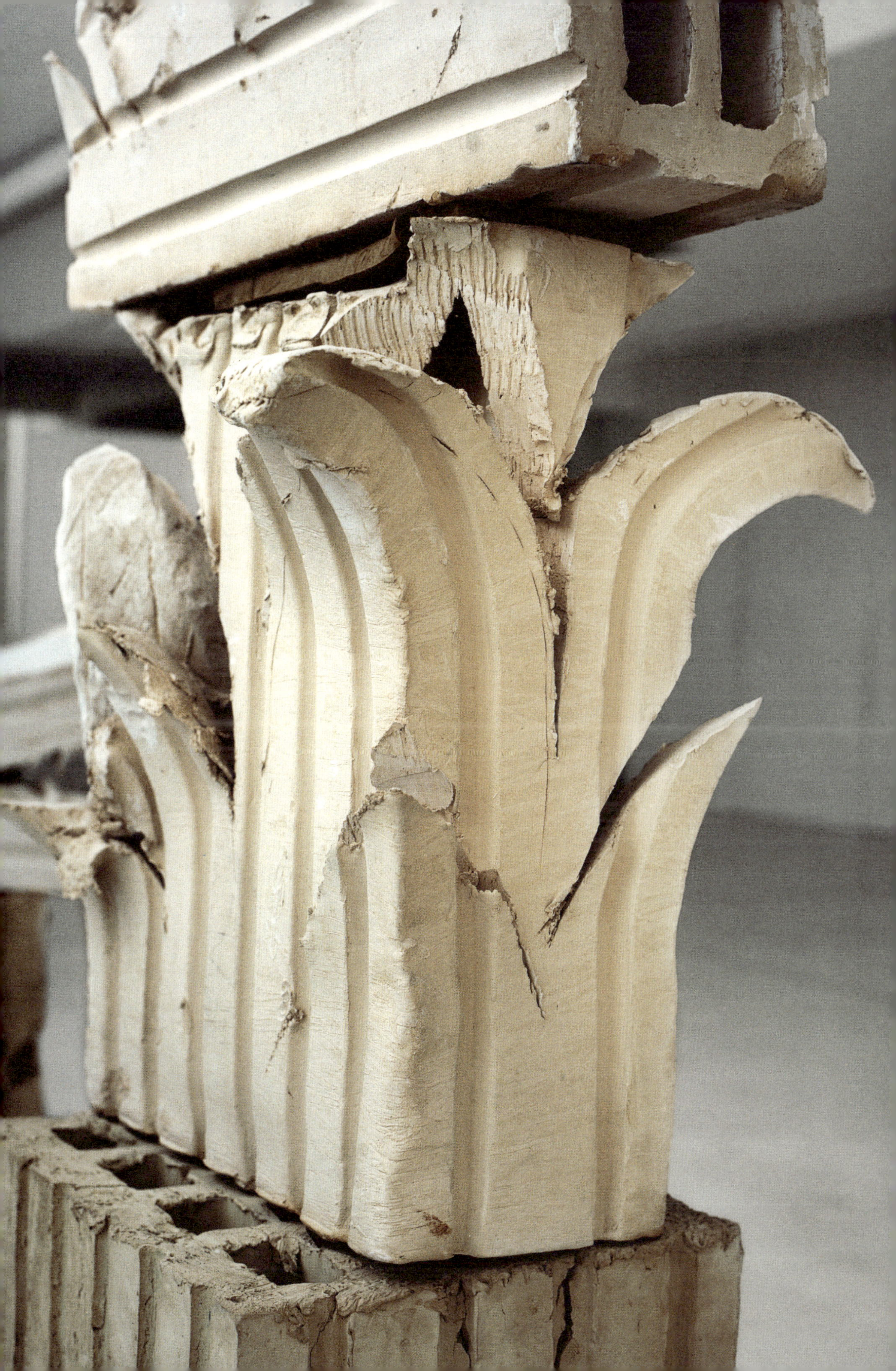

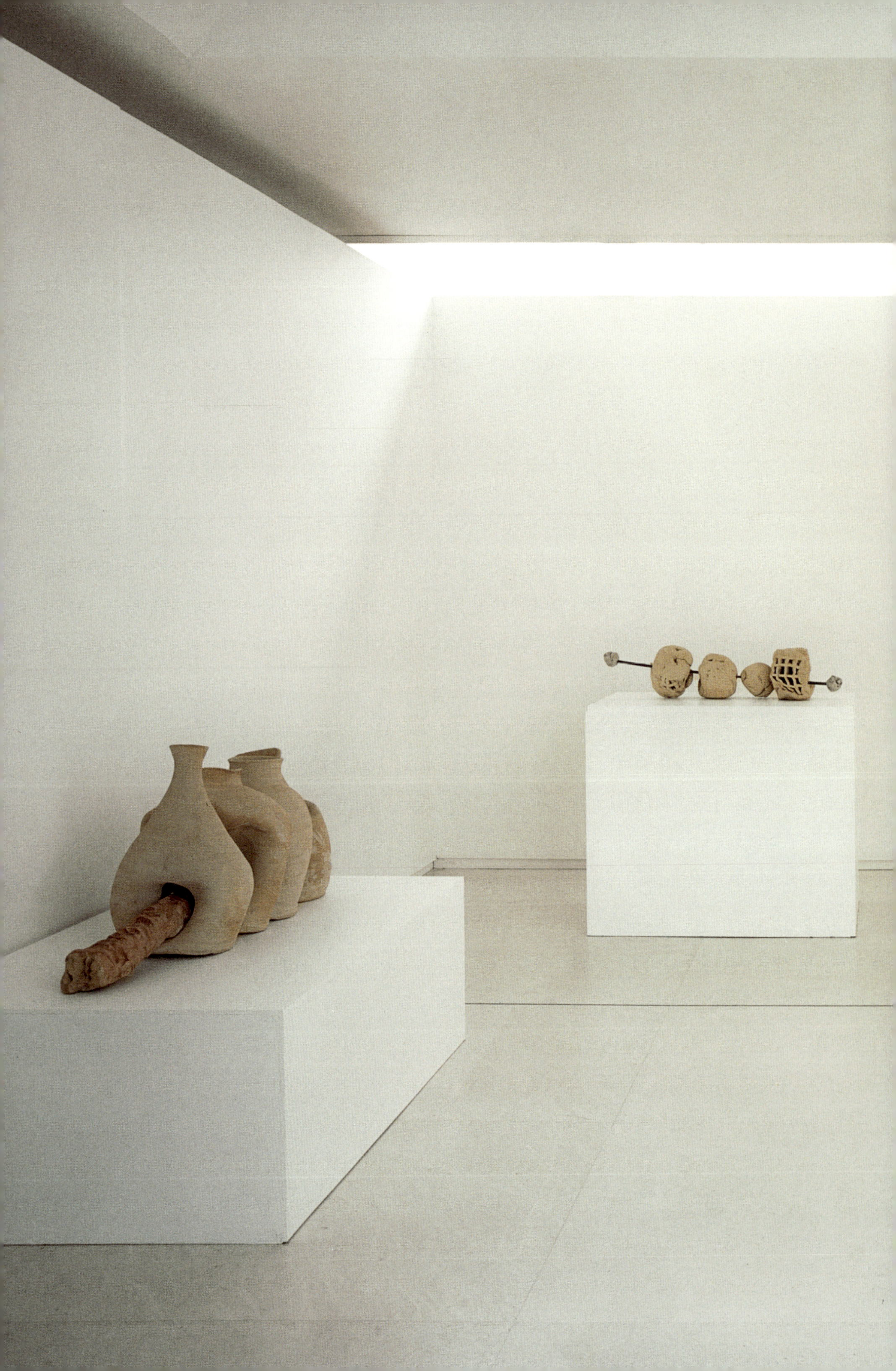

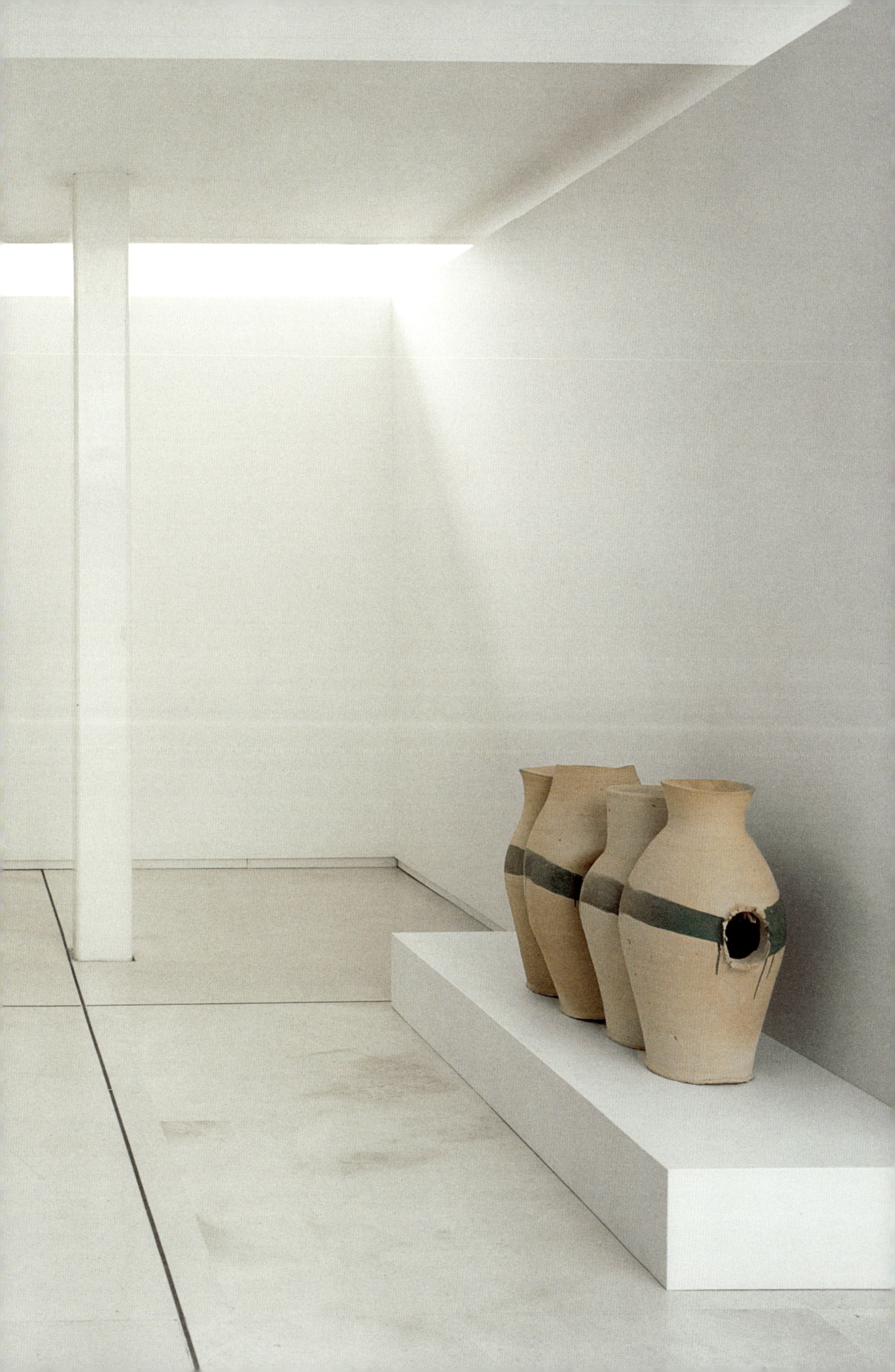

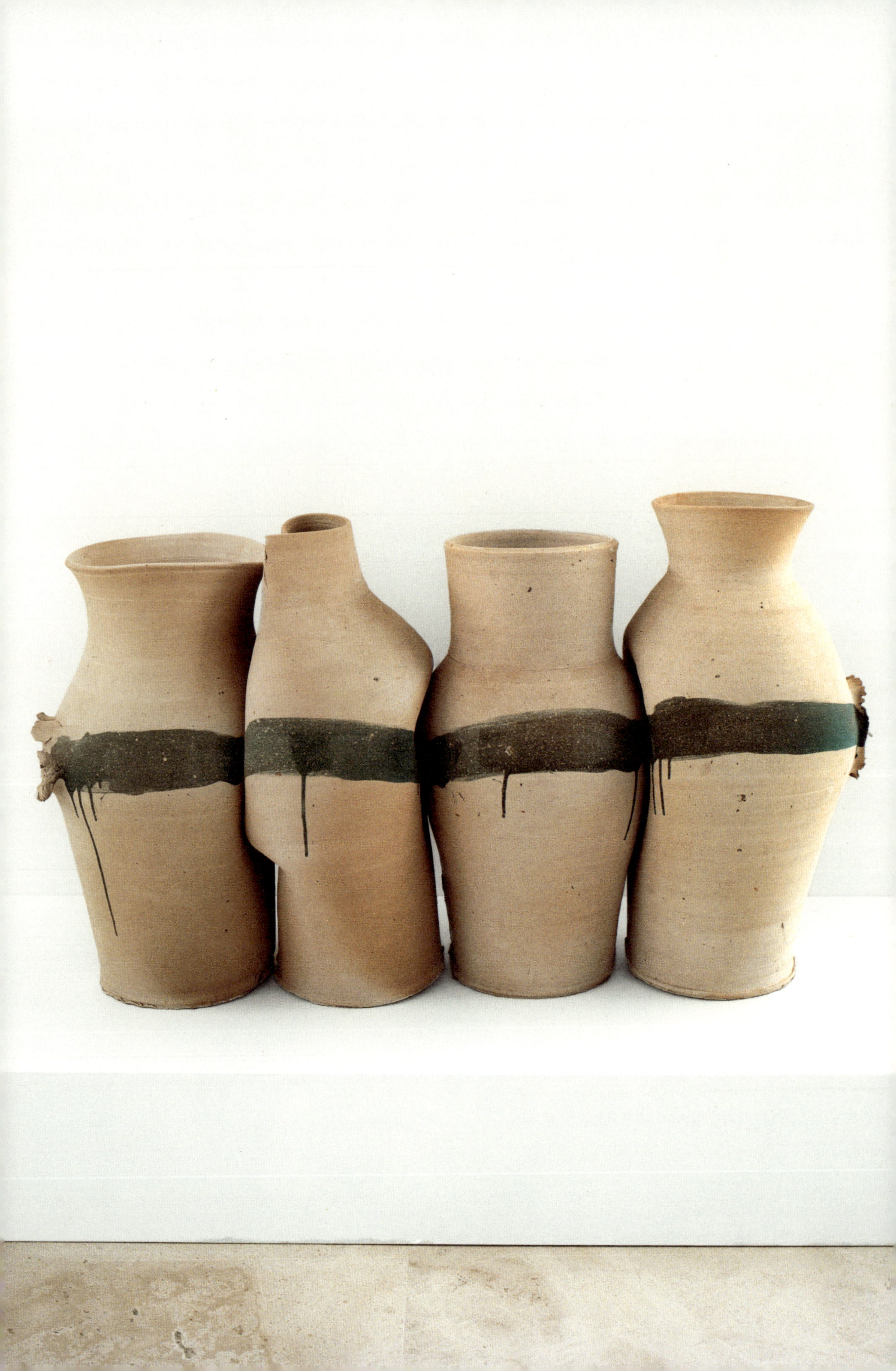

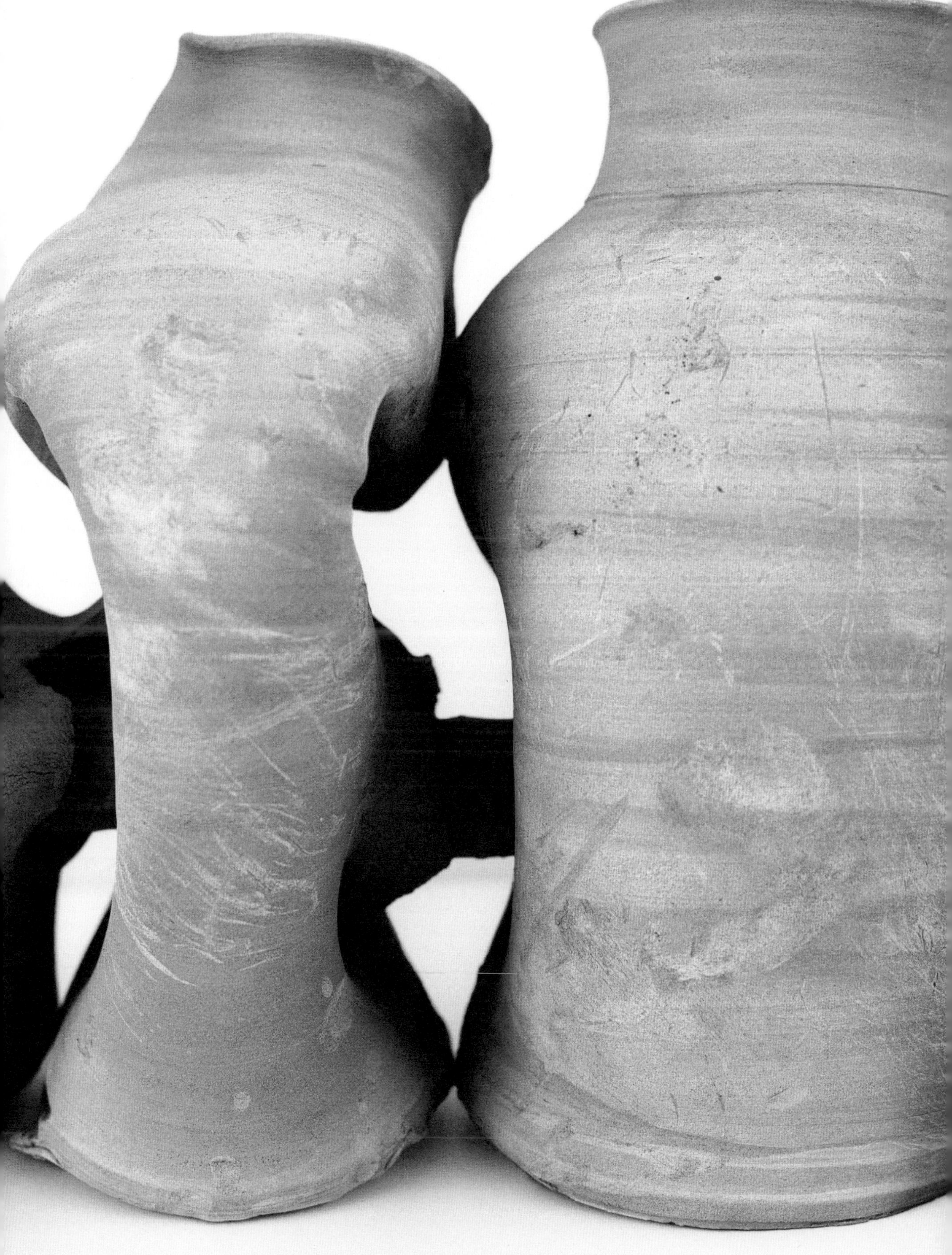

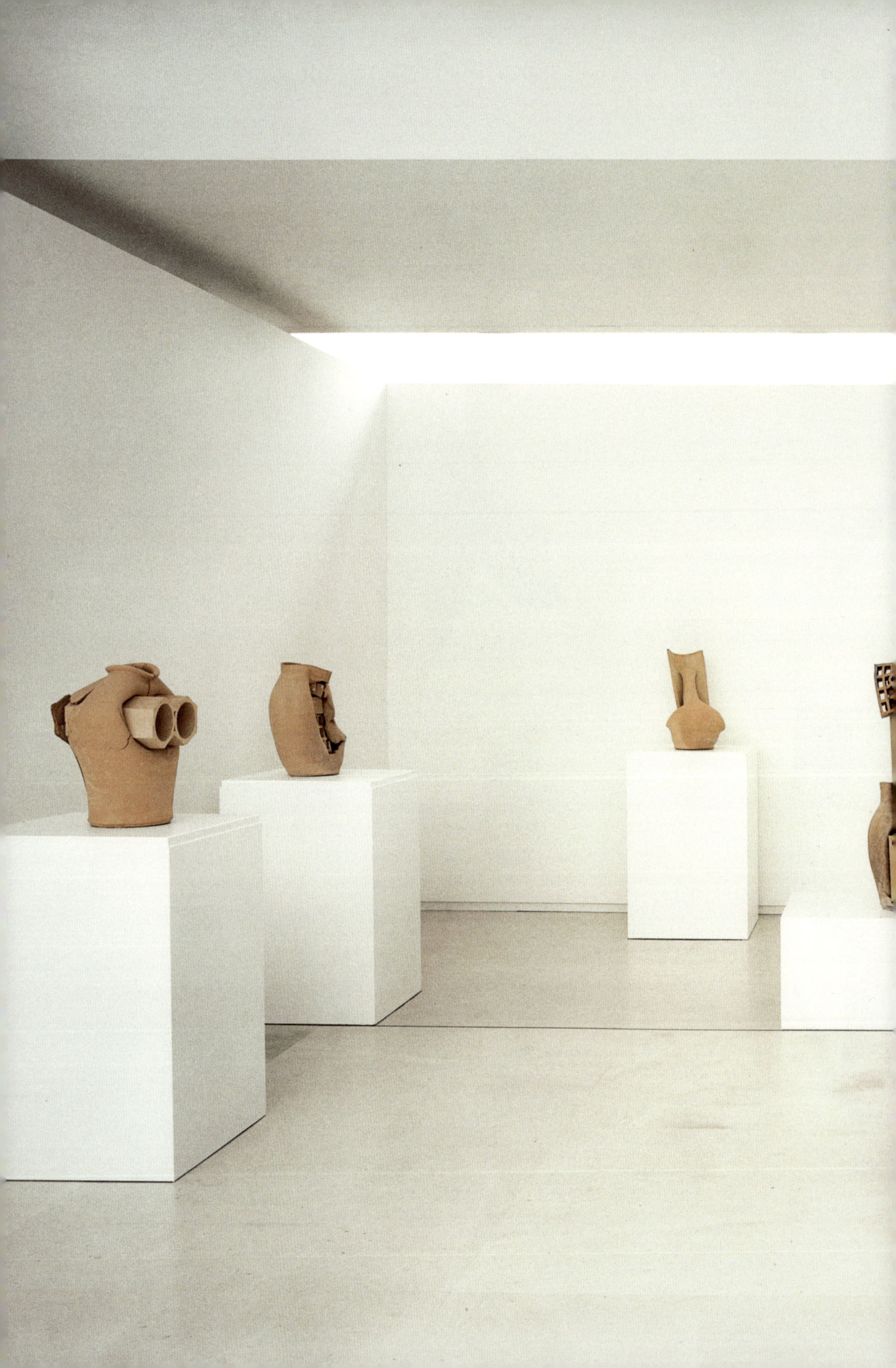

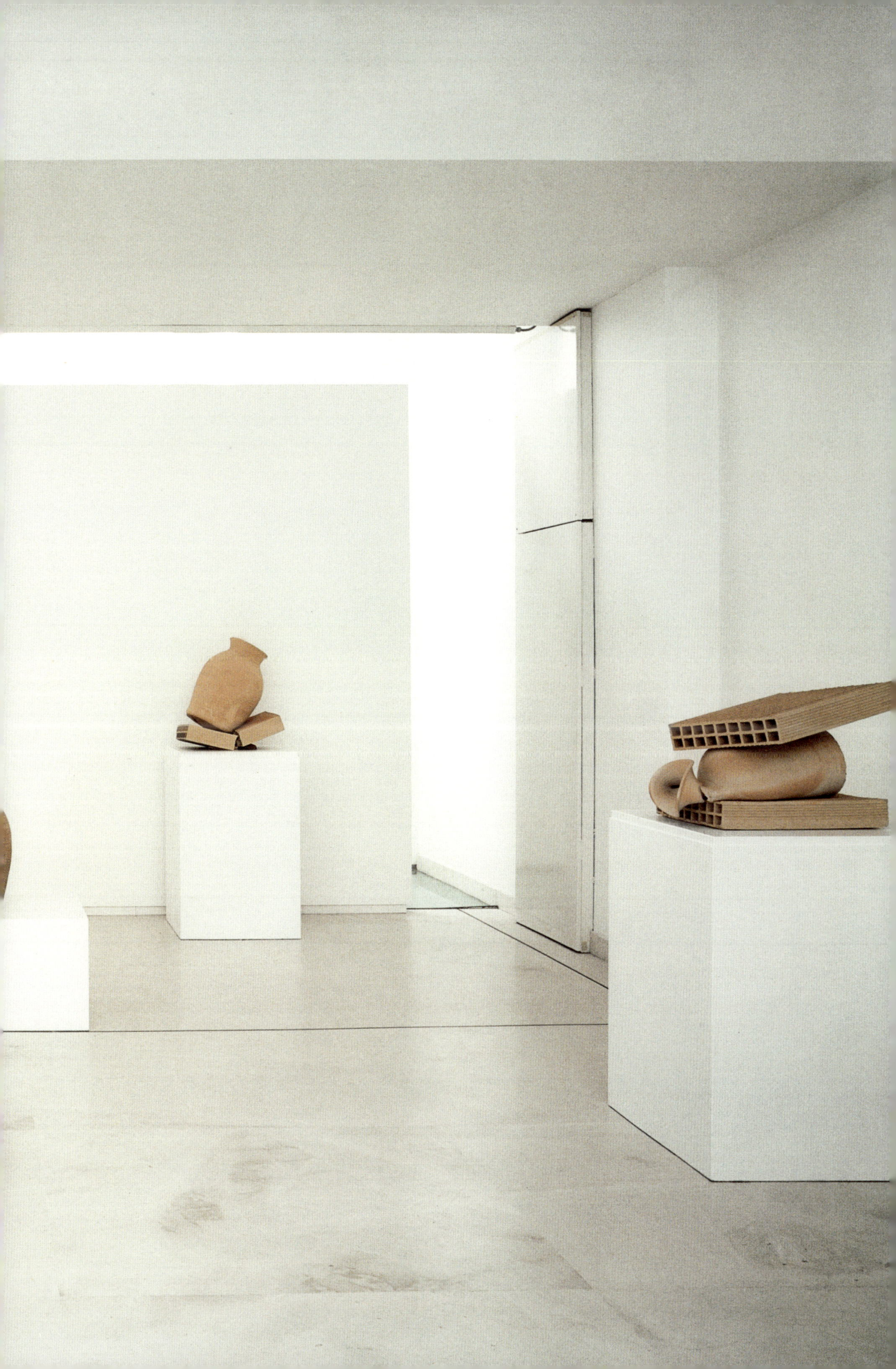

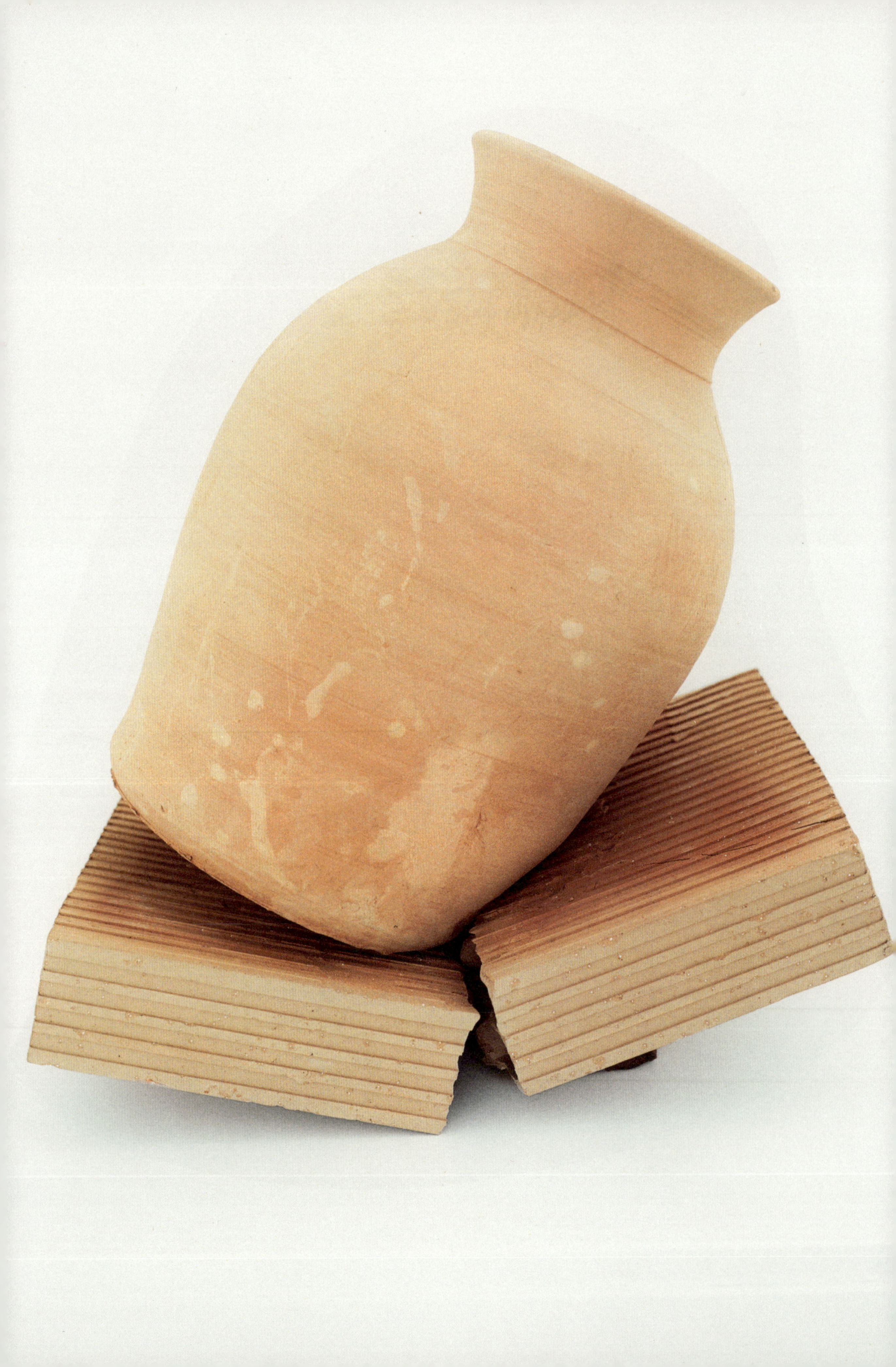

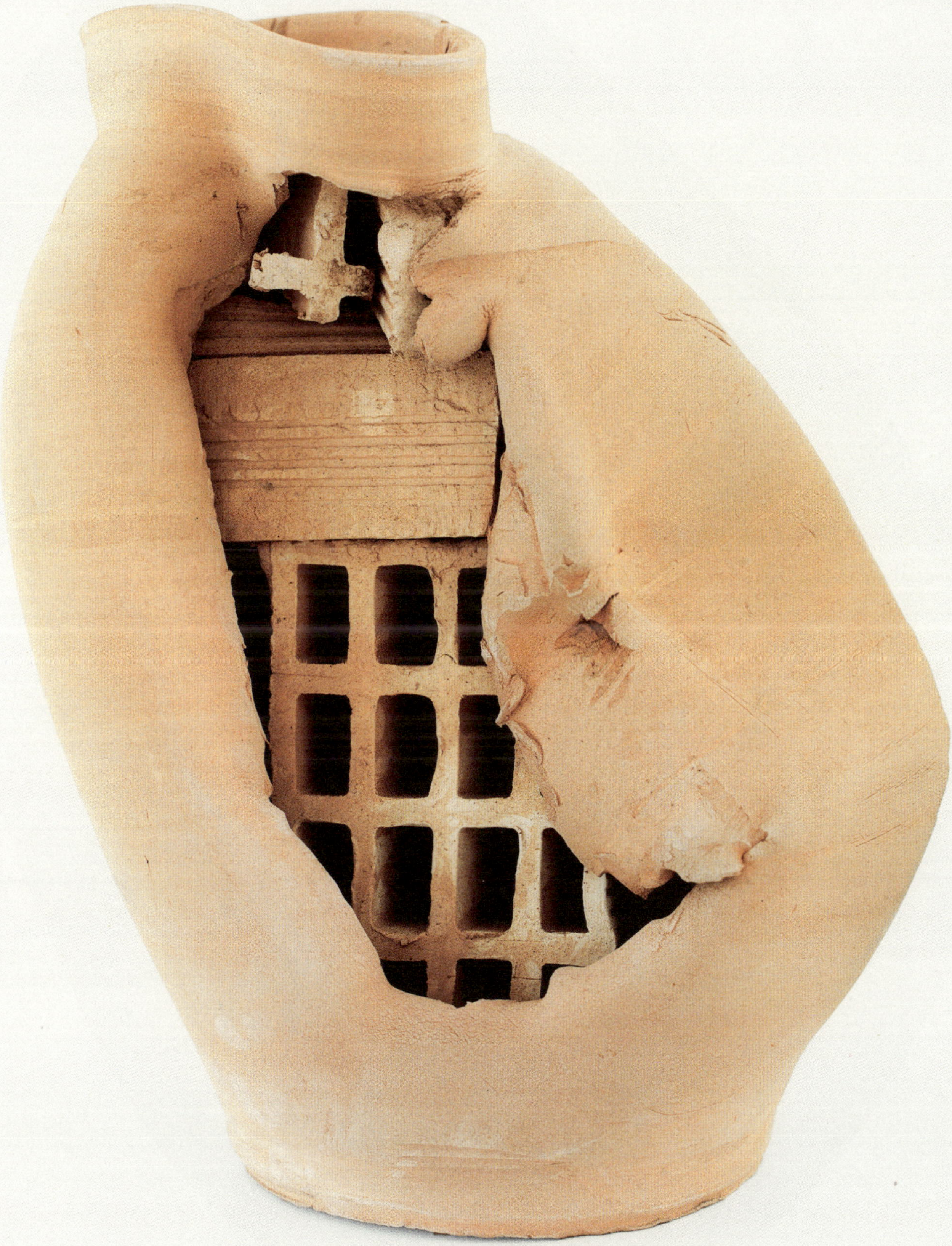

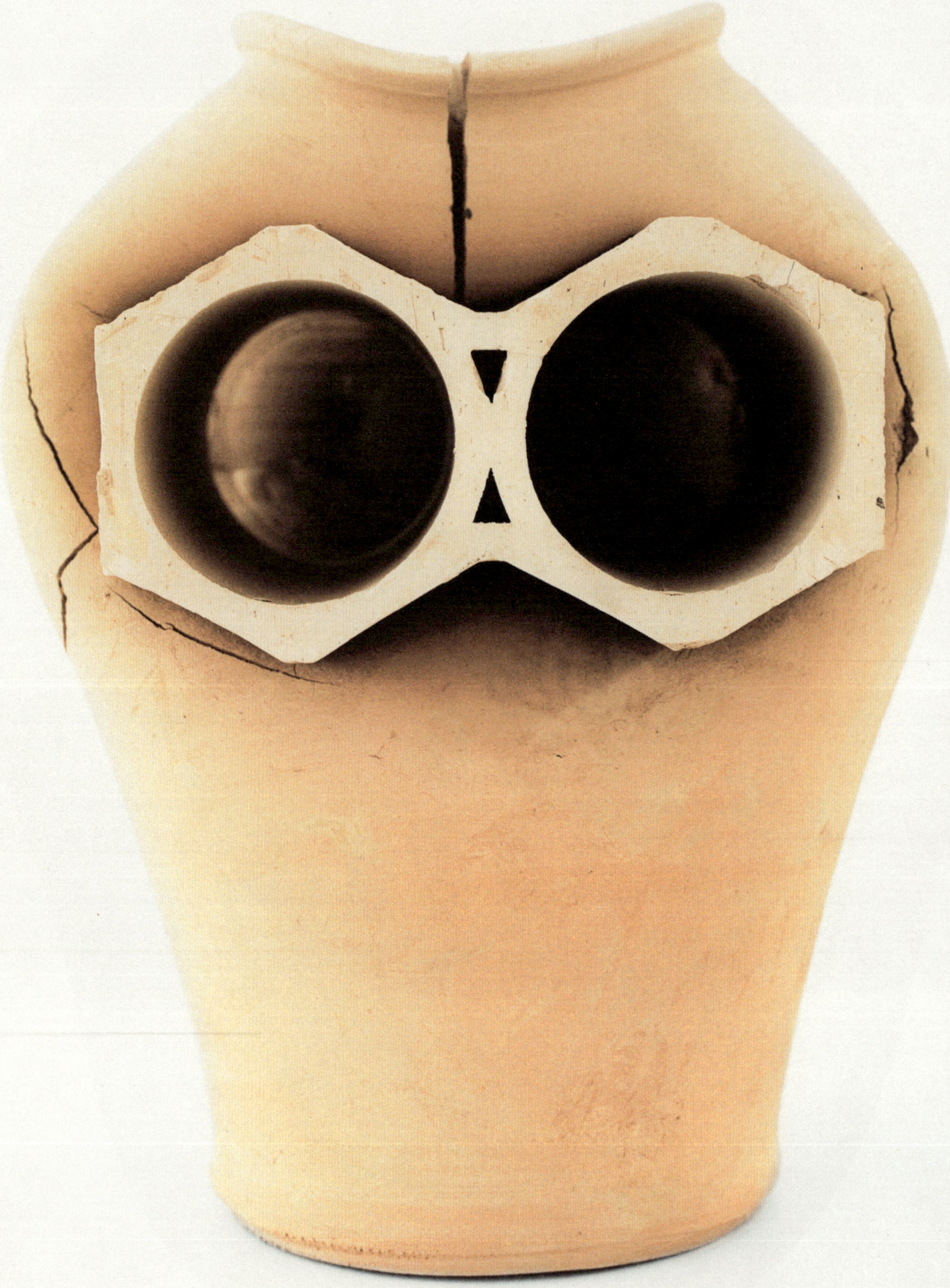

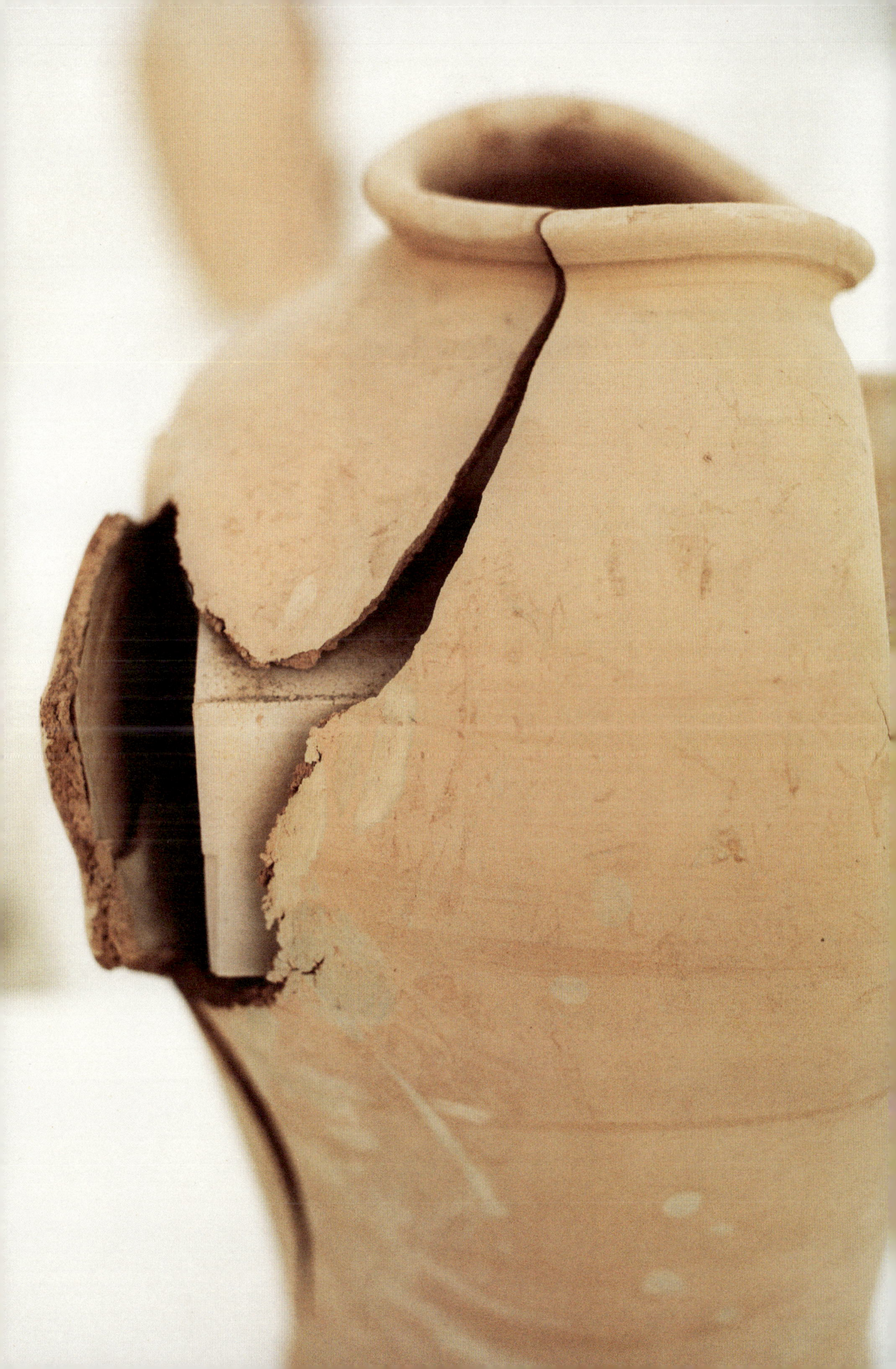

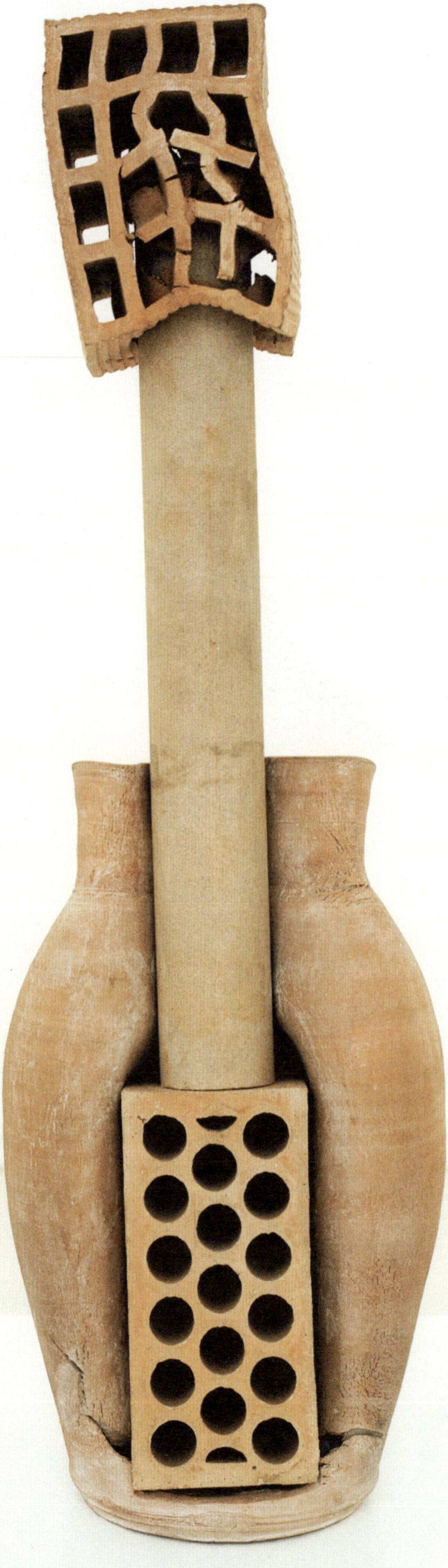

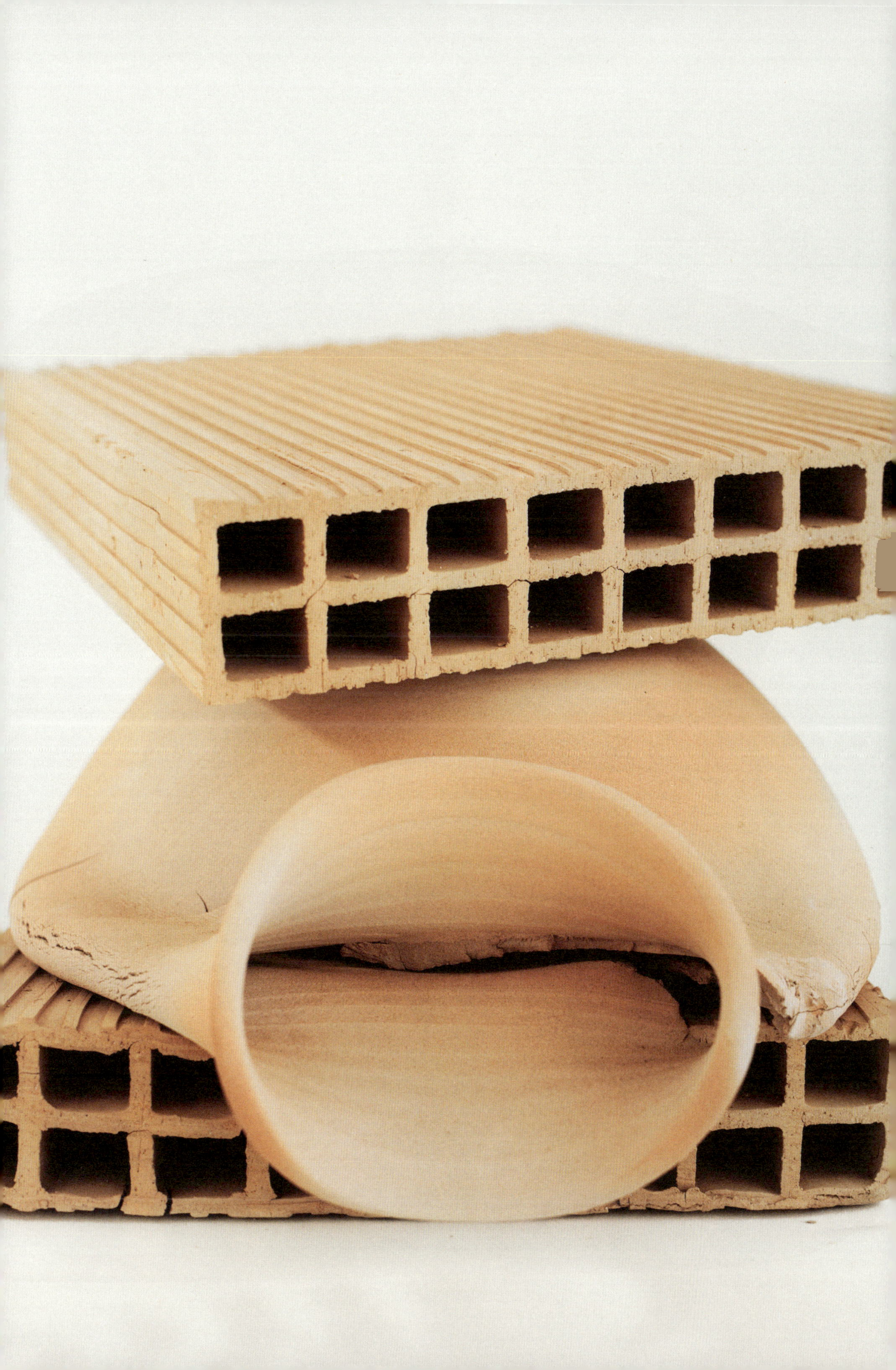

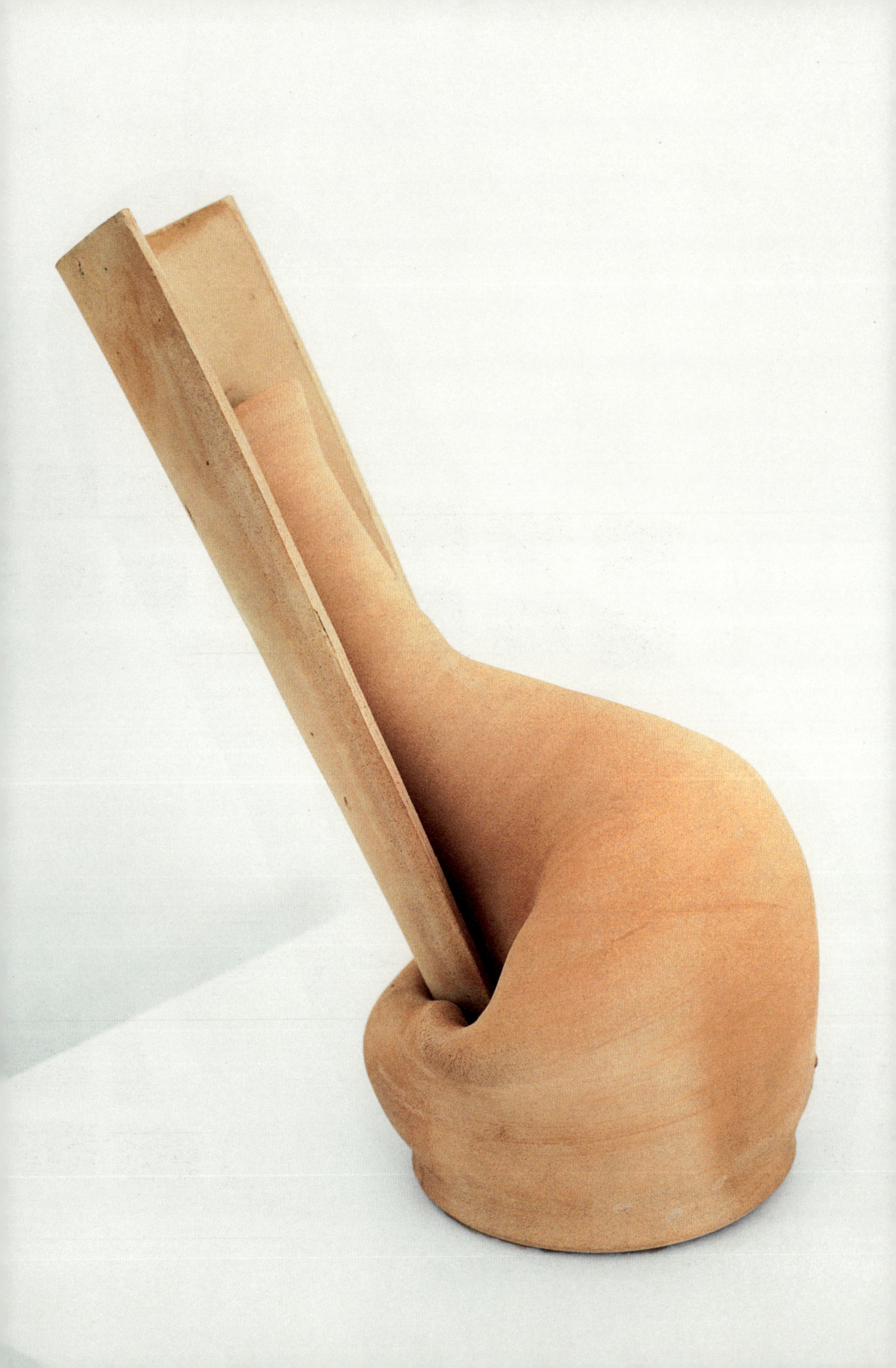

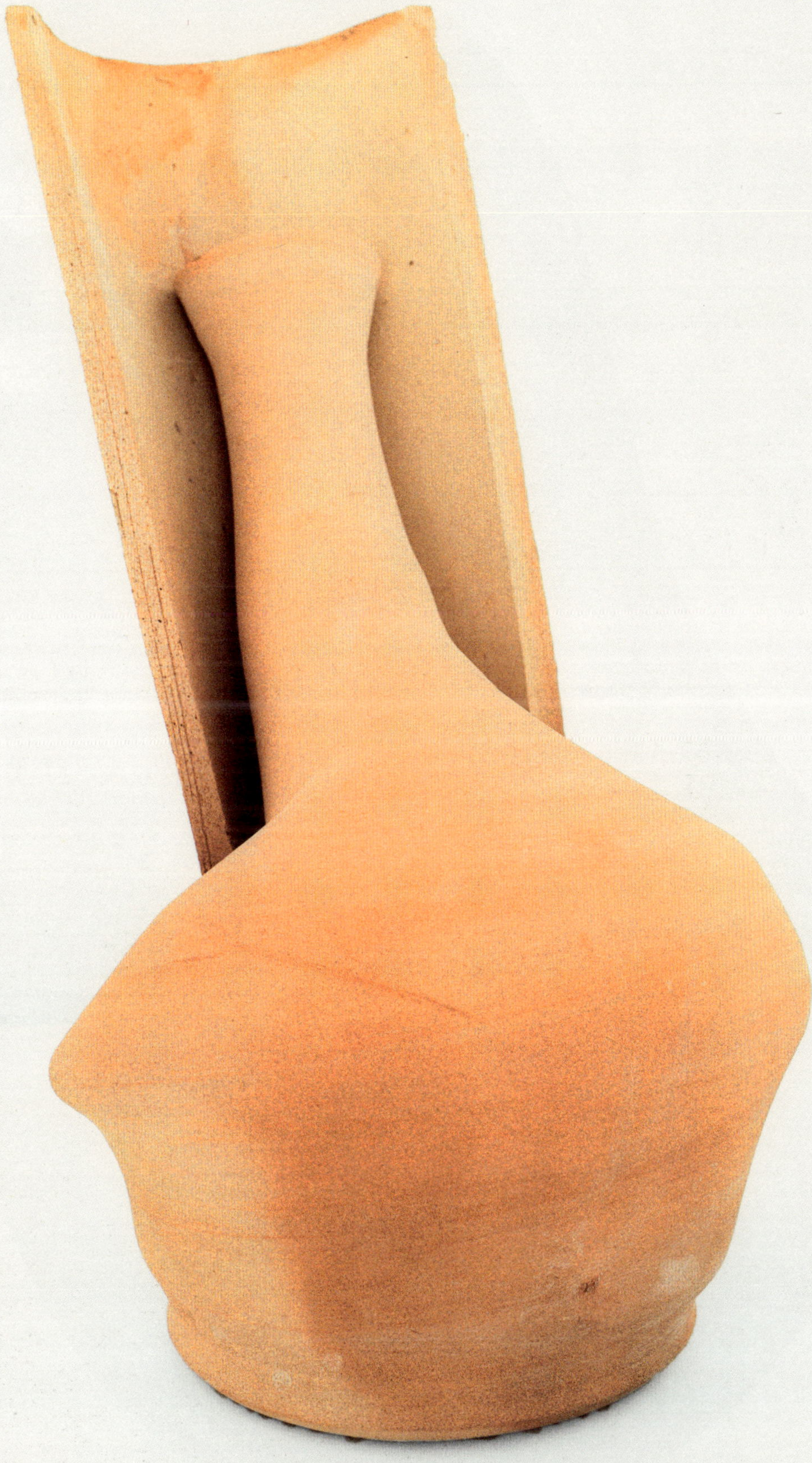

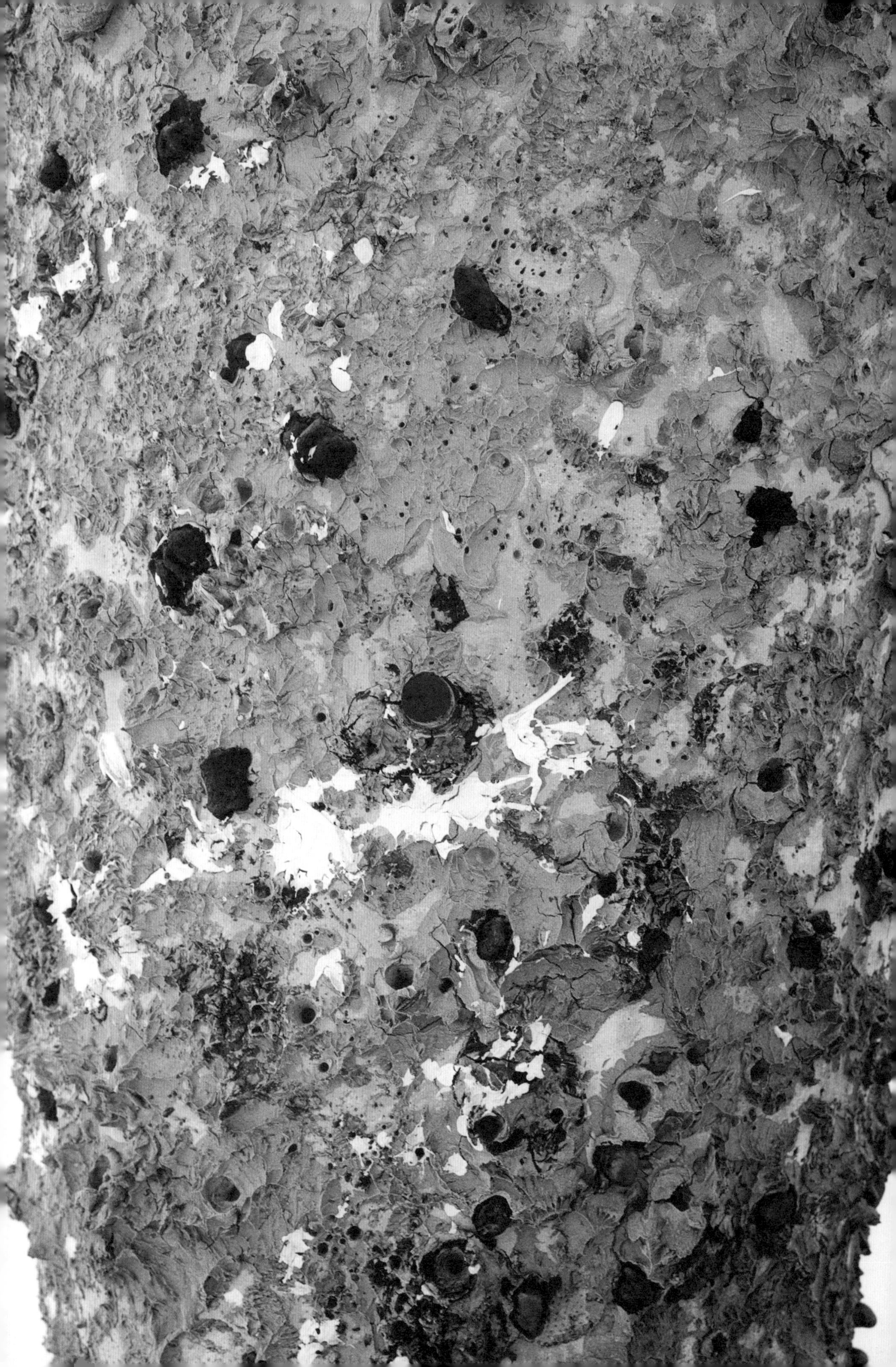

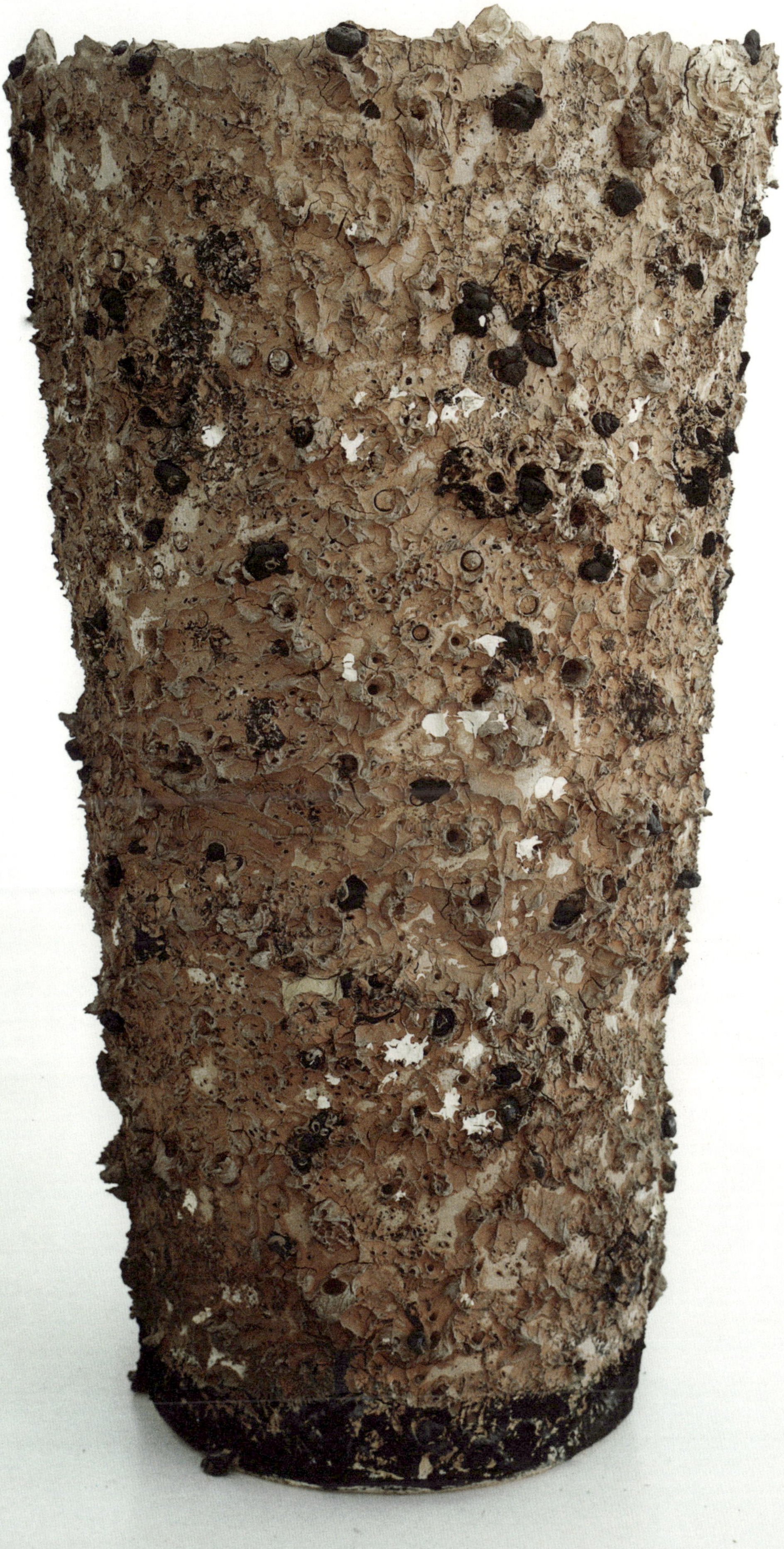

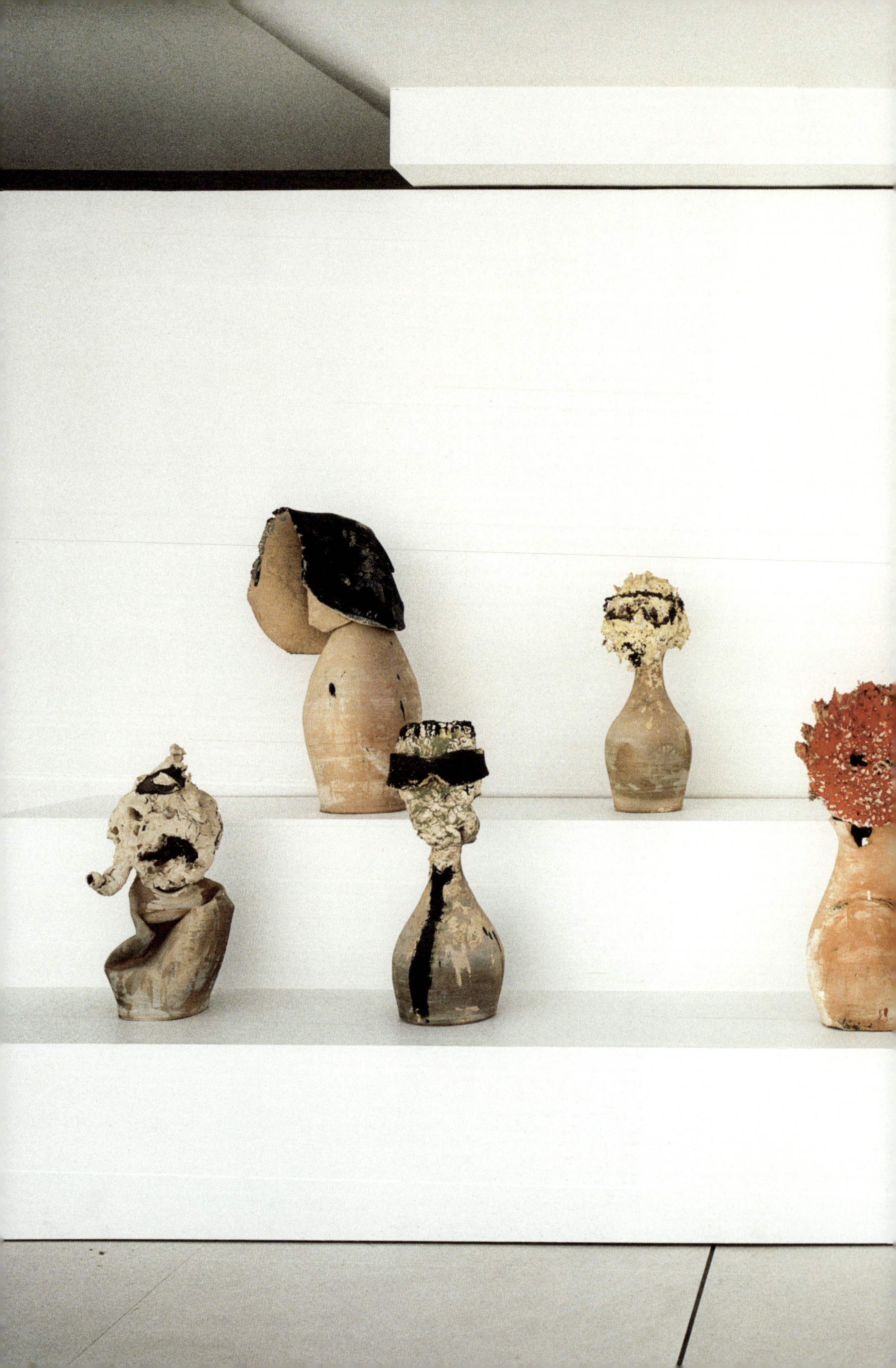

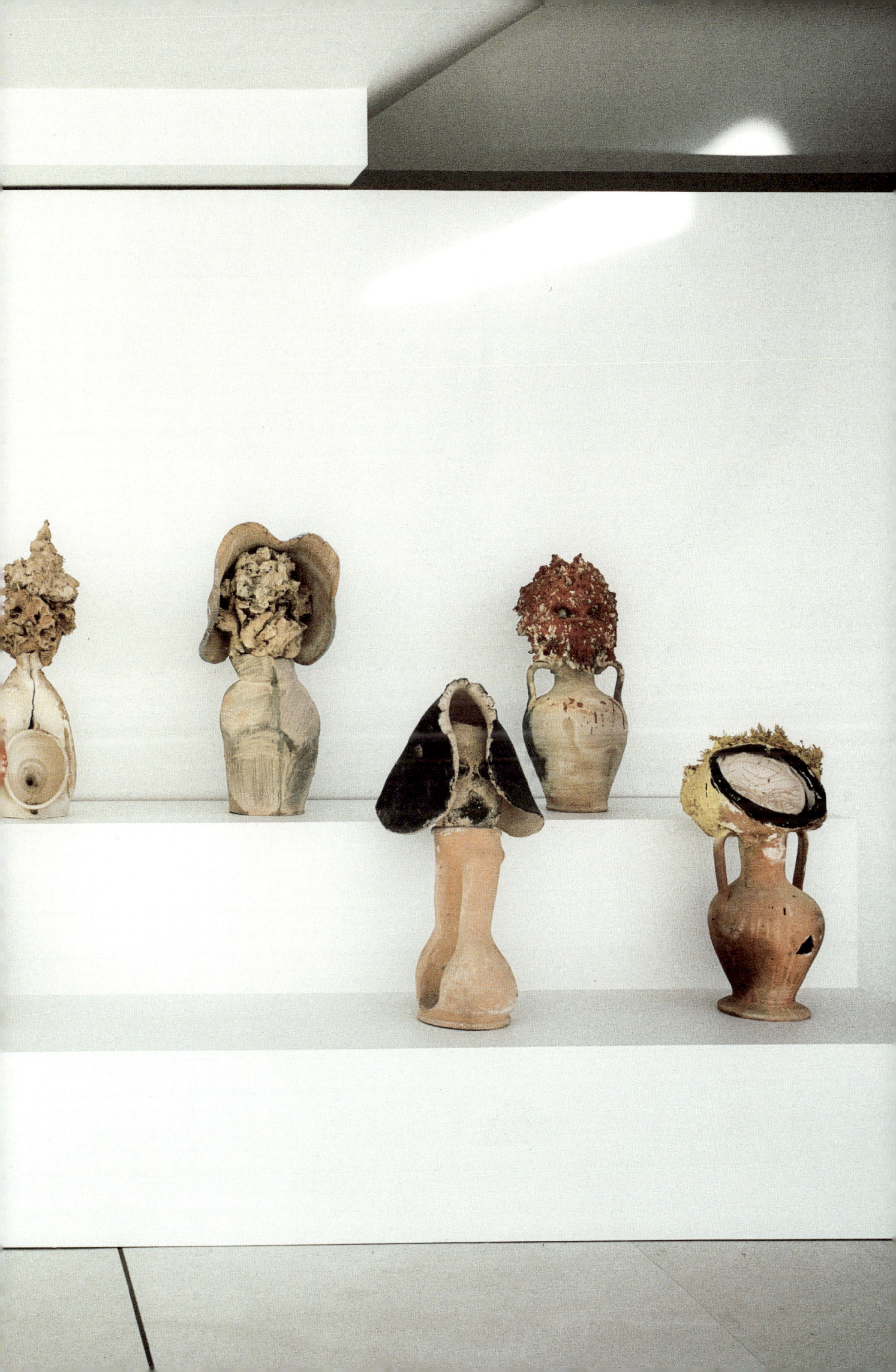

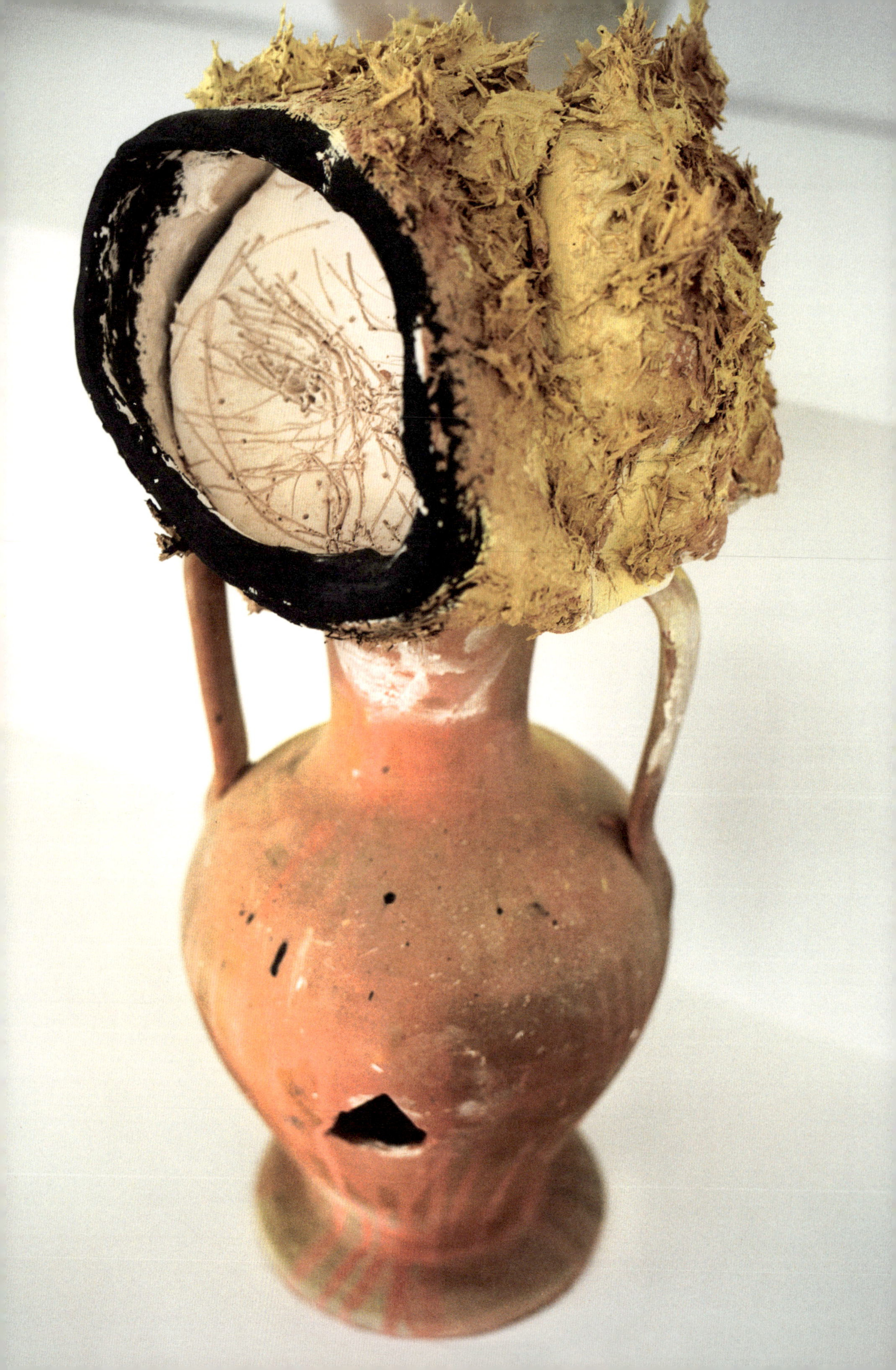

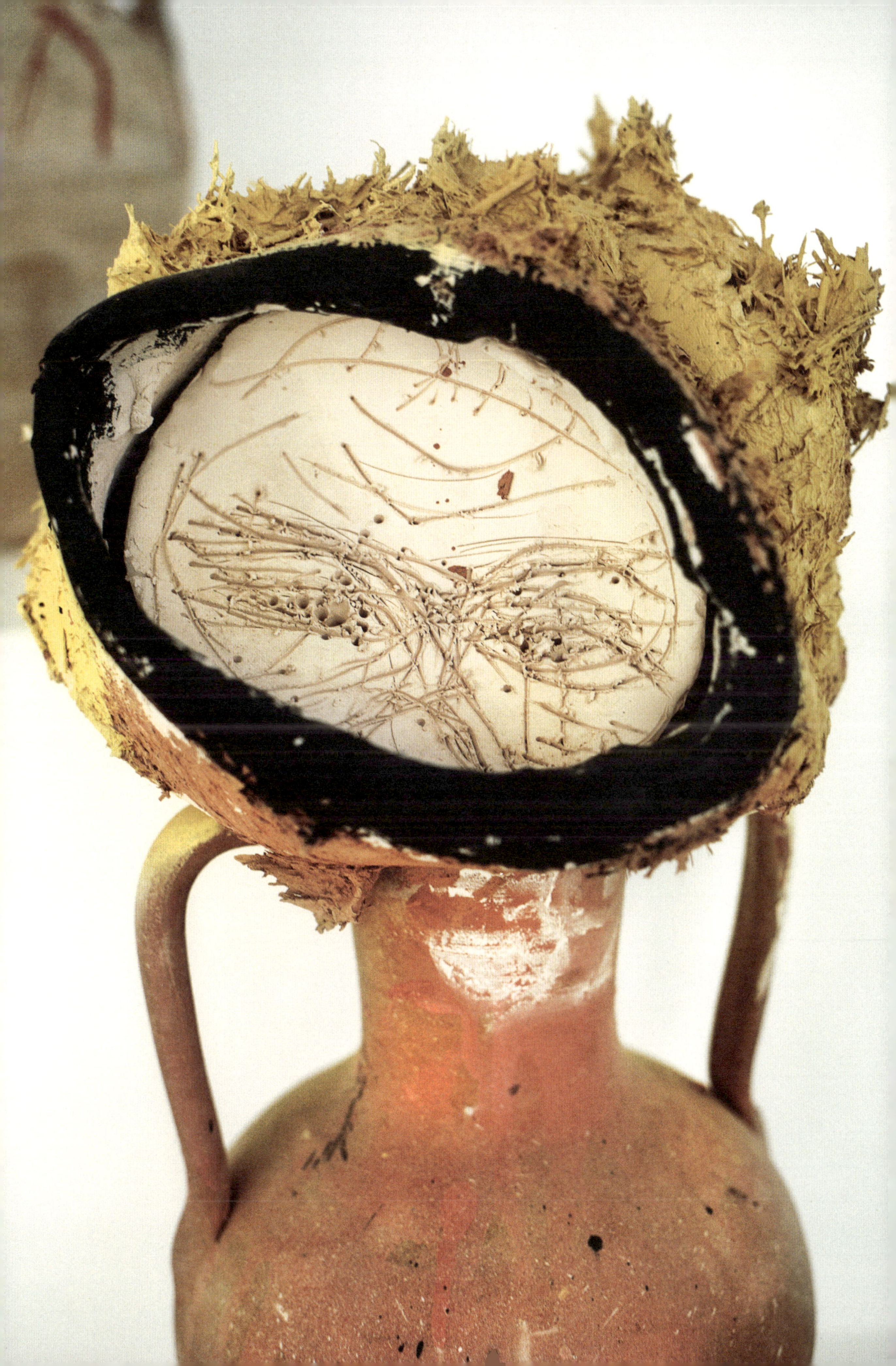

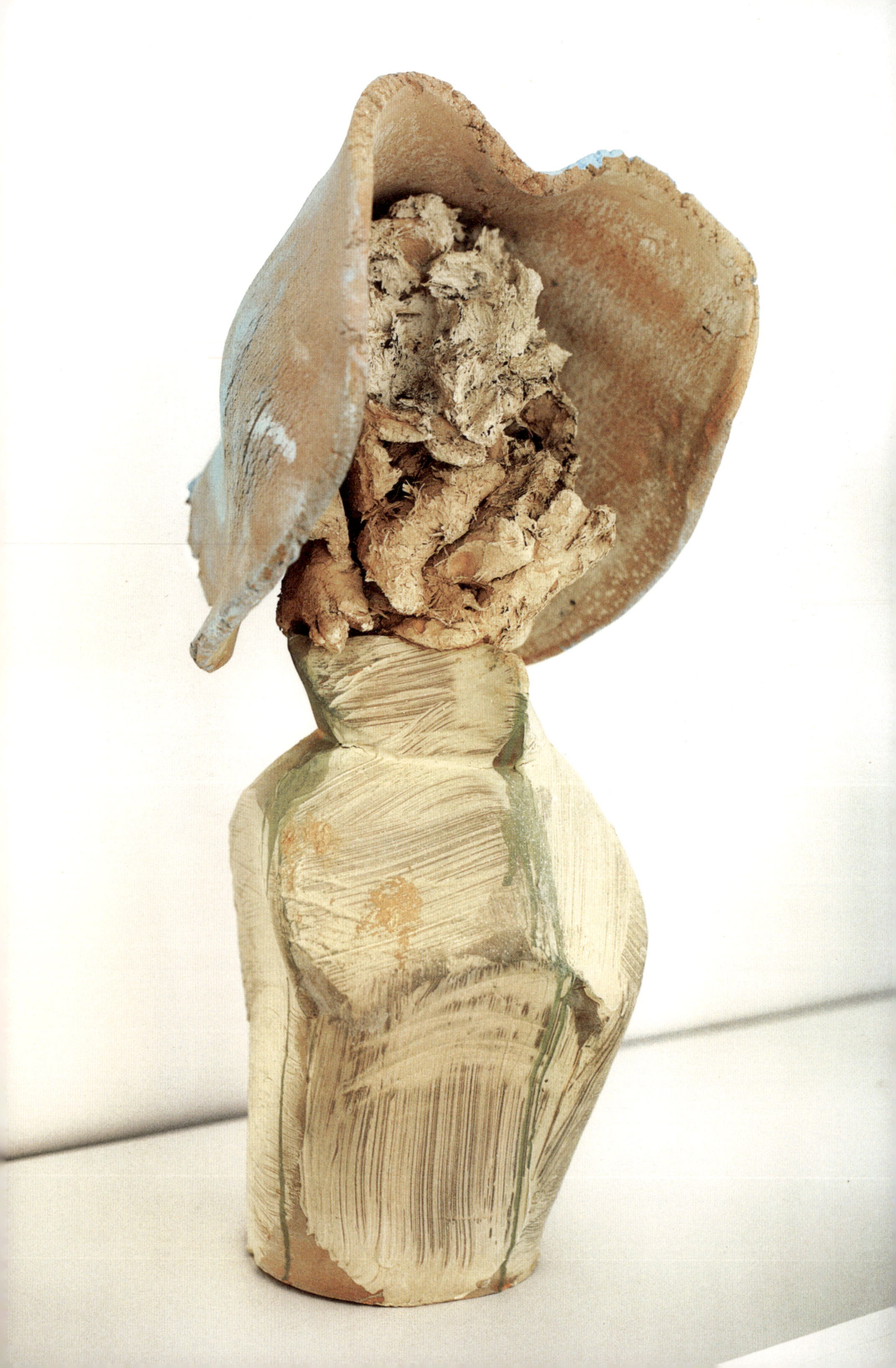

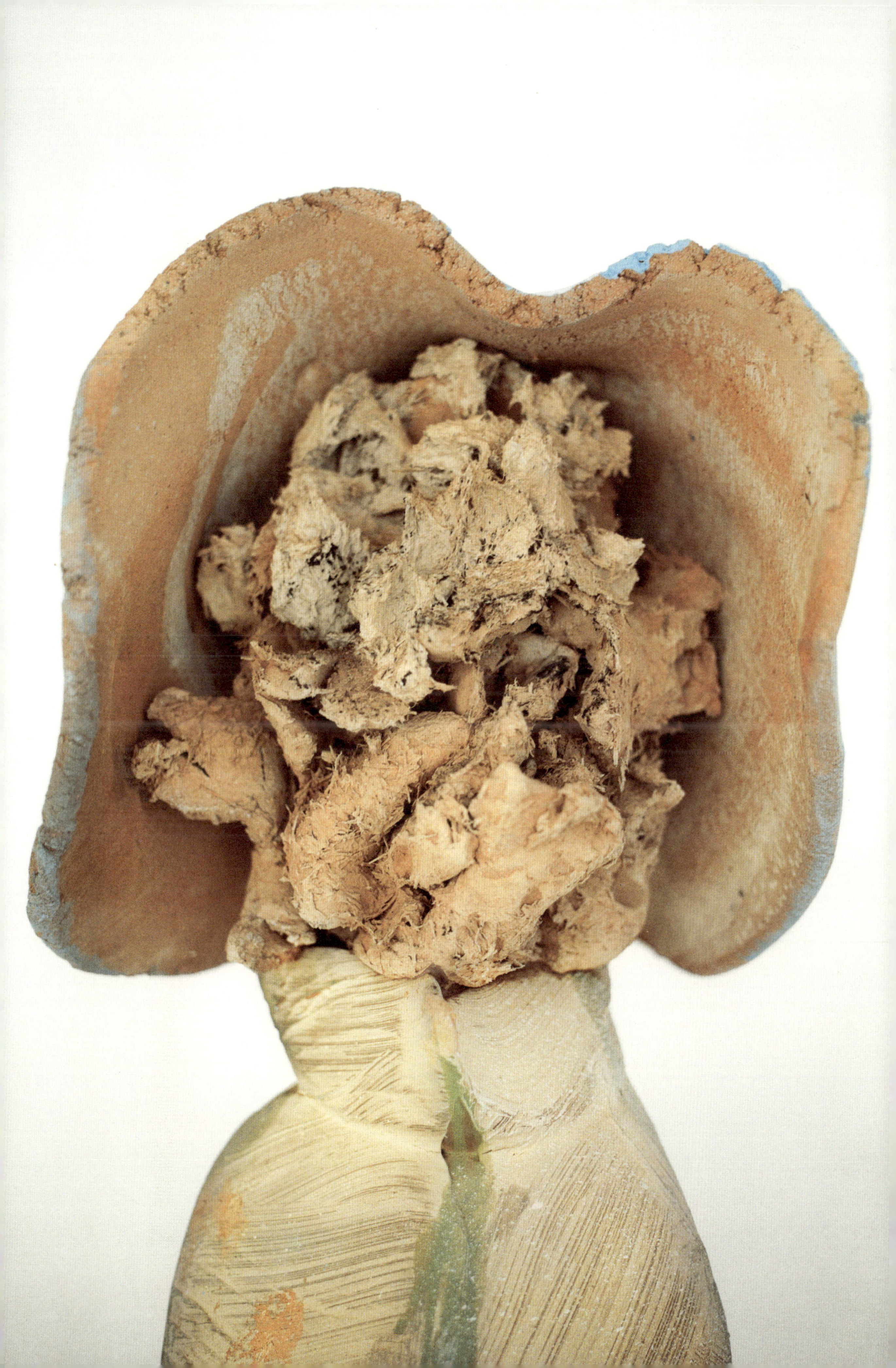

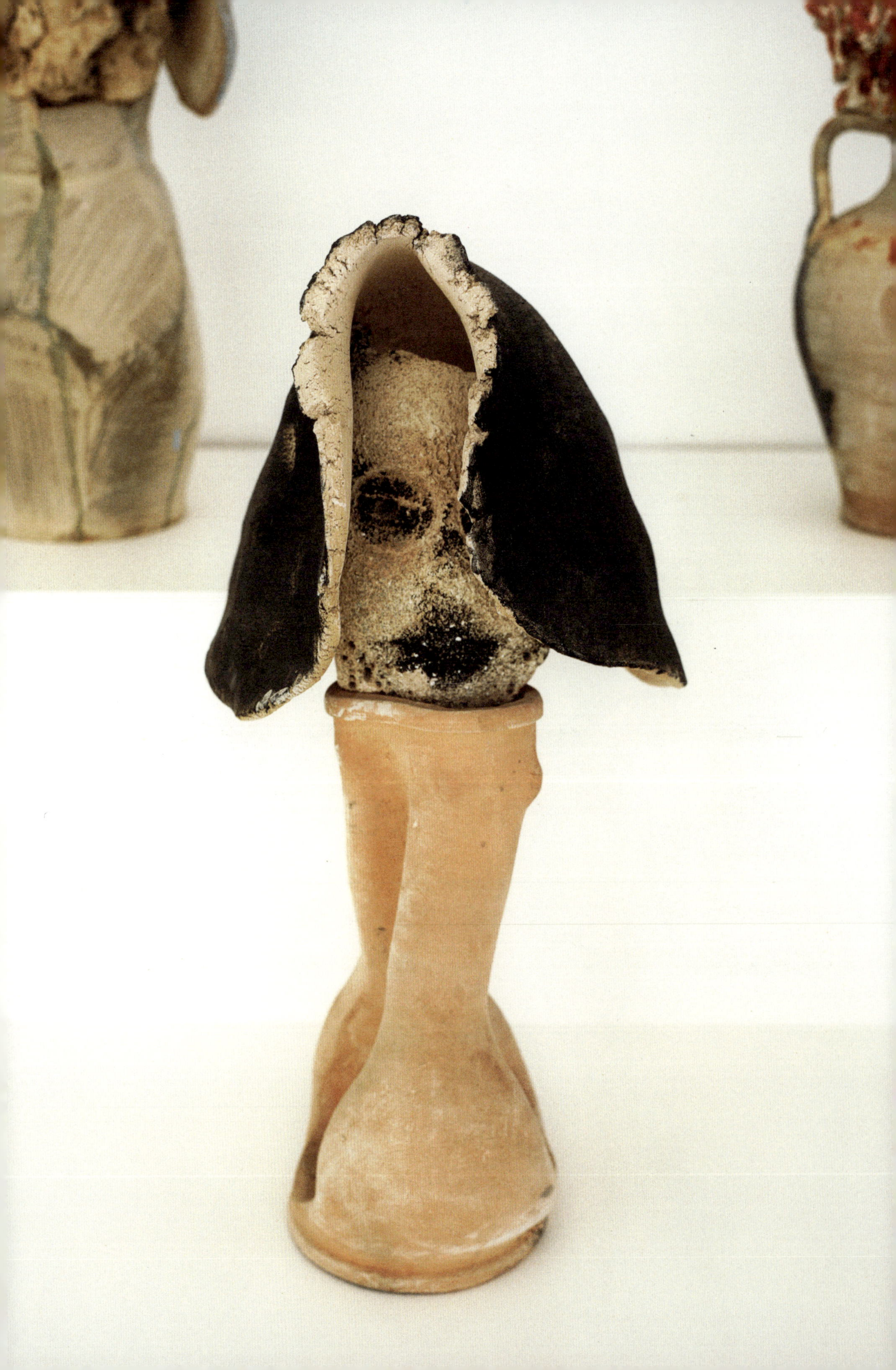

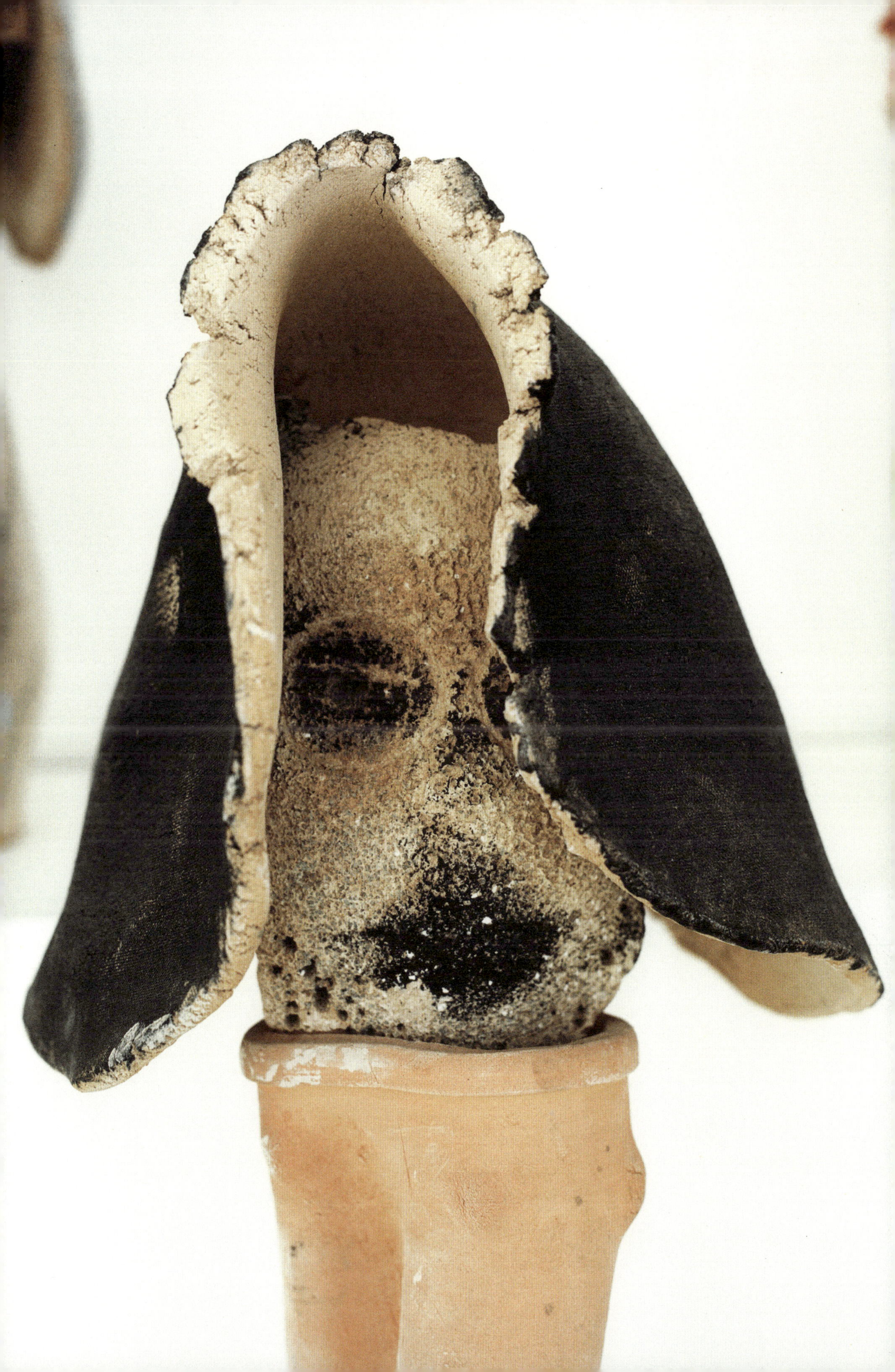

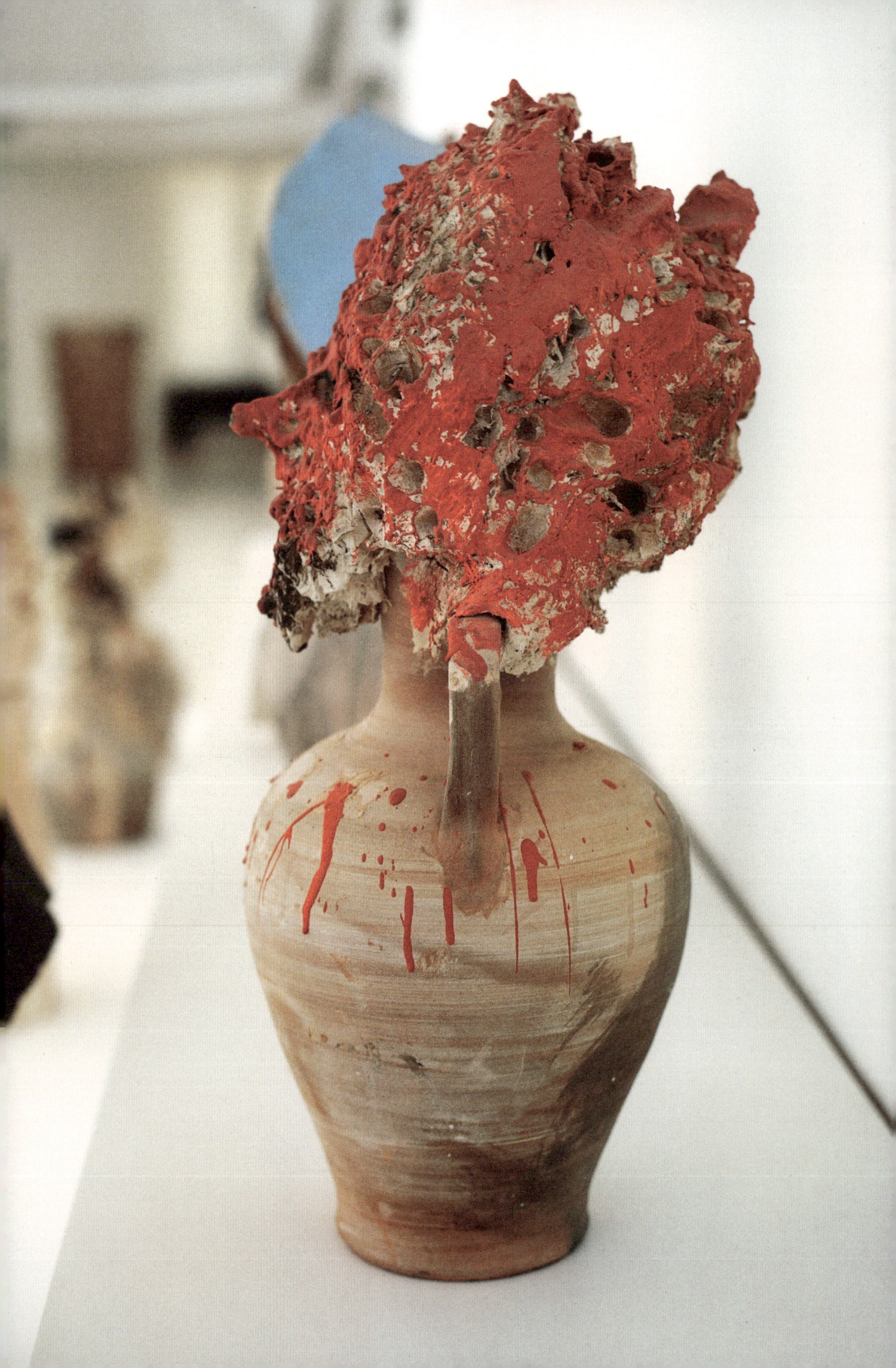

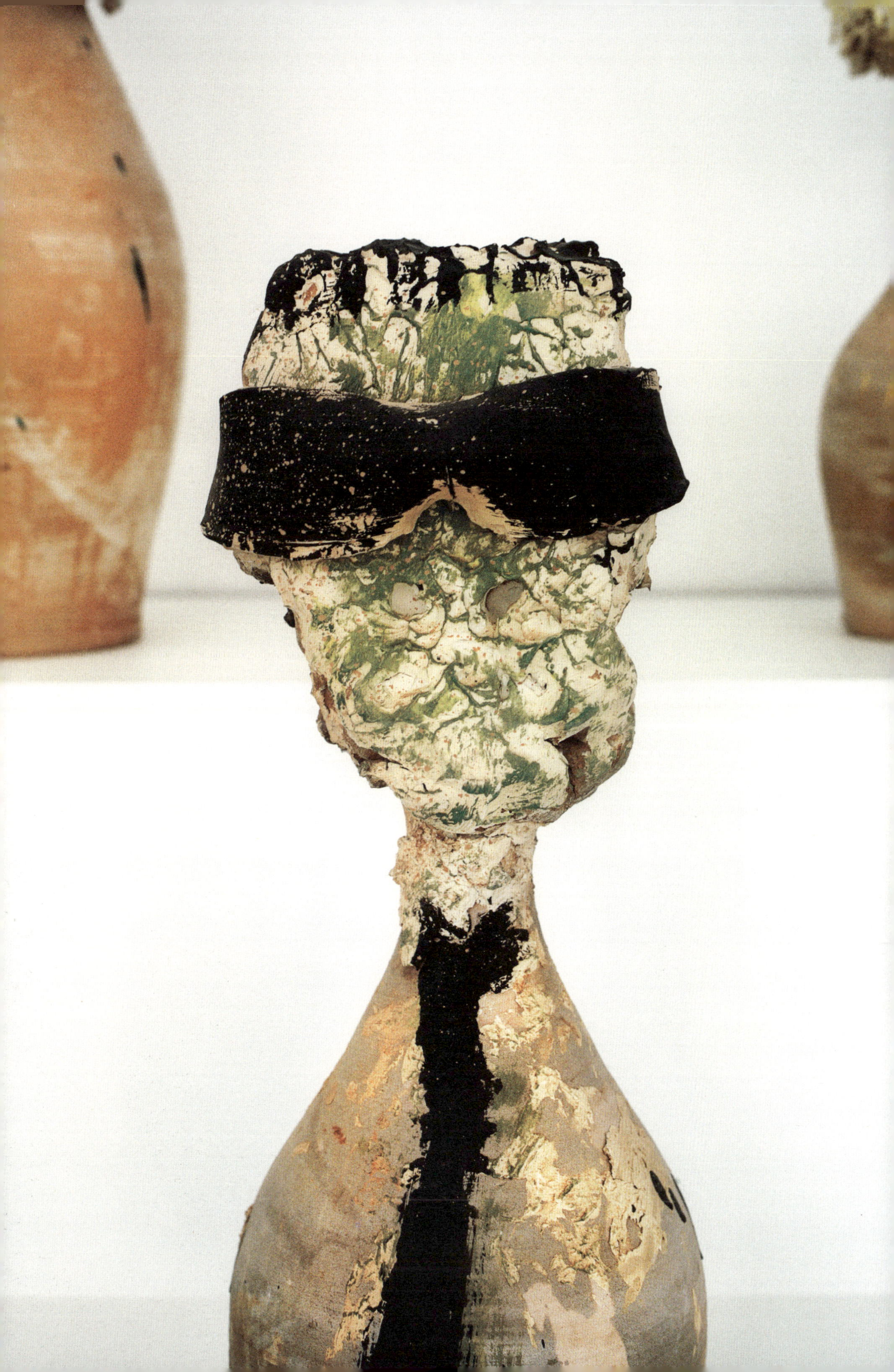

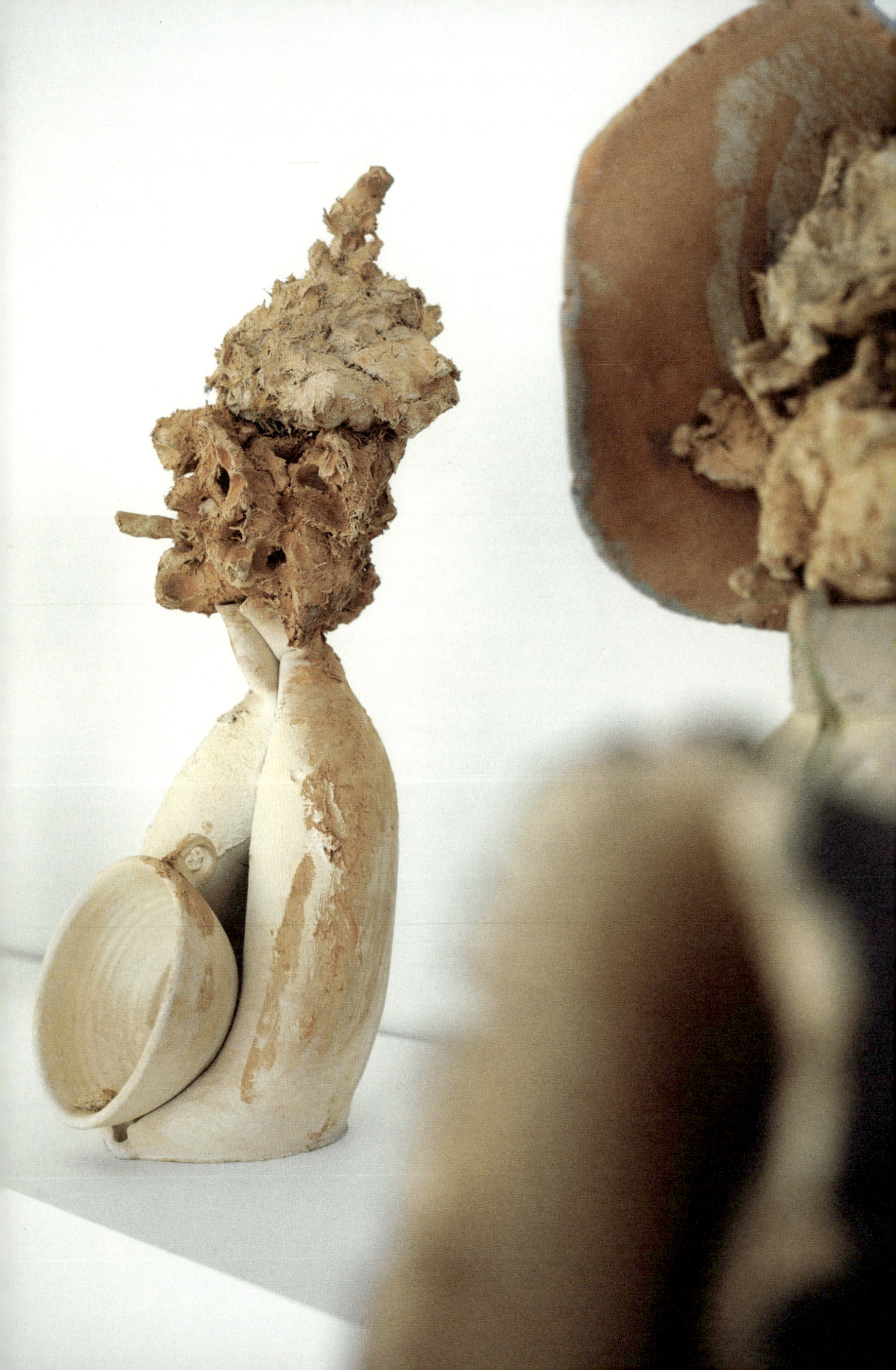

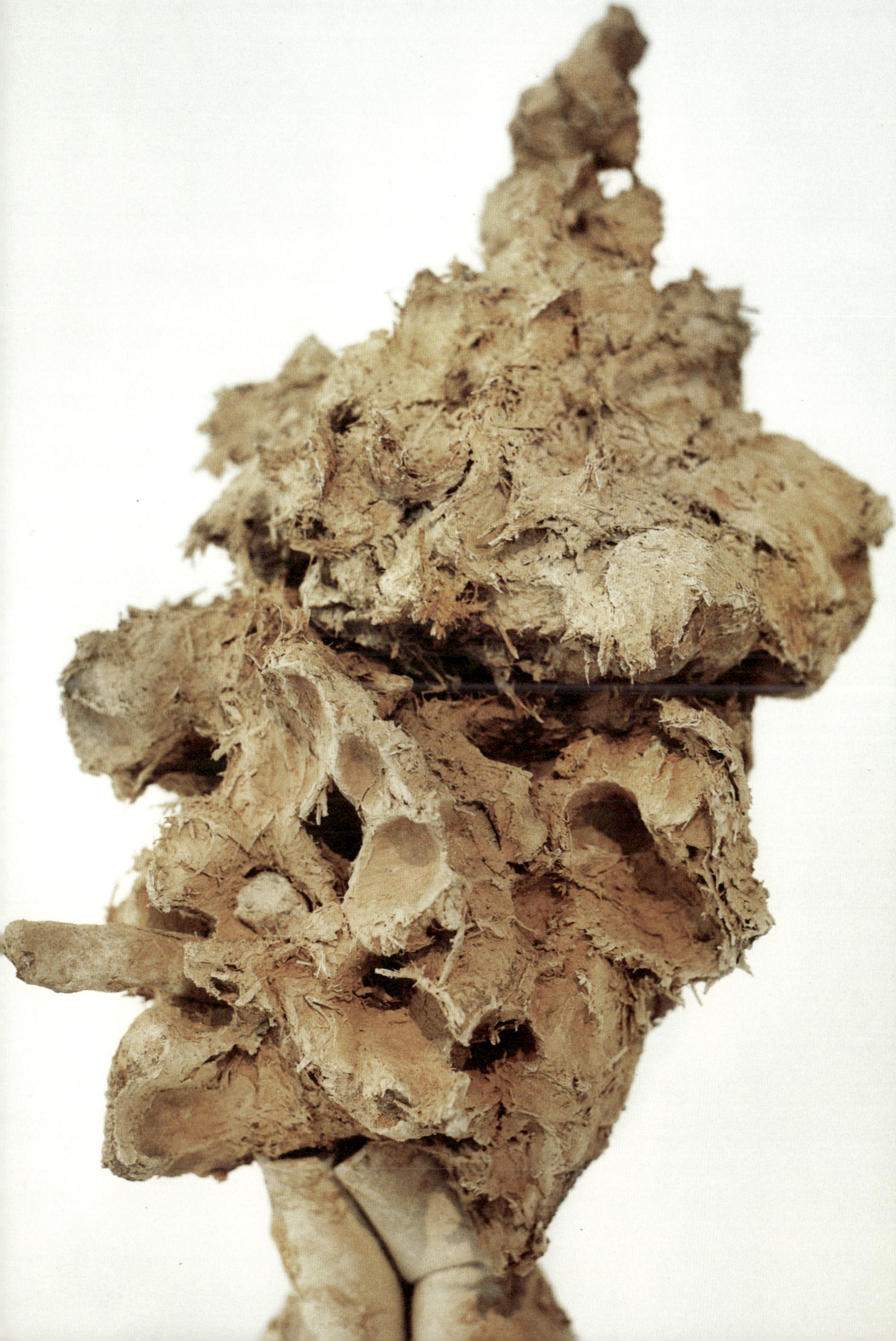

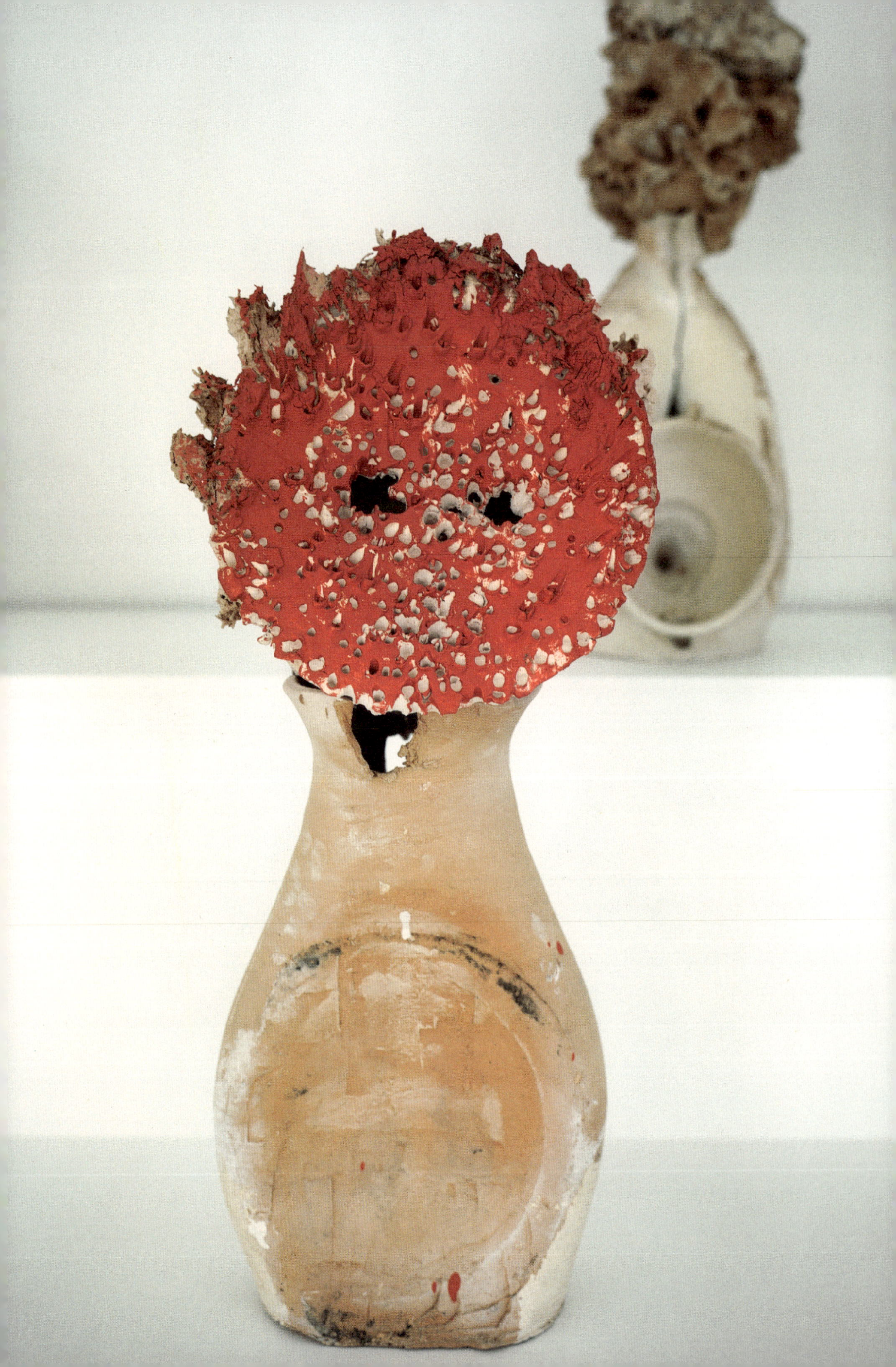

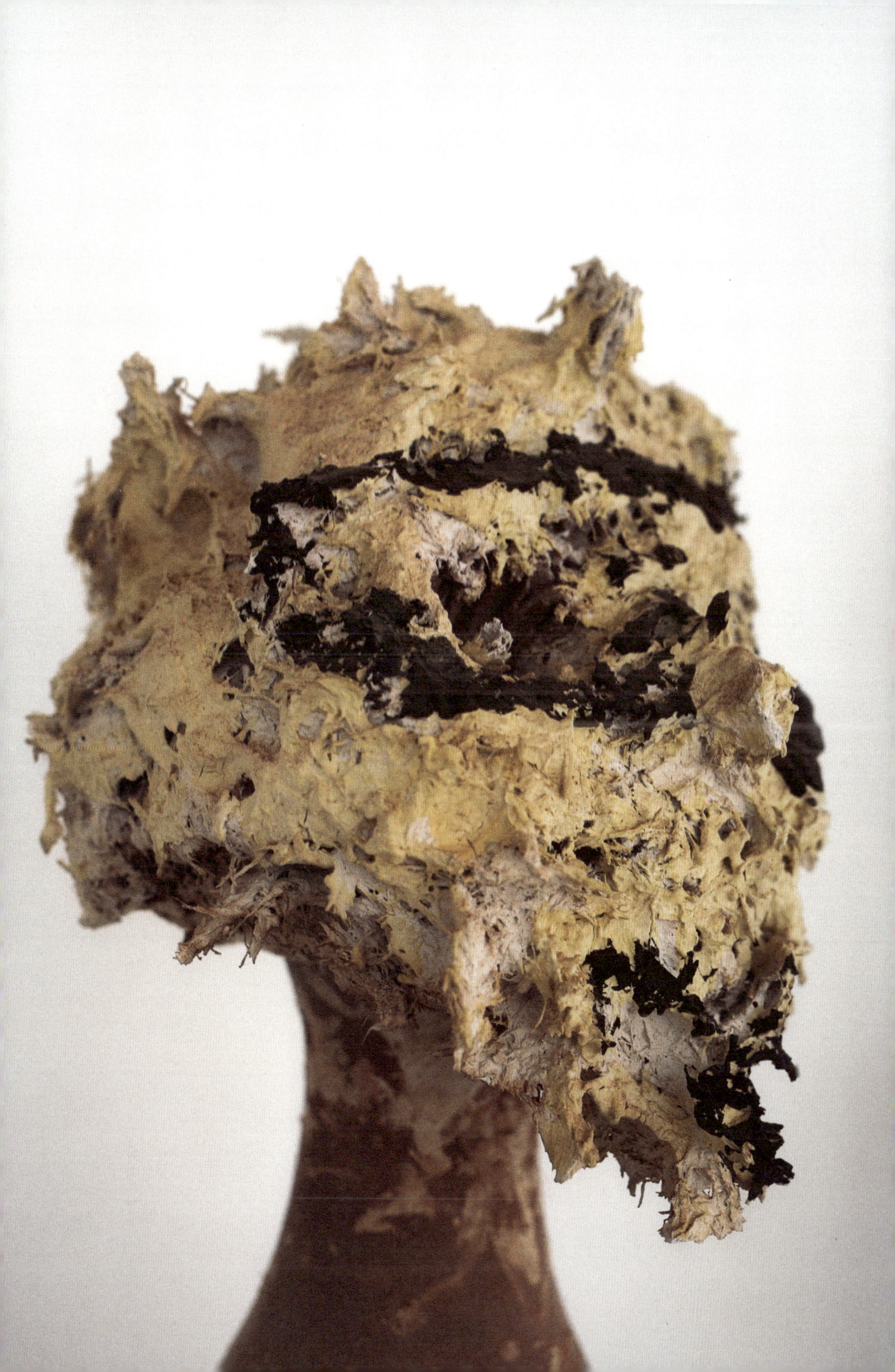

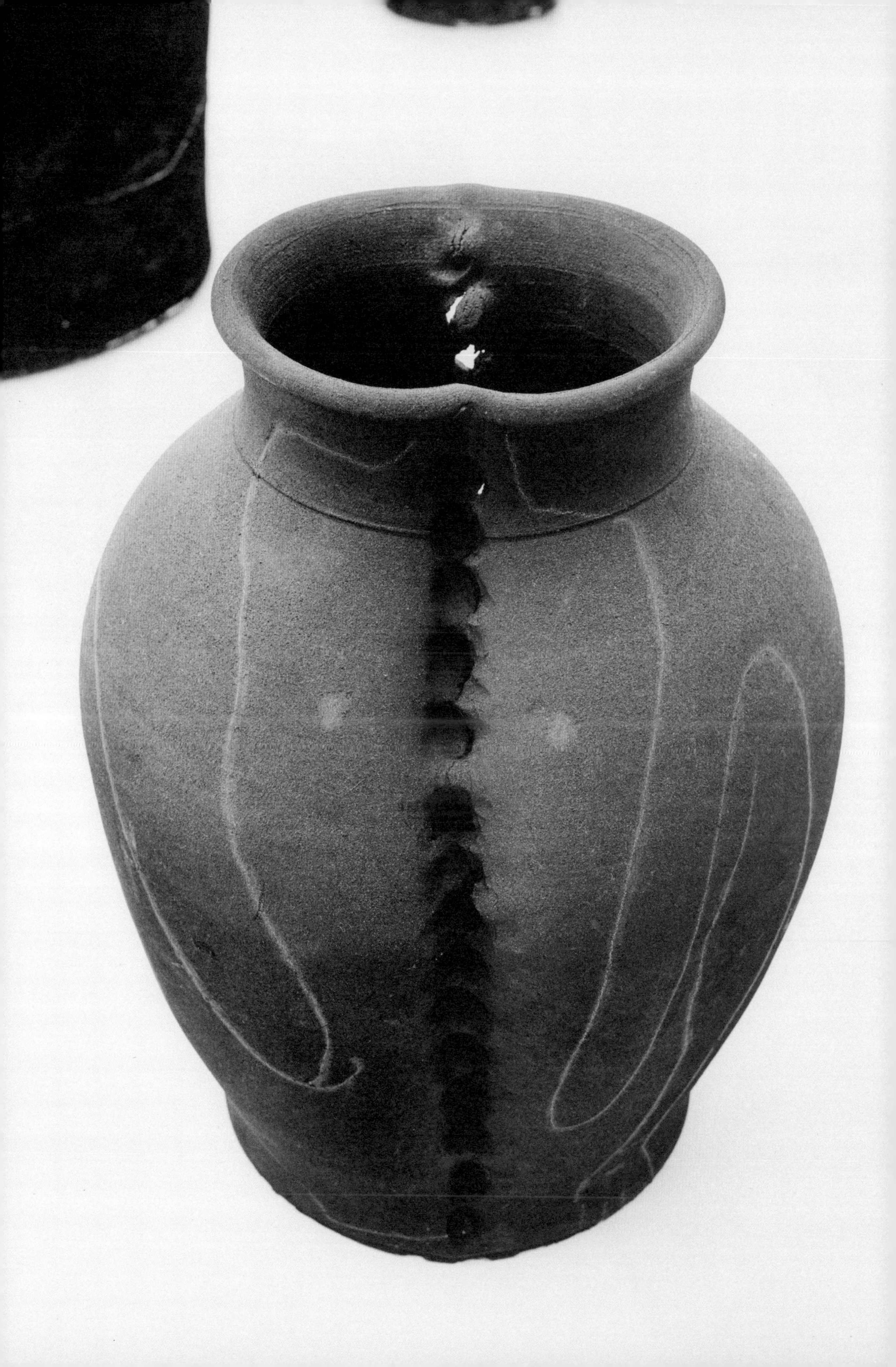

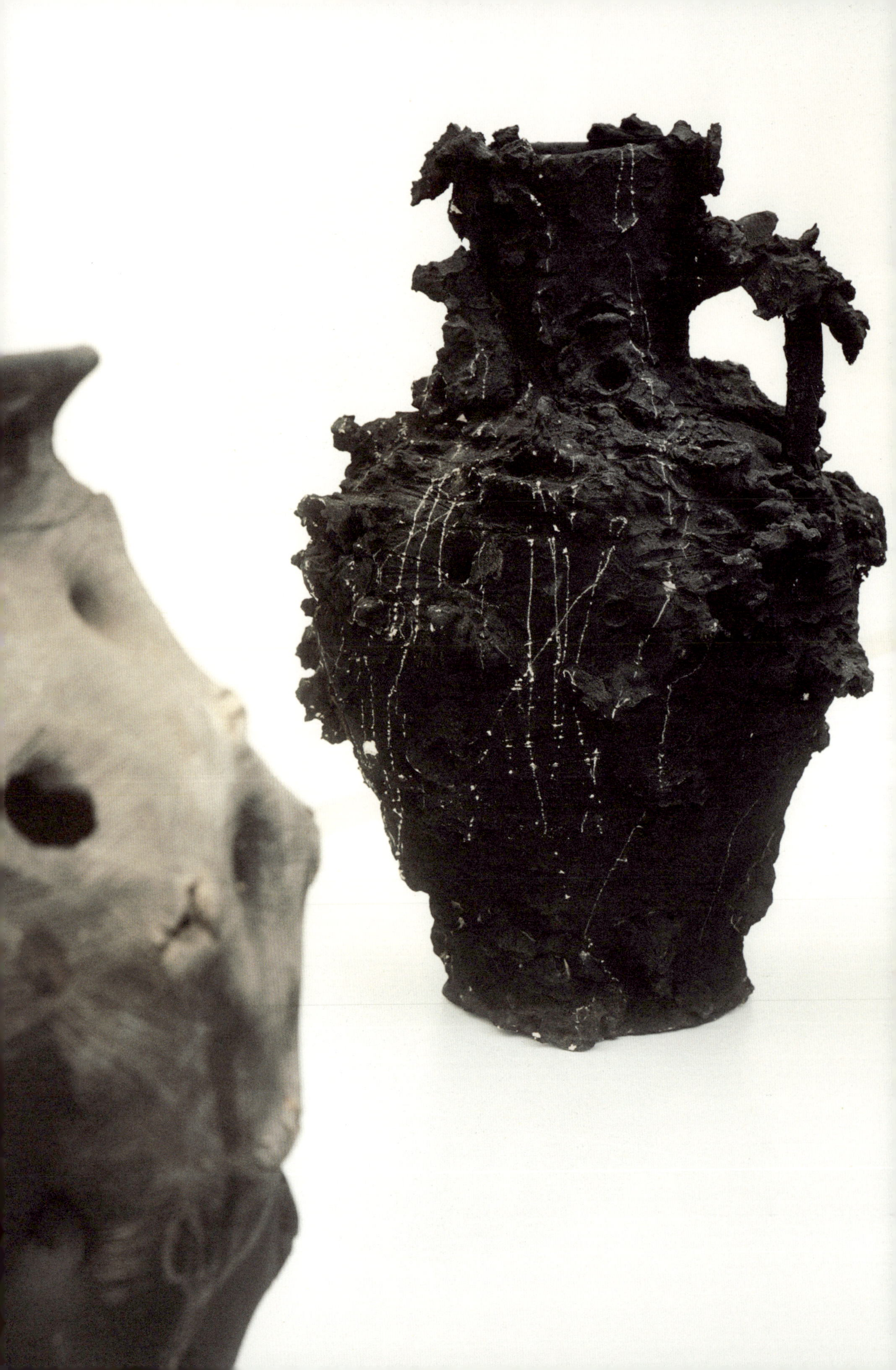

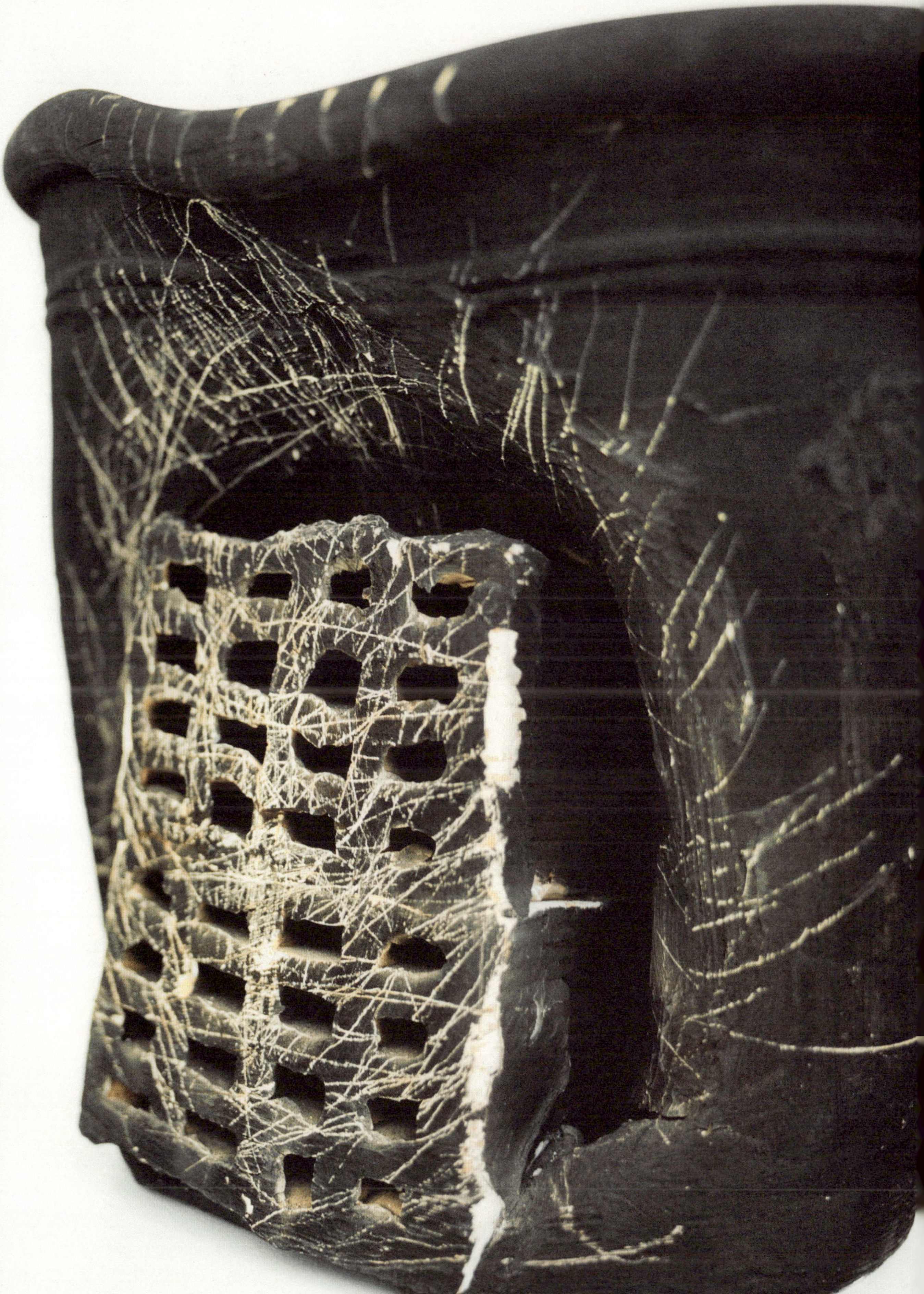

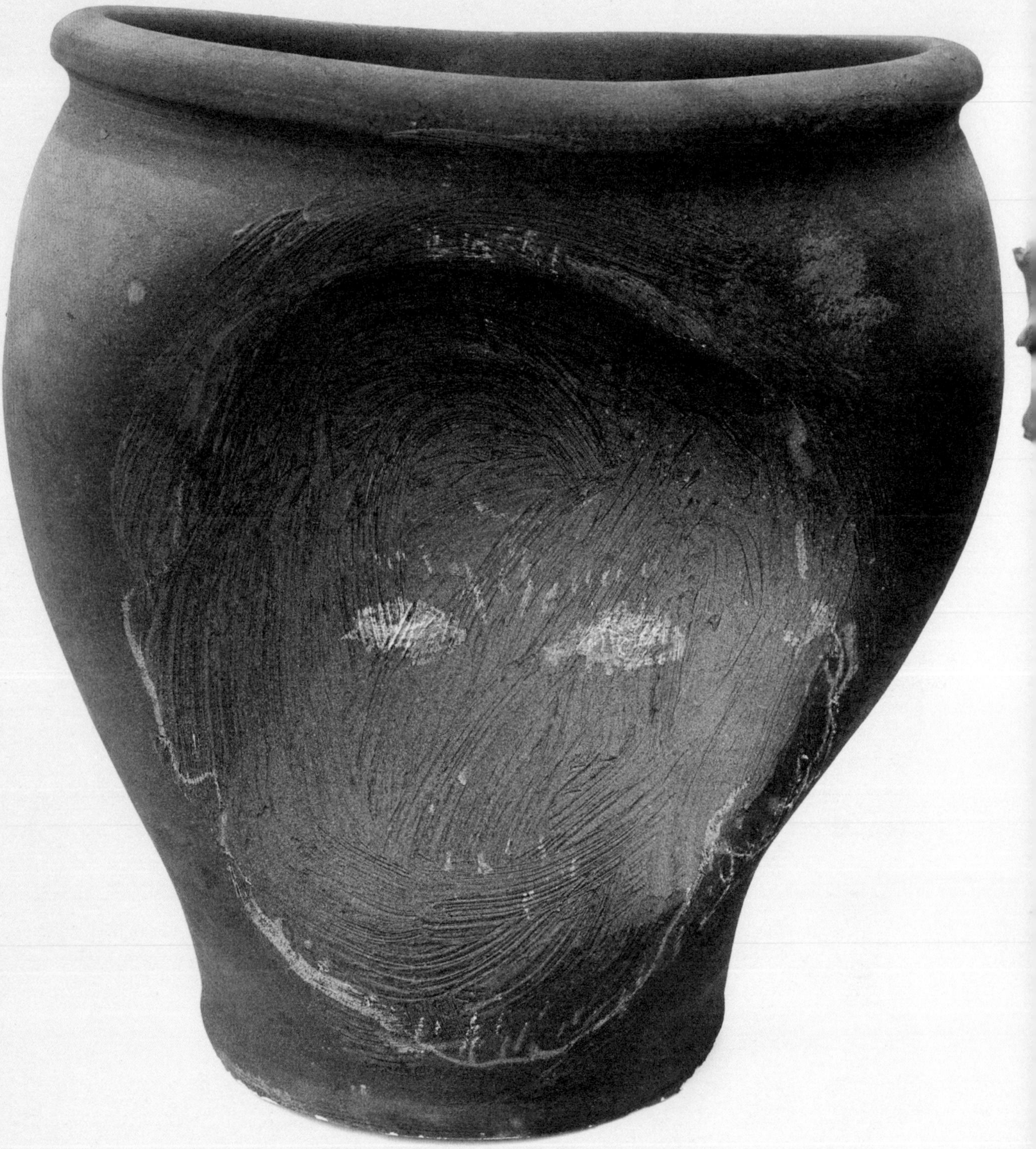

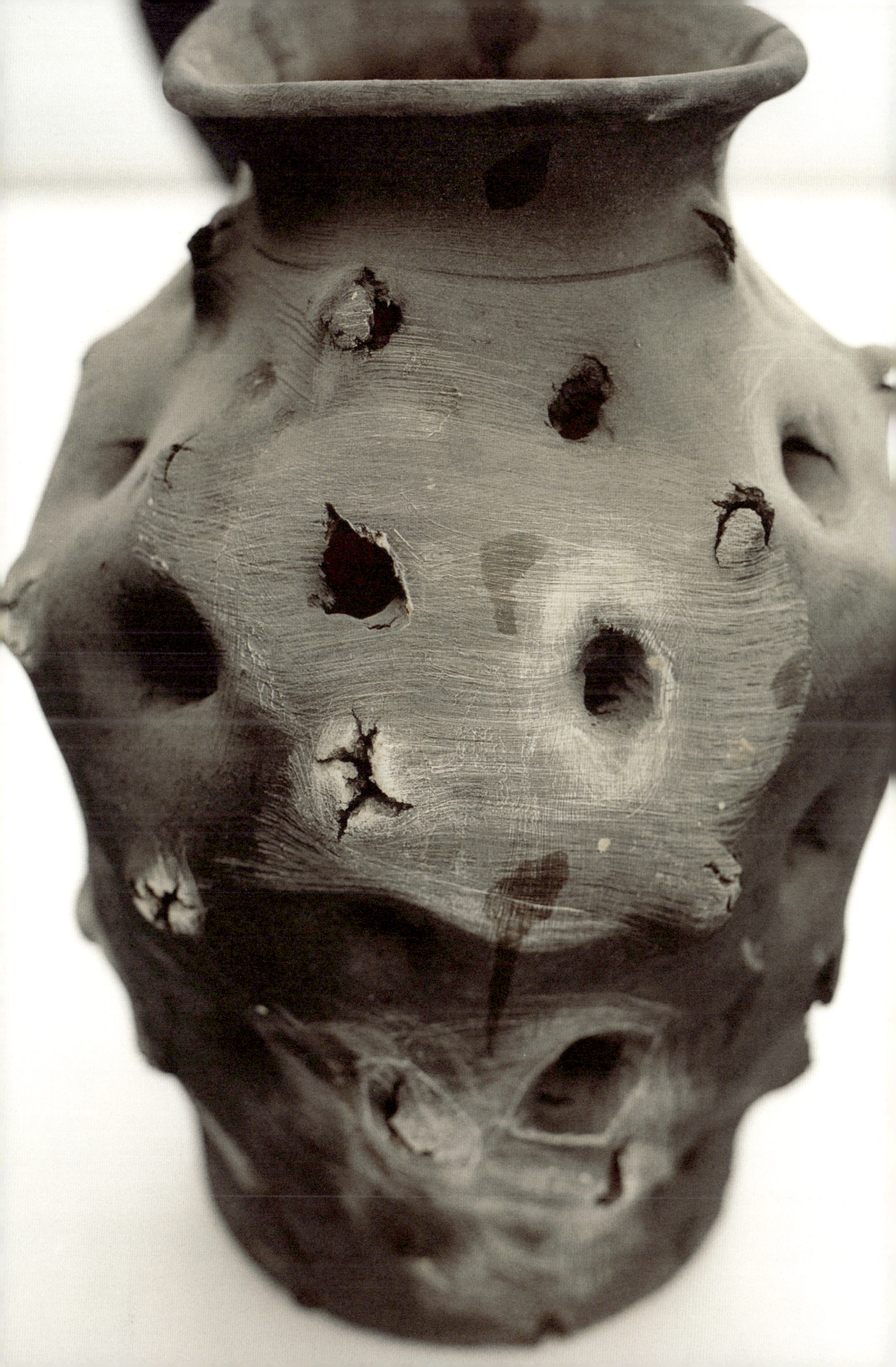

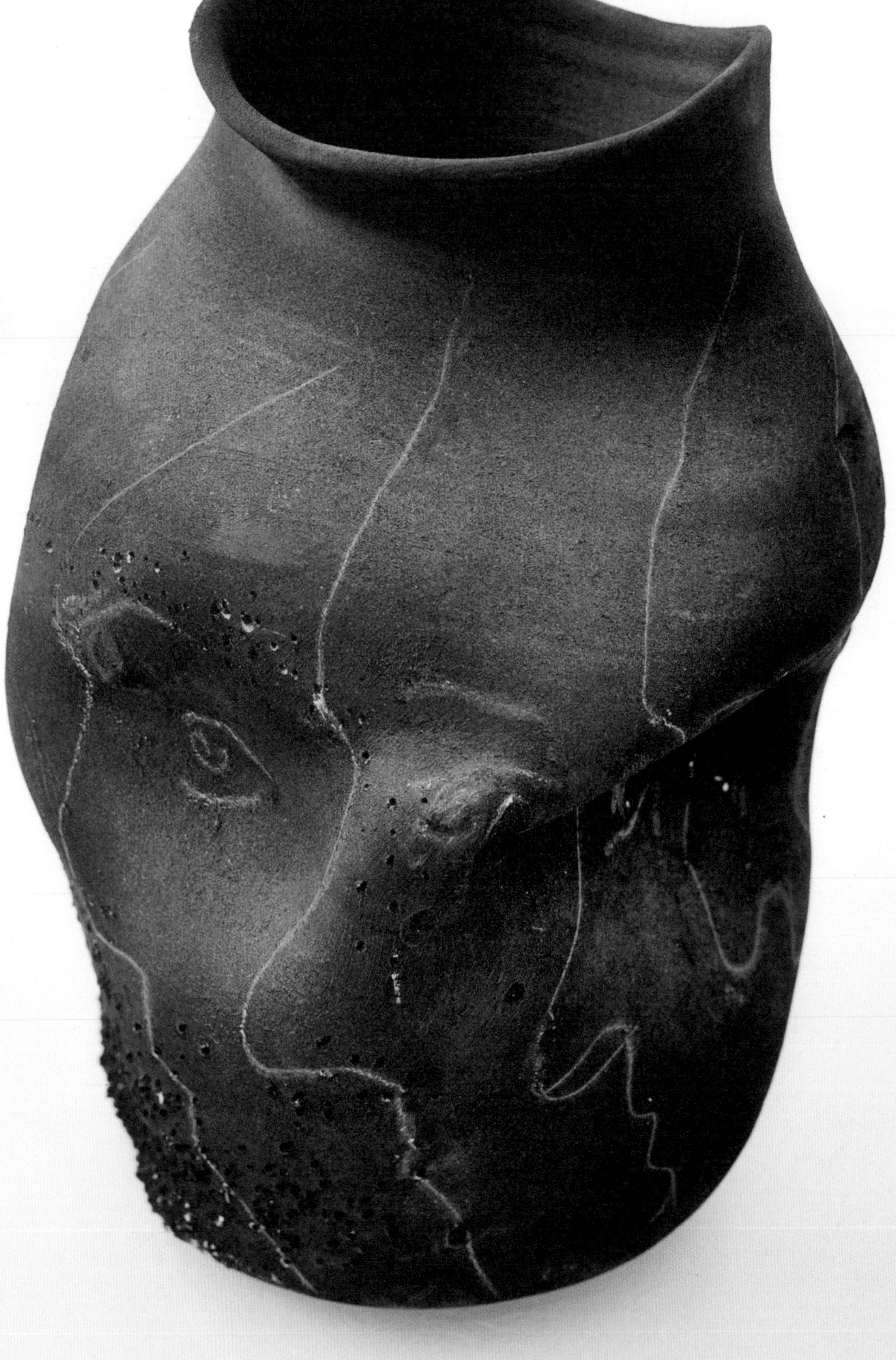

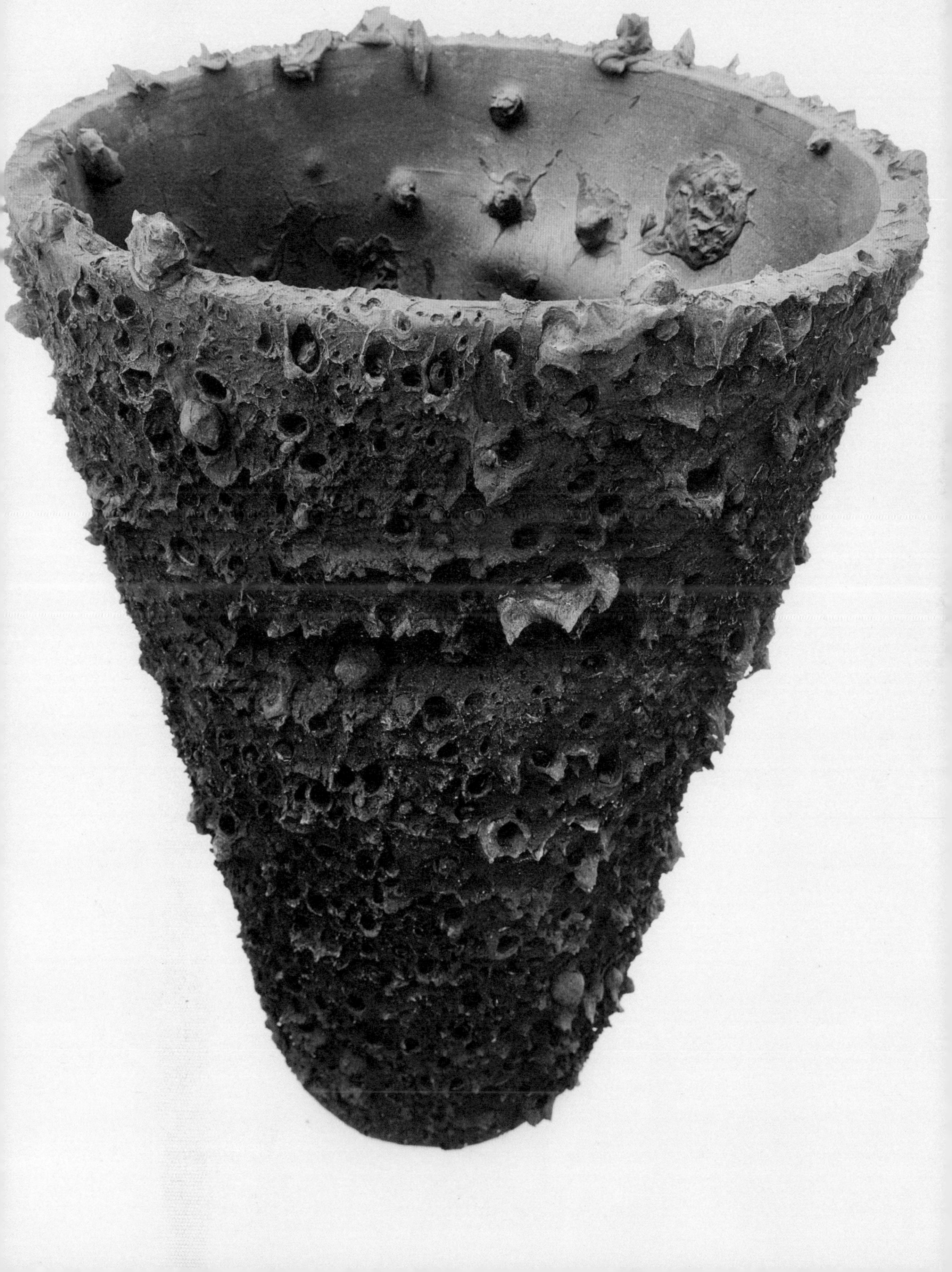

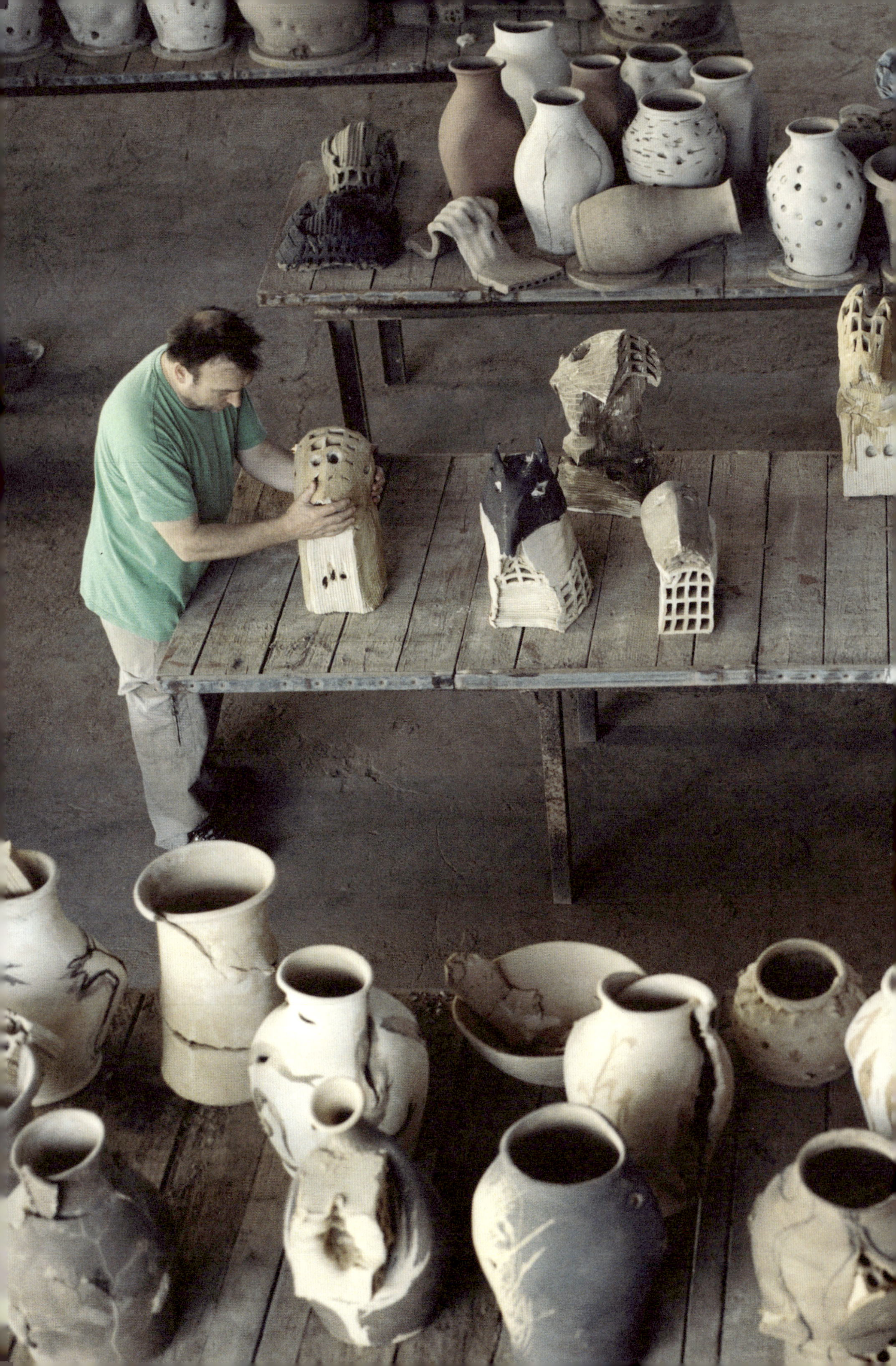

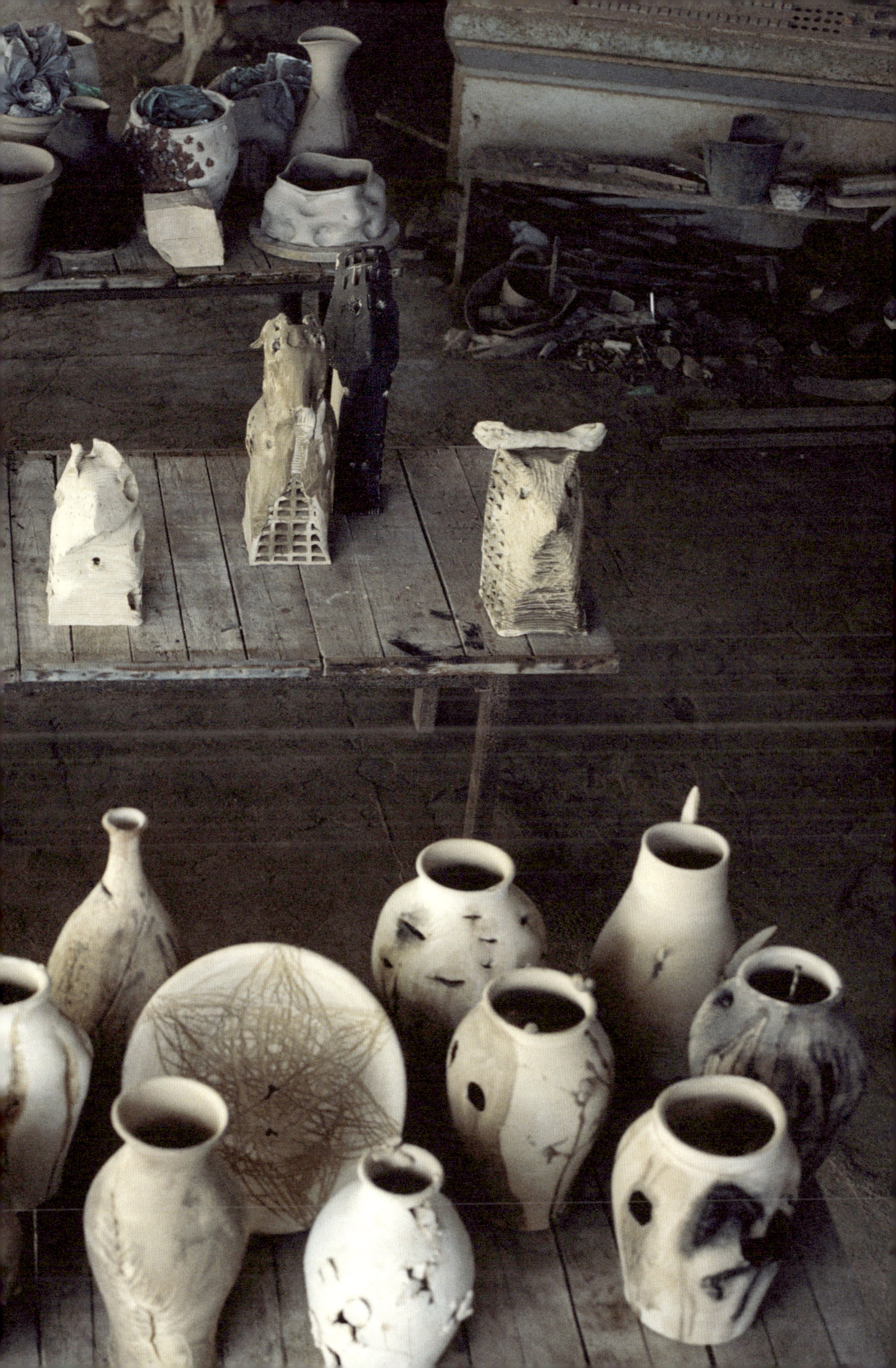

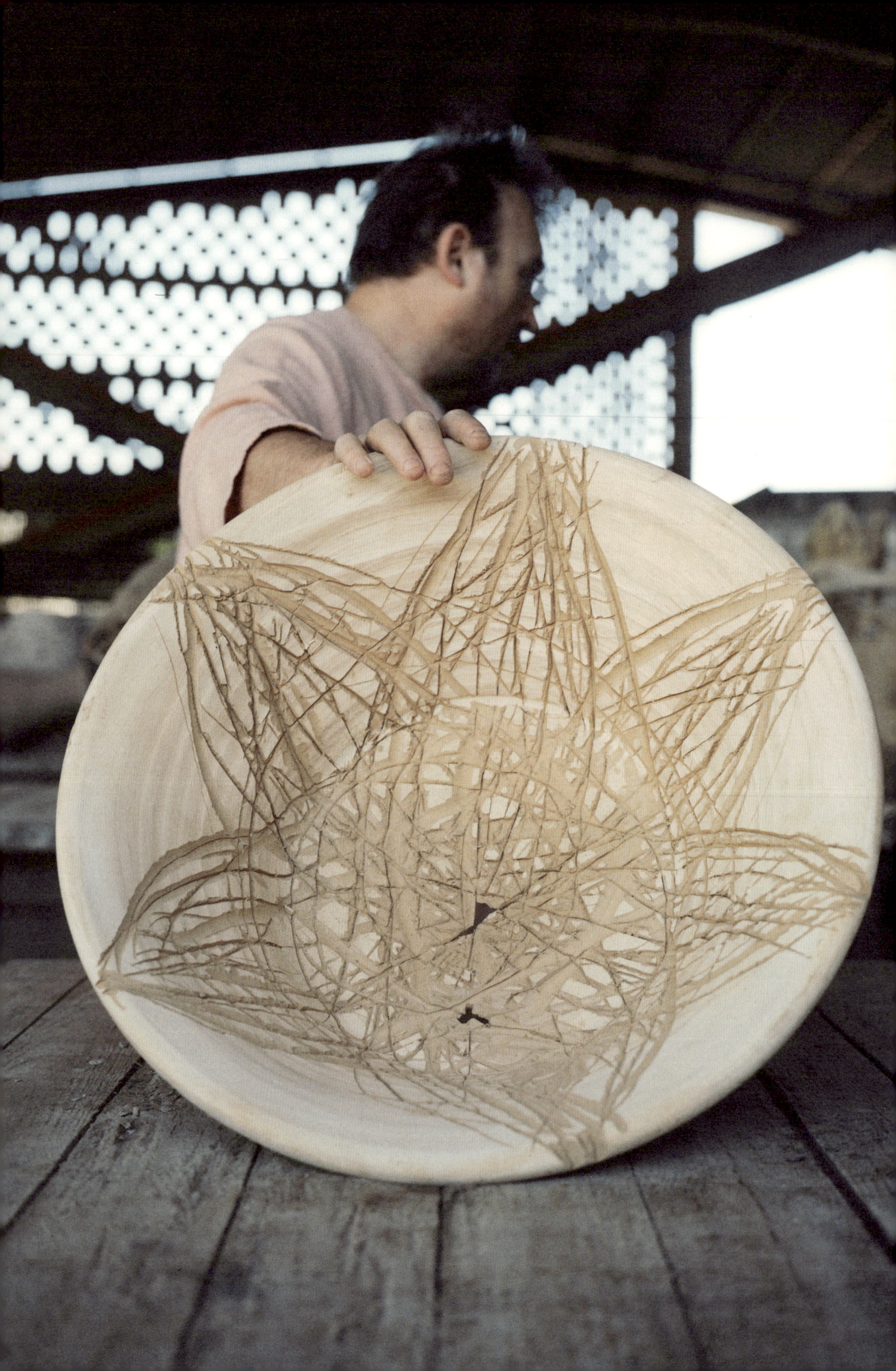

Biografia | Biography

“ Una narrazione non lineare del tempo. Biografia di Barceló attraverso le parole di Barceló (dichiarazioni selezionate).
An Unlinear Narration of Time. Barceló's Biography as per Barceló's Words (Selection of declarations).

8 gennaio.
Nascita di Miquel Barceló.

8 January.
Miquel Barceló's birth.

1956

Sono nato lo stesso anno in cui Pollock è morto e, aiutato anche da sostanze psicotrope più o meno efficaci, ho avuto una adolescenza isolana meravigliosa fino alla morte di Franco, così diversa da quella di Pollock.
[*Trabajo como un pañadero entre el Louvre, el Taller y la Biblioteca*, 1985]

I was born the year of Pollock's death and, helped by more or less effective psychotropic substances, I had a wonderful insular teenagerhood till Franco's death, so different from Pollock's one.
[*Trabajo como un pañadero entre el Louvre, el Taller y la Biblioteca* (1985)]

1957

Solo ora capisco che ogni volta che tengo una conferenza mento sistematicamente. Le cose che ho modificato non sono molto importanti, ma mento su piccoli dettagli. Per esempio dico che sono nato nell'anno in cui è morto Pollock. Suona bene, ma Pollock è morto nel 1956 e io sono nato nel 1957. Solo che questo mi è servito per tracciare una mia storia dell'arte.
[Premio Principe de Asturias de las Artes, 23 ottobre 2003]

Only now do I understand that every time that I did conferences I systemically lie. The things that I changed are not very important, but I lie on small details. For example, I say that I was born in the year in which Pollock died. It sounds well, but Pollock died in 1956 and I was born in 1957. This serves me to design a history of art.
[Premio Principe de Asturias de las Artes, 23 October 2003]

1970

Uno dei miei primi incontri con l'argilla è avvenuto quando avevo vent'anni [...] Leggevo il libro di Artigas come se fosse la Bibbia.
[M. Barceló, *La arcilla, La obra escultorica. Pintura*, 2012, p. 12]

One of my first meetings with clay is dated to the age of twenty [...] I was reading as a Bible the book written by Artigas.
[M. Barceló, *La arcilla, La obra escultorica. Pintura* (2012), p. 12]

1980

Visita Miró nel suo studio di Palma.

Illustrazione del libro di Morell, *L'Ésser fosc.*

Allestimento del suo nuovo studio in carrer dels Cotoners, Barcellona.

Si reca a Parigi per visitare il Centre Pompidou.

Visits Miró in his studio in Palma.

Illustration of Morell's book, *L'Ésser fosc.*

Setting up of his atelier at Cotoners Street, Barcelona.

He travels to Paris to see the Centre Pompidou.

“

Penso di non avere quasi parlato e lui [Miró] ha fatto lo stesso… Per me è stato molto più importante quello che ho visto rispetto alla conversazione.
[M. Damiano, *Porque la vida no basta*, Editorial Anagrama, Madrid 2012, 90]

I think I almost did not talk and he [i.e. Miró] did the same… For me was much more important what I saw rather than the conversation.
[M. Damiano, *Porque la vida no basta* (Madrid: Editorial Anagrama, 2012), 90]

1981

***Otras Figuraciones*, Fundació "la Caixa", Madrid**

***Otras Figuraciones*, Fundació "la Caixa", Madrid**

Il Minimalismo mi annoia veramente, cerco di fare dipinti con una sufficiente tensione personale, qualcosa in grado di sfidarmi da dentro e poi di allontanarsi da me.
["El Noticiero Universal", 3 giugno 1982]

Minimalism really bores me, I try to do paintings with sufficient personal tension, something able to challenge me from the inside and able to transcend me.
[*El Noticiero Universal* (3 June 1982)]

1982

Galeria Trece, Barcellona. Prima esposizione personale.

Documenta Kassel. Miquel Barceló è l'unico artista spagnolo a essere stato invitato. Qui incontra Lucio Amelio che lo invita a Napoli per una residenza d'artista.

Galeria Trece, Barcelona. First solo exhibition.

Documenta Kassel. Miquel Barceló is the only Spanish artist invited. Here he meets Lucio Amelio who invites him in Naples for a residency.

[Documenta] assomiglia ai Giochi Olimpici, è attraente, in particolare se si considera la somma di casualità che determinano la presenza di qualcuno. L'elenco ha un'aria assai eclettica.
["El Noticiero Universal", 3 giugno 1982]

[Documenta] looks like the Olympic Games, it is something attractive, especially if one considers the sum of casualities that determine someone presence. The list looks pretty eclectic.
[*El Noticiero Universal* (3 June 1982)]

Vive per 5 mesi a Napoli.

***Terraemotus*, Lucio Amelio, Napoli, dove mostra *L'ombra che trema* ed espone con Beuys, Paladino e Warhol.**

Mostra personale a Parigi. Bischofberger acquista le sue opere e Calle gli suggerisce di usare la chiesa di rue d'Ulm come atelier.

Viaggio in Portogallo dove dipinge le opere che saranno esposte nella Bischofberger Galerie.

***An International Survey of Recent Paintings and Sculpture*, Museum of Modern Art, New York.**

***Aperto*, Biennale di Venezia**

Basquiat visita l'Atelier di Barceló.

Lives for 5 months in Naples.

Terraemotus, Lucio Amelio Gallery, Naples where he presents *L'ombra che trema* and exhibits jointly with Beuys, Paladino, Warhol.

Paris solo exhibition. Bischofberger buys his works and Calle suggests him to use the church of rue d'Ulm as his atelier.

Journey in Portugal where he paints the works that will be exhibited at Bischofberger Galerie.

An International Survey of Recent Paintings and Sculpture, Museum of Modern Art, New York.

Aperto, Biennale of Venice

Basquiat visits Barceló's Atelier

1983

Alcuni critici dicono che il mio stile è brutale, selvaggio, ma si sbagliano completamente. È soltanto l'aspetto superficiale della mia opera che potrebbe al primo impatto sembrare duro, ruvido.
[*Terraemotus*, Amelio, Napoli, 1983]

Critics say that my style is brutal, wild, which is a complete mistake. This is only the superficial aspect of my work which might look arsh on a first approach.
[*Terraemotus*, Amelio, Naples, 1983]

In un certo senso, cambiare studio è una sfida perché ovunque tu vada devi sempre dimostrare chi sei.
[*Diari de Mallorca*, 23 dicembre 1984, p. 5]

In some ways it is very challenging to change atelier because you have to show who you are everywhere you go.
[*Diari de Mallorca* (23 December 1984), p. 5]

1984

Il segreto sta nella ricerca delle immagini, che è qualche volta disperata e richiede sempre molto tempo. La curiosità è il motore che muove questa ricerca. Nient'altro. La curiosità mi obbliga anche a evitare ripetizioni, a cercare nuove situazioni, a cambiare paese e studio.
["La Vanguardia Domenical", 8 gennaio 1985, pp. 10-18]

The secret lays in the research for the images, something desperate sometimes and something that always demands time. Curiosity is the engine that moves this research. Nothing else. Curiosity also obliges me to avoid repetitions, to look for new situations, to change country and atelier.
[*La Vanguardia Domenical* (8 January 1985), pp. 10–18]

Non ho nulla in comune con i neo-espressionisti tedeschi, li vedo molto distanti da me. E nemmeno con la Transavanguardia.
["El Mon", Barcellona, 30 maggio 1986, pp. 33-36]

I do not have anything in common with the German Neo-Expressionists, I see them very far from me. And neither with the Transavanguardia.
[*El Mon*, Barcelona (30 May 1986), pp. 33–36]

”

1985

Esposizioni personali al Musée d'Art Contemporain de Bordeaux, al Palacio de Velázquez di Madrid e all'Institute of Contemporary Art di Boston.

La prospettiva assume un ruolo sempre più centrale nel suo stile pittorico.

Solo exhibitions at the Musée d'Art Contemporain de Bordeaux, at the Palace of Velázquez in Madrid and at the Institute of Contemporary Art in Boston.

Perspective becomes more and more central in his way of painting.

“

Mi sembra molto importante che la gente osservi i miei dipinti con attenzione, come attraverso una lente di ingrandimento.
È esattamente quello che tutti desiderano: che la gente guardi ciò che fai.
["Última Hora", 14 novembre 1985, p. 23]

It seems to me very important that people look carefully at my paintings, with a magnifying glass. It is precisely what everyone desires: that people look at what you do.
[*Última Hora* (14 November 1985), p. 23]

1986

Trasferisce il suo studio a sa Devesa de Farrutx.

Esposizione di Barceló presso la Leo Castelli Gallery, New York.

Dipinge la cupola per il Mercat de les Flors, Barcellona.

Vince il Premio Nazionale delle Arti (assegnato dal Ministero della Cultura spagnolo).

He establiishes his studio in sa Devesa de Farrutx.

Barceló's exhibition at the Leo Castelli Gallery, New York.

He paints the dome for the Mercat de les Flors, Barcelona

He wins the National Prize of Arts (granted by the Spanish Ministry of Culture).

Sto progettando di trasformare la mia vita in un romanzo, una specie di viaggio di iniziazione.
["El Mon", 30 maggio 1986, p. 35]

I plan to transform my life into a novel, a sort of journey of initiation.
[*El Mon* (30 May 1986), p. 35]

1988

Primo viaggio in Africa (Gao).

First trip to Africa (Gao).

Odio le lodi e i soldi non mi interessano più. Chiaramente non lavoro per voi signori. [...] Lavoro per il mio interesse.
Lo spettacolo triste di artisti preganti, che puliscono i piatti all'ombra dei ministeri di cultura.
Vergogna e dominazione.
[M. Barceló, *Cuadernos de África*, 2004, p. 18]

I hate praises and money no longer moves me. Clearly I am not working for you, gentlemen. [...] I am working for my own interest. And the sad spectacle of grazing artists, cleaning plates at the shadow of the ministries of culture. Shame and domination.
[M. Barceló, *Cuadernos de África* (2004), p. 18]

Soggiorna in Mali per cinque mesi.

Mostra delle opere africane su carta alla Galeria Dau al Set, Barcellona.

Si pubblica: *Miquel Barceló in Mali*, Bruno Bischofberger.

Incontra Hervé Guibert. Lo scrittore gli fa visita a Maiorca. I due iniziano una serie di sedute di posa per realizzare ritratti di Guibert. Alla fine Barceló ne realizzerà 21.

Espone in mostre personali a Madrid e Londra.

Viene invitato a esporre in El *Museo del Prado seen by twelve contemporary artists*. Durante l'esposizione tiene il discorso *Paradoxismos*.

Pubblica il libro *Toros* con la Galerie Bischofberger.

He stays in Mali for five months.

Exibition of the African work on paper at the Dau al Set Gallery, Barcelona.

The book *Miquel Barceló in Mali* is published, Bruno Bischofberger.

Meeting with Hervé Guibert. The writer visits him in Mallorca. The two start having a series of painting sessions with Guibert in order to realize his portraits. Barceló will paint 21 portraits at the end.

Solo shows in Madrid and London.

He is invited to take part to the exhibition *El Museo del Prado seen by twelve contemporary artists*. During the exhibition he delivers the talk entitled *Paradoxismos*.

He publishes his book *Toros* for the Galerie Bischofberger.

1989

Ci sono polvere e mosche [...] e tutte le malattie del mondo, e la morte tutto il tempo, per questo deve essere giustificabile il fatto di prendere in mano un pennello.
[M. Barceló, *Cuadernos de África*, 2004, p. 18]

There are dust and flies [...] and all the illnesses of the world, and death all the time, so for that reason the fact of grasping a paintbrush must be justifiable.
[M. Barceló, *Cuadernos de África* (2004), p. 18]

1990

Film – morte degli artisti, gli ultimi momenti della vita d'artista. Agonia come delirio.
[C 91.8.37]

Film – death of artists, the final moments of the artist's life. Agony as delirium.
[C 91.8.37]

Se riguardo la mia vita in prospettiva, devo dire che ho vissuto svariati episodi come in un romanzo. La mia biografia assomiglia a quelle scritte da Benvenuto Cellini, perché ci puoi trovare di tutto: gangster, morte, viaggi.
[*Ajoblanco*, febbraio 1993, p. 38]

Looking my life in perspective I have to say that I had many episodes like in a novel. My biography looks like the ones written by Benvenuto Cellini because you can find everything there: gangsters, death, travels.
[*Ajoblanco* (Febraury 1993), p. 38]

1991

Cose che assomigliano a loro stesse. Spirali dentro spirali. Turbolenza. La laguna di Bassam, la storia dell'arte, l'ordine dona la prossimità, il disordine l'universalità.
[*Cuadernos de África*, 2004, p. 65]

Things that look like themselves. Spirals within spirals. Turbolence. Bassam's lagoon, the history of art, order gives locality, disorder gives universality.
[*Cuadernos de África* (2004), p. 65]

”

Si pubblica *Too Far from Home*, scritto da Peter Bowles e accompagnato dalle illustrazioni di Barceló. Bowles trae ispirazione dal soggiorno di Barceló in Mali.

He publishes *Too Far from Home*, written by Peter Bowles and accompanied by Barceló's illustrations. Bowles takes inspiration from Barceló's life in Mali.

1992

“Dipinge tutto quello che vede dinanzi ai suoi occhi, in qualsiasi momento, in cucina, al mercato, sulla riva del fiume”. [P. Bowles, *Too Far from Home*, 1992, p. 10]. Nel 1995 Barceló scrive nel proprio diario una lettera indirizzata a Bowles: “Voglio che tu sappia che continuo a dipingere ogni pomeriggio. Come uno dei tuoi personaggi.”
[M. Barceló, *Cuadernos de África*, 2004, p. 141]

“He paints whatever is in front of his eyes at any moment, in the kitchen, on the market, or the edge of the river”. [P. Bowles, *Too Far from Home* (1992), p. 10]. In 1995 Barceló writes in his journal a letter for Bowles: “I want you to know that I keep painting every afternoon. As one of your characters.”
[M. Barceló, *Cuadernos de África* (2004), p. 141]

A Parigi viene presentato il documentario realizzato da Jean-Marie de Moral sull'opera di Barceló (girato in Mali, Parigi, Palma di Maiorca).

Visita la grotta di Altamira e lavora a una serie di pitture in rilievo. Molti di questi dipinti sono ritratti.

In Paris the documentary realised by Jean-Marie de Moral on Barceló's work (shot in Mali, Paris, Palma de Mallorca) is presented.

He visits the cave of Altamira and works on a series of painting with reliefs. The majority of these paintings are portraits.

1993

Altamira è l'unica citazione accettabile, ed è quanto di più vicino alle mie aspirazioni.
[“La Vanguardia”, 6 agosto 1993, p. 24]

Altamira is the only acceptable reference and it is the closest to what I aspire.
[*La Vanguardia* (6 August 1993), p. 24]

La sua retrospettiva presentata alla White Chapel di Londra viene trasferita all'IVAM, Valencia.

Nel Mali inizia a lavorare su carta con buchi di termiti, e continua la serie di dipinti in rilievo.

His retrospective, presented at the White Chapel of London, travels at IVAM, Valencia.

In Mali he starts working with paper having holes of termites and he continues the series of relief paintings.

1994

L'atto di dipingere un bue scuoiato lo trasforma in qualcosa di importante e necessario. Come prima ma rifatto, diverso. Non come il cibo dipinto nell'antica Roma, o da Rembrandt [...] All'improvviso la possibilità di dipingere *questo* appare fondamentale, urgente, necessaria. Contro Berlusconi: sangue e sacrificio.
[Barceló, IVAM, 1994, p. 123]

The act of painting a flayed ox transformed into something important and necessary. Like before but redone, different. Not how the Romans painted food, or Rembrandt [...] Suddenly the possibility of painting *this* now seems essential, urgent, necessary. Against Berlusconi: blood and sacrifice.
[Barceló, IVAM (1994), p. 123]

1995

Partecipa alla Biennale di Venezia.

Nel Mali inizia a utilizzare l'argilla. Le sculture di ceramica sono presentate insieme alla sua produzione coeva nella Leo Castelli Gallery. Nello stesso anno presenta la sua serie di ritratti alla Bischofberger Gallery.

Participates at the Venice Biennale.

Starts using the clay in Mali. The ceramic sculptures are presented, jointly with his coeval production, at Leo Castelli Gallery. On the same year he presents his series of portraits at the Bischofberger Gallery.

C'era troppo vento per dipingere. Volevo modellare, ma non c'era gesso. Aveva senso utilizzare quello che trovavamo più vicino a noi. Dovevi raccogliere la terra con una pala, accumularla, lasciarla riposare e poi mescolarla con escrementi di vacca e asino. Il risultato è un materiale molto elastico.
["El Día del Mundo", 30 aprile 1995, p. 89]

There was too much wind to paint. I wanted to model, but there is no gypsum over there. It made sense to use what we had closest. You had to collect earth with a shovel, to accumulate it, to leave to rest and to mix it with cow and donkey faeces. The result is a very flexible material.
[*El Día del Mundo* (30 April 1995), p. 89]

1996

Esposizione personale al Centre Pompidou, Parigi. Il catalogo pubblica estratti dei suoi diari e appunti privati.

Solo exhibition at the Centre Pompidou, Paris. The catalogue contains parts of his private journals and notebooks.

Mi ha insegnato la tecnica di modellare la creta, e come cuocere la corteccia di un albero per aggiustare qualcosa di rotto. La Terra Cotta, come i disegni: li faccio quando non posso dipingere.
[*Miquel Barceló*, Centre Pompidou, 1996, p. 144]

She taught me the technique of clay modeling, and how to cook the bark of a tree to fix broken things. Terra Cotta, like drawings, I do them when I can not paint.
[*Miquel Barceló*, Centre Pompidou (1996), p. 144]

1997

Lavora l'argilla ad Artà.

Viaggio in Patagonia.

He works with clay in Artà.

Trip to Patagonia.

L'argilla è la sostanza principale usata da Dio per creare l'uomo [...] L'argilla è un materiale molto fine, che può cambiare forma una ventina di volte al secondo, mi piace la sua malleabilità [...] Non rappresenta altro che i miei asini, le donne, la morte [...] È un autoritratto, non c'è nulla di esotico.
["La revista del Mundo", marzo 1998]

Clay, the essential material that God used to create man [...] It is like a very fine material, the clay can change shape twenty times in one second, I like its malleability [...] It does not represent nothing more than my donkeys, pigs, women, death [...] It is a self-portrait, there is nothing very exotic.
[*La revista del Mundo* (March 1998)]

1998

Retrospettiva al MACBA, Barcellona.

Lavora a Santa Eulalia, Palermo, dove realizza le opere che saranno esposte durante la mostra *Il Cristo della Vucciria*.

Retrospective at the MACBA, Barcelona.

Works in Santa Eulalia, Palermo where he produces the works that will be on show during the exhibition *Il Cristo della Vucciria*.

“

Gli elementi sono come fossili, fluttuano senza alcuna gravità.
[Miquel Barceló, MACBA, p. n.n.].

The elements are like fossils, they fluctuate without no gravity.
[Miquel Barceló, MACBA, n.p.].

Mi trovo molto meglio nelle chiese che nei musei.
[*Diari de Balears*, 21 maggio 2002]

I find myself much better in churches rather than in museums.
[*Diari de Balears* (21 May 2002)]

1999

Esposizione personale di opere su carta, Museo Nacional Centro de Arte Reina Sofía, Madrid.

Prima mostra personale interamente dedicata alla ceramica presso Fundació March di Palma, Maiorca.

Lavora con la ceramica a Les Rairies in Francia.

Solo exhibition of the works on paper, Museum National Reina Sofia, Madrid.

His first solo show entirely dedicated to his ceramics at the Fundació March in Palma de Mallorca.

He works at his ceramics in Les Rairies, France.

Tutte le volte che qualcuno loda i miei scritti non posso fare a meno di pensare che c'è qualcosa che non va nella mia pittura.
[M. Barceló, in E. Juncosa, *Miquel Barceló. Obra sobra papel 1979-1999*, p. XV]

Whenevere someone praises my writing I cannot help in thinking that there is something wrong in my painting.
[M. Barceló, in E. Juncosa, *Miquel Barceló. Obra sobra papel 1979-1999*, p. XV]

2000

Esposizione di arte ceramica al Musée des Arts Decoratifs di Parigi.

Ceramic exhibition at the Museum of Decorative Arts in Paris.

Nel Mali, la terracotta è utile per la vita quotidiana. Così ho preso l'argilla, l'ho impastata io stesso, ho appreso la tecnica. Non ho sempre avuto successo [...], c'erano molte crepe, poi ho imparato a bloccare le crepe, a cuocere la ceramica. Quando ho iniziato a lavorare in una bottega normale, è stato come tornare indietro di un millennio.
[Musée des Arts Decoratifs, Parigi, 2000]

In Mali, terracotta is a utilitarian object. So, I took clay, I kneaded it myself, I learned the technique. It was not always successful [...], there were a lot of cracks, I learned to stop cracks, to cook ceramics. When I started working in a normal workshop, it was like going a millennium back.
[Museum of Decorative Arts, Paris, 2000]

Gli viene assegnato il titolo di Doctor Honoris Causa dall'Università delle Isole Baleari.

Si reca a Vietri, dove inizia a lavorare al murales di ceramica per la Cattedrale di Palma, Maiorca.

He is awarded with the title of Doctor Honoris Causa by the University of Balearic Islands.

Travels to Vietri where he starts working at the ceramic mural for the Cathedral in Palma de Mallorca.

2001

Mi piace dipingere. Credo che dipingere sia il risultato del piacere, del più grande piacere che l'uomo possa donare a se stesso. E anche quando creo sculture, come in questo momento, in un certo senso è un po' come se stessi dipingendo. Con la ceramica imparo cose che poi applico alla mia pittura. E lo stesso avviene con l'incisione, con la scultura… Ma dipingere sarà sempre al centro, per me.
[Miquel Barceló, *La pintura es come nosferatu, sempre resuscita*, "El Semanal", 2001, p. 26]

I like painting. I believe that painting is the result of pleasure, of the greatest pleasure that man gives to himself. And when I make pottery, like now, it's still painting in some way. With ceramics I learn things that I later apply to my paintings. And with engraving, with sculpture... But painting will always be at the center.
[Miquel Barceló, "La pintura es come nosferatu, sempre resuscita", *El Semanal* (2001), p. 26]

Esposizione personale alla Galleria Nazionale di Arte Moderna, Roma.

Nel mese di novembre vengono presentate le sue immagini dell'*Inferno*, il primo volume della *Divina Commedia* da lui illustrata.

Continua il suo lavoro a Vietri.

Solo exhibition at the Galleria Nazionale di Arte Moderna, Rome.

His images of *Hell*, first volume of the *Divine Comedy* illustrated by him, are presented in November.

He keeps working in Vietri.

2002

Io non faccio esattamente ceramica: cuocio piuttosto pezzetti di terra, e qualche volta non li cuocio nemmeno, utilizzo semplicemente argilla fresca. Per togliere, per tornare all'argilla, alla terra, ma non a qualsiasi tipo di terra: quella di Felanitx, che è il paese in cui sono nato, o l'argilla di Paestum, che ho usato per la Cattedrale di Palma, un tipo di argilla utilizzata in passato anche dai Greci.
[Miquel Barceló, *La arcilla, la obra escultórica: Pintura*, 2003, p. 62]

I don't do exactly ceramics: rather I bake earth pieces and sometimes I do not even bake them, it is simply fresh clay. To remove, to go back to clay, to the mud, but not any kind of mud: the one of Felanitx, which is the village where I was born, or the clay coming from Paestum, the clay that I used for the Cathedral of Palma, and which is the kind of clay that also Greeks adopted.
[Miquel Barceló, *La arcilla, la obra escultórica: Pintura* (2003), p. 62]

Viene inaugurata la mostra *Miquel Barceló a les Illes Balears*, che verrà poi allestita in tutte le quattro isole.

Vengono pubblicati *Purgatorio e Paradiso*, gli ultimi due volumi della *Divina Commedia*.

Gli viene assegnato il premio Príncipe de Astúrias.

Una selezione dei suoi diari e degli appunti scritti in Africa viene pubblicata con il titolo *Carnets d'Áfrique*.

The exhibition *Miquel Barceló a les Illes Balears* opens and it is exhibited in all the four different islands.

Purgatory and *Paradise*, the last two volumes of the *Divina Commedia* are published.

He is awarded with the Príncipe de Astúrias Prize.

A selection of his African journals and notebooks is published with the title *Carnets d'Áfrique.*

2003

A Vietri sul Mare ero molto contento di usare sempre la stessa argilla delle ceramiche di Paestum, lo stesso nero di manganese.
[*Miquel Barceló Ceramics*, 2012, p. 98]

In Vietri sul Mare I was delighted to be always using the same clay as with the ceramics at Paestum, the same maganese black.
[*Miquel Barceló Ceramics* (2012), p. 98]

L'insularità è qualcosa che mi ha profondamente segnato, qualcosa che ha lasciato una forte impronta, per sempre.
["El Semanal", 25 novembre 2001]

Insularity is something that really effected me, it is something that left a strong print and forever.
[*El Semanal* (25 November 2001)]

”

2004

Miquel Barceló, Sculpture alla Galleria Paolo Curti & Co.

La Divine Comédie. Dessins de Miquel Barceló, Salle d'Actualité du Département des Arts Graphiques, Louvre.

Miquel Barceló, Sculpture at the Paolo Curti & Co. Gallery.

La Divine Comédie. Dessins de Miquel Barceló, Salle d'Actualité du Département des Arts Graphiques, Louvre.

“

Il libro aveva uno sviluppo organico, intuitivo, caotico. Non pretendevo di fare un libro dipinto, mi sembrava troppo banale e altri l'avevano già fatto.
["El Mundo", 14 maggio 2003]

The book had an organic, intuitive and chaotic development. I did not expect to do a painted book, it seemed to me too banal and others already did it.
[*El Mundo* (14 May 2003)]

2005

Esposizione personale alla C&M Arts, New York (Testo di Dore Ashton).

Barceló, Graphic Work. Lanzarote Series, Arteko Galería, San Sebastián.

Miquel Barceló, La Divina Commedia, Maschio Angioino, Napoli.

Solo exhibition at the C&M Arts, New York (Text by Dore Ashton).

Barceló, Graphic Work. Lanzarote Series, Arteko Gallery, San Sebastián.

Miquel Barceló, La Divina Commedia, Maschio Angioino, Naples.

I miei dipinti fumosi e ammuffiti mi permettono di scarabocchiare – una tecnica che amo usare; graffiare, in realtà, è una specie di piacere nevrotico – quello che faccio con l'incisione, usando una tecnica che mi permette di scoprire colori scartati, a volte incredibili, come apparizioni negli abissi.
[Miquel Barceló, *La arcilla, la obra escultórica: Pintura*, 2013, p. 28]

My smoked and moldy paintings allow me to scribble – which is a technique that I love to use; to scratch, in reality, it is a kind of nevrotic pleasure – what I do with the etchings, using a technique that allows me to discover discarded colors, which are sometimes amazing, like abyssal apparitions.
[Miquel Barceló, *La arcilla, la obra escultórica: Pintura* (2013), p. 28]

2006

Miquel Barceló: New Etchings, Timothy Taylor Gallery, Londra.

Miquel Barceló, Expositions, Sculptures, Céramiques et dessins au fusain, Festival d'Avignon.

Viene presentato per la prima volta *Paso Doble*, Festival d'Avignon, Eglise des Céléstins.

Miquel Barceló, Cerámicas / Ceràmiques, Jabonka Gallery.

Miquel Barceló: New Etchings, Timothy Taylor Gallery, London.

Miquel Barceló, Expositions, Sculptures, Céramiques et dessins au fusain, Festival d'Avignon.

He presents *Paso Doble*, Festival d'Avignon, Eglise de Céléstins.

Miquel Barceló, Cerámicas / Ceràmiques, Jabonka Gallery.

Con Joseph ho realizzato la performance *Paso Doble*, per rappresentare gli strumenti e i gesti di quando lavoro con l'argilla. Il corpo è uno strumento. Il corpo in positivo e negativo, stampo e forma. La mia testa non è usata solo per forgiare ciecamente maschere ma anche come base su cui sono impilati vasi=maschere=teste.
[*Miquel Barceló Ceramics*, Edition Bischofberger, Zurigo 2012, p. 52]

With Joseph I gave the performance *Paso Doble*, as a way of staging the tools and gestures of my work with clay. The body is a tool. The body in positive and negative, mold and cast. My head is not only used to blindly shape masks but also as a base onto which are piled vases=masks=heads.
[*Miquel Barceló Ceramics* (Zurich: Edition Bischofberger, 2012), p. 52]

2007

Miquel Barceló, Galerie Yvon Lambert, Parigi.

Miquel Barceló, Clay and Bronze, Long House Reserve, New York.

Dopo oltre sei anni di lavoro si presenta la Cappella di San Pietro nella Cattedrale di Palma.

Miquel Barceló, Yvon Lambert Gallery, Paris.

Miquel Barceló, Clay and Bronze, Long House Reserve, New York.

After more than six years of work Saint Peter's Chapel is presented in the Cathedral of Palma.

In seguito ho compreso che la ceramica, se decidiamo di chiamare in quel modo le mie opere in creta, rappresenta una revisione dei miei dipinti, nei temi e nelle tecniche utilizzati.
[Miquel Barceló, *La arcilla, la obra escultórica: Pintura*, 2013, p. 48]

Lately I realize that ceramics, if we decide to call like that my works in clay, is a revision of my painting, in the themes, but also in the techniques used.
[Miquel Barceló, *La arcilla, la obra escultórica: Pintura* (2013), p. 48]

2008

Miquel Barceló: The African Work, Irish Museum of Modern Art; l'esposizione fu presentata anche al CAC (Centro de Arte Contemporaneo de Malaga).

Miquel Barceló, Cephalopod Works, Pilar Corrias Gallery, Londra.

Si pubblica *Conjeturas sobre vasijas.*

Miquel Barceló: The African Work, Irish Museum of Modern Art; the exhibition was presented also at the CAC (Centro de Arte Contemporaneo de Malaga).

Miquel Barceló, Cephalopod Works, Pilar Corrias Gallery, London.

He publishes *Conjeturas sobre vasijas.*

E così sto partendo per il Mali. Ho accettato di fare l'insegnante. [...] Questa mattina ho chiesto ai miei alunni cosa sanno di arte. Un disastro. [...] Dubito che per loro sia assolutamente necessario conoscere le opere di Beuys, Pollock e Sol LeWitt. Forse posso insegnare loro mostrando solo Magnasco, François Augiéras, la grotta di Chauvet e le mie opere.
[*Miquel Barceló. The African Work*, 2009, p. 256]

So I am going to Mali. I have agreed to be a teacher. [...] This morning I have asked the class about their knowledge of art. Disastrous. [...] I doubt it is absolutely necessary for them to know the works by Beuys, Pollock and Sol LeWitt. Maybe I can teach them by showing them just Magnasco, Francois Augieras, Chauvet Cave and my work.
[*Miquel Barceló. The African Work* (2009), p. 256]

2009

Alla Biennale di Venezia, la Spagna dedica interamente il proprio Padiglione alle sue opere.

Barceló abans Barceló, Fundació Pilar I Joan Miró, Palma di Maiorca; Les Abattoirs, Musée d'Art Moderne et Contemporain de Toulouse; Arts Santa Monica, Barcellona.

Acquista uno spazio a Vilafranca de Bonany, Maiorca, che diventerà il suo studio per la ceramica.

Spain dedicates the whole Pavillion to his works at the Venice Biennale.

Barceló abans Barceló, Fundació Pilar I Joan Miró, Palma de Mallorca; Les Abattoirs, Musée d'Art Modern et Contemporain de Toulouse; Arts Santa Monica, Barcelona.

He buys a space in Vilafranca de Bonany, Mallorca, which will become his ceramic studio.

[Augiéras] è stato un grande scrittore e un grande pittore. Non l'ho mai incontrato. Negli anni Cinquanta e Sessanta è stato negli stessi luoghi in Africa dove sono io adesso. Me ne aveva parlato Paul Bowles. Poi ho visto i suoi quadri, e mi hanno affascinato... Da un punto di vista artistico lo sento come un fratello.
[*ABC*, 21 maggio 2009, 54]

[Augieras] was a great writer and a great painter. I never met him. In the 1950s and 1960s he was in the same places where I am in Africa. Paul Bowles told me about him. Then I saw his paintings, which fascinated me... I feel him like a brother, artistically.
[*ABC* (21 May 2009), 54]

”

Miquel Barceló. La Solitude Organisative 1983-2009, Caixa Forum, Madrid e Barcellona.

Terramare. Miquel Barceló, Palais des Papes, Petit Palais, Collection Lambert, Avignone.

Inizia a lavorare usando le tegole e i mattoni che trova a Vilafranca.

Miquel Barceló. Recent Paintings, Ceramics and Sculptures, Ben Brown Fine Arts, Hong Kong.

Miquel Barceló: Elefandret Sculpture at Union Square, Marlborough Gallery, the Union Square Partnership and the City of New York's Department of Parks, Recreation and Public Art Program.

Barry Flanagan i Miquel Barceló: Ceràmiques i obra sobre papel, Museo d'Art Contemporani d'Eivissa, Ibiza.

Miquel Barceló - Ceramics, Galerie Bruno Bischofberger, Zurigo.

Miquel Barceló, Bank of Austria, Kunstforum, Vienna.

Miquel Barceló. La Solitude Organisative 1983-2009, Caixa Forum, Madrid and Barcelona.

Terramare. Miquel Barceló, Palais des Papes, Petit Palais, Collection Lambert, Avignon.

He uses the tiles and the bricks that he finds in Vilafranca.

Miquel Barceló. Recent Paintings, Ceramics and Sculptures, Ben Brown Fine Arts, Hong Kong.

Miquel Barceló: *Elefandret Sculpture at Union Square*, Marlborough Gallery, the Union Square Partnership and the City of New York's Department of Parks Recreation and Public Art Program.

Barry Flanagan i Miquel Barceló: Ceràmiques i obra sobre papel, Museo d'Art Contemporani d'Eivissa, Ibiza.

Miquel Barceló - Ceramics, Galerie Bruno Bischofberger, Zurich.

Miquel Barceló, Bank of Austria, Kunstforum, Vienna.

2010

“

Il fatto che la distruzione prevalga sulla costruzione è molto intuitivo, non tanto verbale, e inoltre per me è più semplice parlare di ceramica che non di pittura; ma sì, questo equilibrio tra costruzione e creazione funziona.
[Miquel Barceló, *La arcilla, la obra escultórica: Pintura*, 2013, p. 23]

The fact that destruction prevails over construction is very intuitive and not very verbal, and besides, it is easier for me to talk about ceramics than about painting; but yes, this balance between construction and creation works.
[Miquel Barceló, *La arcilla, la obra escultórica: Pintura* (2013), p. 23]

2011

Trovo ironico che un pittore come me, che utilizza così tanta materia nelle sue opere, dipinga per così dire con la materia al negativo. Uno qualsiasi di questi ritratti pesa di meno quando è finito. È come se fosse il peso dell'anima.
[Miquel Barceló, *La arcilla, la obra escultórica: Pintura*, 2013, p. 19]

I find ironic that a painter like me, who uses so much matter in his work, paints with negative matter, so to speak. One of these portraits weighs less once painted. It's like the weight of the soul.
[Miquel Barceló, *La arcilla, la obra escultórica: Pintura* (2013), p. 19]

2012

L'argilla è una forma di pittura, evidentemente tutto è una forma di pittura per me. Però l'argilla [...] quasi liquida [...] è molto simile alla mia pittura, con l'unica differenza che i quadri non entrano in forno.
[Miquel Barceló, *La arcilla, la obra escultórica: Pintura*, 2013, p. 62]

Clay is a form of painting, evidently everything is a form of painting for me. But clay [...] almost liquid [...] is very similar to my painting, with the only one difference that paintings do not enter the oven.
[Miquel Barceló, *La arcilla, la obra escultórica: Pintura* (2013), p. 62]

2013

Miquel Barceló, Elvira Gonzales Galeria, Madrid.

Terra Ignis Miquel Barceló, Musée d'Art Modern de Céret; successivamente al Museu Nacional do Azulejo, Lisbona.

Miquel Barceló, Acquavella Galleries, New York.

Miquel Barceló, Elvira Gonzales Galeria, Madrid.

Terra Ignis Miquel Barceló, Musée d'Art Modern de Céret; later at Museu Nacional do Azulejo, Lisbon.

Miquel Barceló, Acquavella Galleries, New York.

La prima opera in argilla dogón è iniziata come un teschio a cui pensavo di fissare due grandi orecchie. Ho sostituito le orecchie con un lungo naso appuntito. Ho notato che era Pinocchio quando, dopo l'essiccazione e la cottura (rudimentale), le dimensioni della testa si sono ridotte. Allora fu palese – come sempre tende a essere in tutti i miei lavori, indipendentemente dal materiale con cui sono realizzati – che il naso lungo rappresentava le menzogne che sopravvivono alla morte.
[M. Barceló, *Manifesto de Barro*]

The first work in dogón clay started as a skull to which I planned to hook two large ears. I replaced the ears with a long pointed nose. I realized that it was Pinocchio when, between drying and cooking (rudimentary) the size of the head was reduced. Then it was self-evident – as it always tends to be in all my works, whatever material they are made of – that the long nose is the lies that persist to death.
[M. Barceló, *Manifesto de Barro*]

2014

Esposizione personale alla Pinakotheke São Paulo; in seguito trasferita a Fortaleza, Ceará.

Dubuffet / Barceló, New York, 2014 (cfr. 1974).

Solo Exhibition at the Pinakotheke São Paulo; later exhibited at Fortaleza, Ceará.

Dubuffet / Barceló, New York, 2014 (see 1974).

All'età di diciassette anni ho letto alcuni scritti di Dubuffet, ma conoscevo pochissimo i suoi quadri. Mi piacevano molto le descrizioni dei suoi quadri e dei materiali – i suoi scritti mi sembravano delle ricette di cucina, con marmellata, burro, fate bollire gli ingredienti ecc… Ho sempre ammirato la profonda osmosi delle sue opere con poesia e scrittura.
[M. Barceló, *Dubuffet / Barceló*, New York 2014]

When I was seventeen, I read some of Dubuffet's writings while barely knowing his paintings. I loved the descriptions of his works and materials – his writings read like culinary recipes with jam, butter, boiled down ingredients, etc... I have always admired his work's profound osmosis with poetry and writing
[M. Barceló, *Dubuffet* | *Barceló* (New York, 2014)]

2015

Vivarium, St Gallen, Svizzera. Opere ricamate di Francisca Artigues su disegni di suo figlio, Miquel Barceló.

Miquel Barceló: Ardenti Germinat, Bischofberger Gallery (2 ottobre - 27 novembre).

Espone alla Galerie Thaddaeus Ropac, Parigi.

Vivarium, St Gallen, Germany. Embroidered works by Francisca Artigues on Miquel Barceló's drawings.

Miquel Barceló: Ardenti Germinat, Bischofberger Gallery (2 October – 27 November).

He exhibits at the Galerie Thaddaeus Ropac, Paris.

Tutta la pittura viene dall'argilla. Questo è qualcosa che Picasso e Miró hanno già scoperto, e io sono stato fortunato abbastanza da scoprirlo a un età leggermente più giovane di quando lo fecero loro. Le dita del pittore di Chauvet si trovano nell'argilla.
["Purple Magazine", 2015, p. 24]

All painting comes from clay. That's something Picasso and Miró discovered, and I was lucky enough to discover it at a slightly less advanced age than they did. The fingers of the painter from Chauvet in the clay.
[*Purple Magazine* (2015), p. 24]

2016

Apertura della mostra *Sol y Sombra* al Musée Picasso e alla Bibliothèque Nationale de France, Parigi.

Opening of the exhibtion *Sol y Sombra* at the Musée Picasso and Bibliothèque Nationale de France, Paris.

“ Sono tutti autoritratti, è ovvio. Anche quando vedi un cane o quando il titolo è *Presidente delle Baleari*, sono io. Madame Bovary sono io, ma lo sono anche Monsieur Bovary e il ragazzino storpio. Cosa si può fare?
(Miquel Barceló, *Ceramics*, Edition Bischofberger, 2012, p. 75)

They are all self-portraits, it's obvious. Even when you see a dog or when the title is *President of Baleares*, it's me. Madame Bovary is me, but so are Monsieur Bovary and the lame kid. What can one do?
(Miquel Barceló, *Ceramics* (Edition Bischofberger, 2012), p. 75)

2017

Presenta *Le grand écouteur*, opera monumentale al Museumplein di Amsterdam per la Biennale ARTZUID.

El Planeta de Los Toros viene inaugurata nella galleria Tobias Mueller Modern Art.

Riceve la *laurea Honoris Causa* dalla Università di Salamanca. Presenta diverse installazioni in vari punti della città.

Inaugura la mostra *El Arca de Noé* a Salamanca.

He presents *Le grand écouteur*, a monumental work at the Museumplein of Amsterdam for the ARTZUID Biennal.

El Planeta de Los Toros opens at Tobias Mueller Modern Art.

He receives the *laurea Honoris Causa* from the University of Salamanca. He presents several installations around the city.

He opens the show *El Arca de Noé* in Salamanca.

È come una foresta contorta, quasi un Monte degli Ulivi... è qualcosa di vivo, è un po' come se tu prendessi gli amici che hai avuto dagli anni Settanta fino a oggi e fai di loro una specie di sintesi, da dove venivano, quanto sono vissuti, una sorta di grafico delle loro vite...
["El País", 27 aprile 2017]

It's like a twisted forest, almost like a Mount of Olives... it's something alive, it's as if you took the friends you've had since the 1970s up to now and made them a kind of synthesis, where they came from, how long they lived, a kind of graphic of their lives...
[*El País* (27 April 2017)]

2018

On the Sea, Galerie Thaddaeus Ropac, Salisburgo, Austria.

Pubblicazione del *Faust* con illustrazioni di Miquel Barceló.

Performance *Despintura fónica* a Bangkok.

Si inaugura *Barceló Vivarium* che espone tutti i lavori ricamati fatti in collaborazione con sua madre dal 2007.

On the Sea, Galerie Thaddaeus Ropac, Salzburg, Austria.

Publication of *Faust* with illustrations by Miquel Barceló.

Performance *Despintura fónica* in Bangkok.

The Barceló Vivarium opens and exhibits all the embroidered works realized in collaboration with his mother since 2007.

Vorrei condurre una vita di polpo. Di notte mangiare granchi e gamberi e nelle ore di sole, dentro la tana. Non andrei quasi mai in città, alla messa o al mercato. Non farei nulla tutto il giorno, osserverei le collezioni di granchi pelosi e patelle.
[C.18.05]

I would lead a life of octopus. During the night I would eat crabs and prawns and during sunny hours I would live inside my borrow. I would almost never go to the city, or at the mass, or at the market. I would not do anything all day, I would observe the collections of furry crabs and limpets.
[C.18.05]

Vida de Pulpo, Galería Elvira González, Madrid.

Fa una grande vetrata al Centre Pompidou, Parigi, in occasione della mostra _Préhistoire, Un énigme moderne_.

Vida de Pulpo, Galería Elvira González, Madrid.

He realizes a large stained glass window for the Centre Pompidou, Paris, on the occasion of the exhibition _Préhistoire, Un énigme moderne_.

2019

Quasi tutto ciò che dipingo è autobiografico, si basa su quello che vivo ogni giorno [...] Quando ero molto giovane prendevo la barca perché era il mio modo di vivere in una bolla.
[Atención Obras, RTVE, 31 gennaio 2019]

Almost everything I paint is autobiographical, is based upon what I live every day [...] When I was very young I used to take the boat because it was my way of living in a bubble.
[Atención Obras, RTVE (31 January 2019)]

”

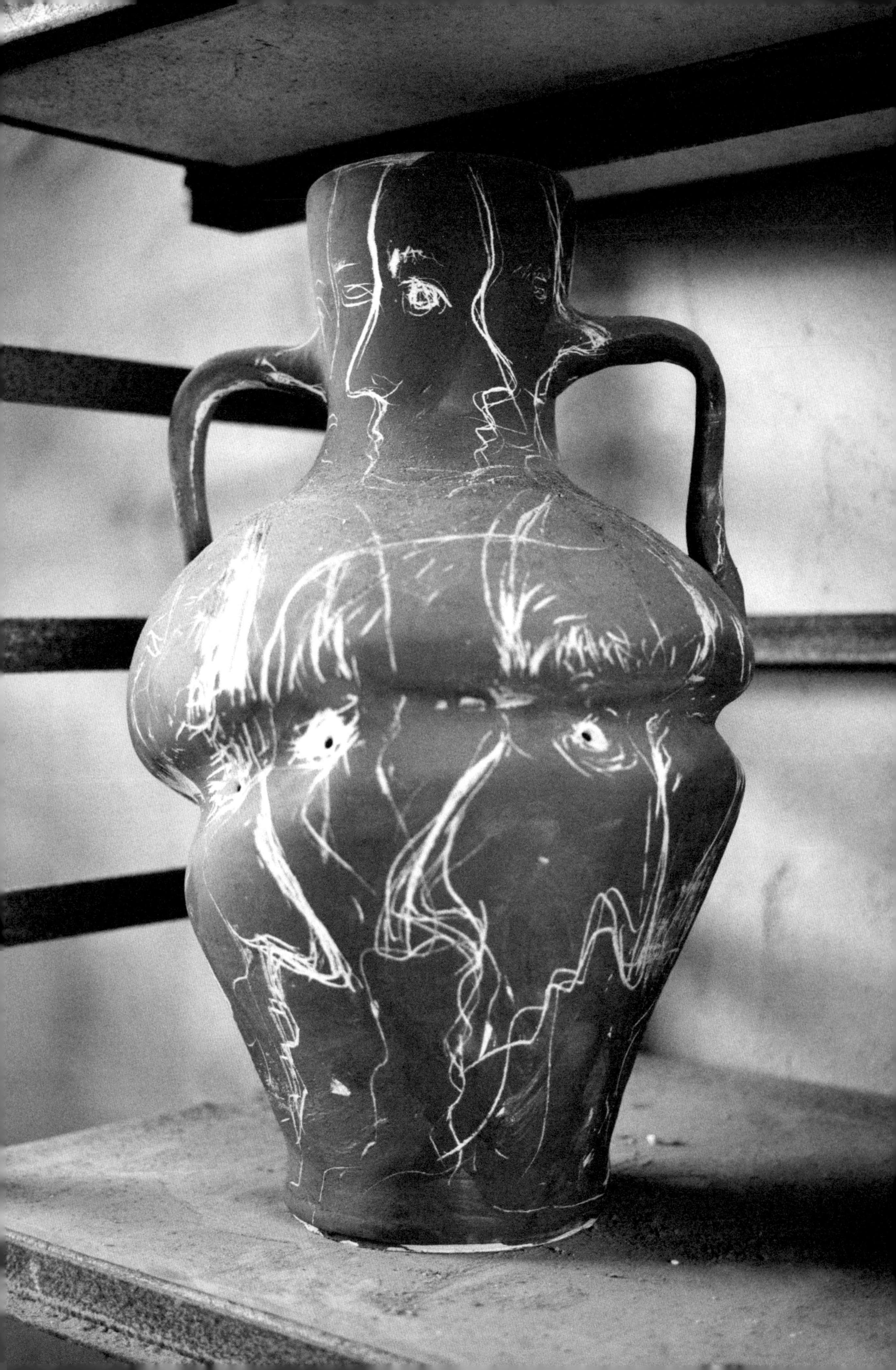

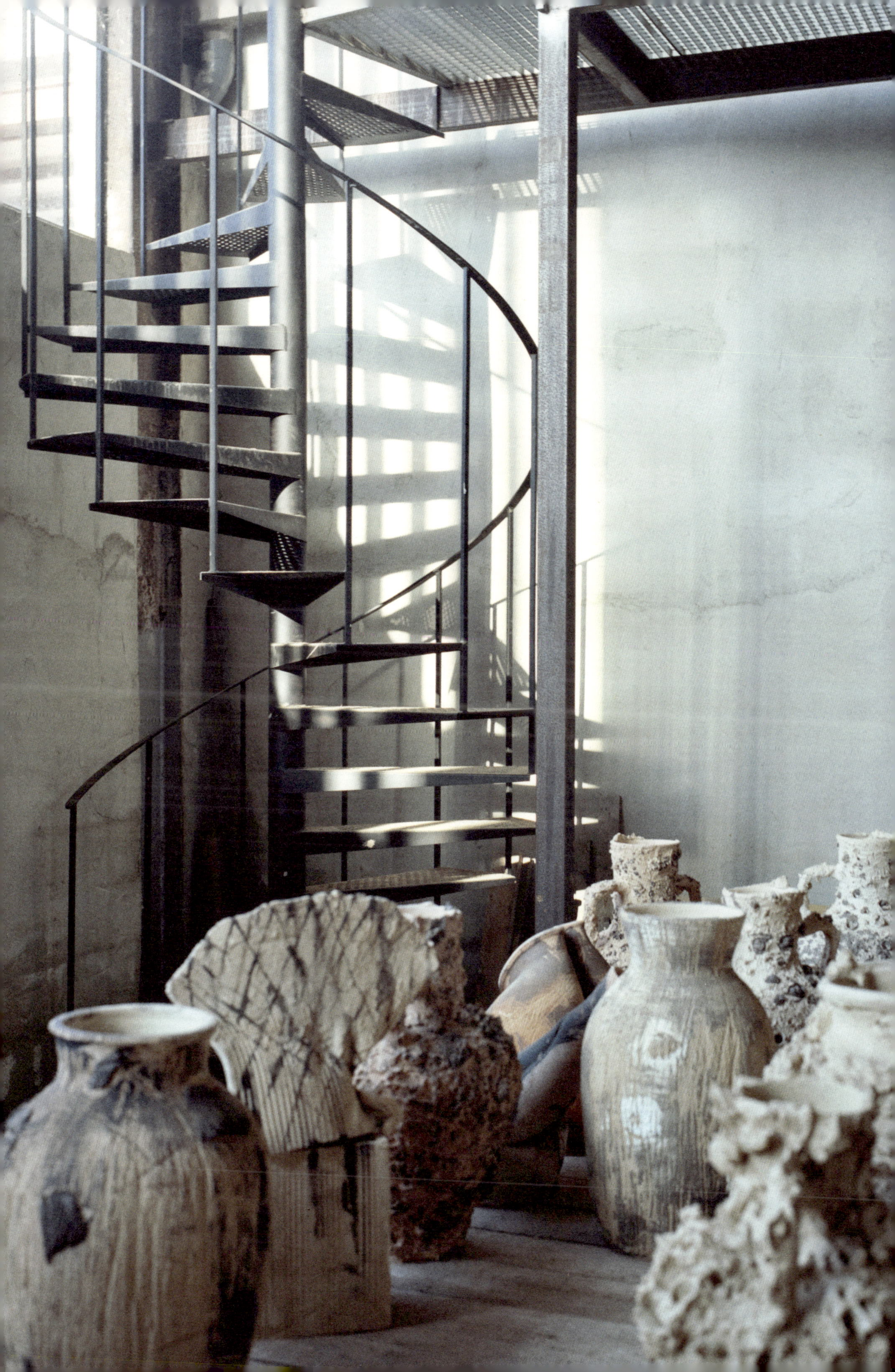

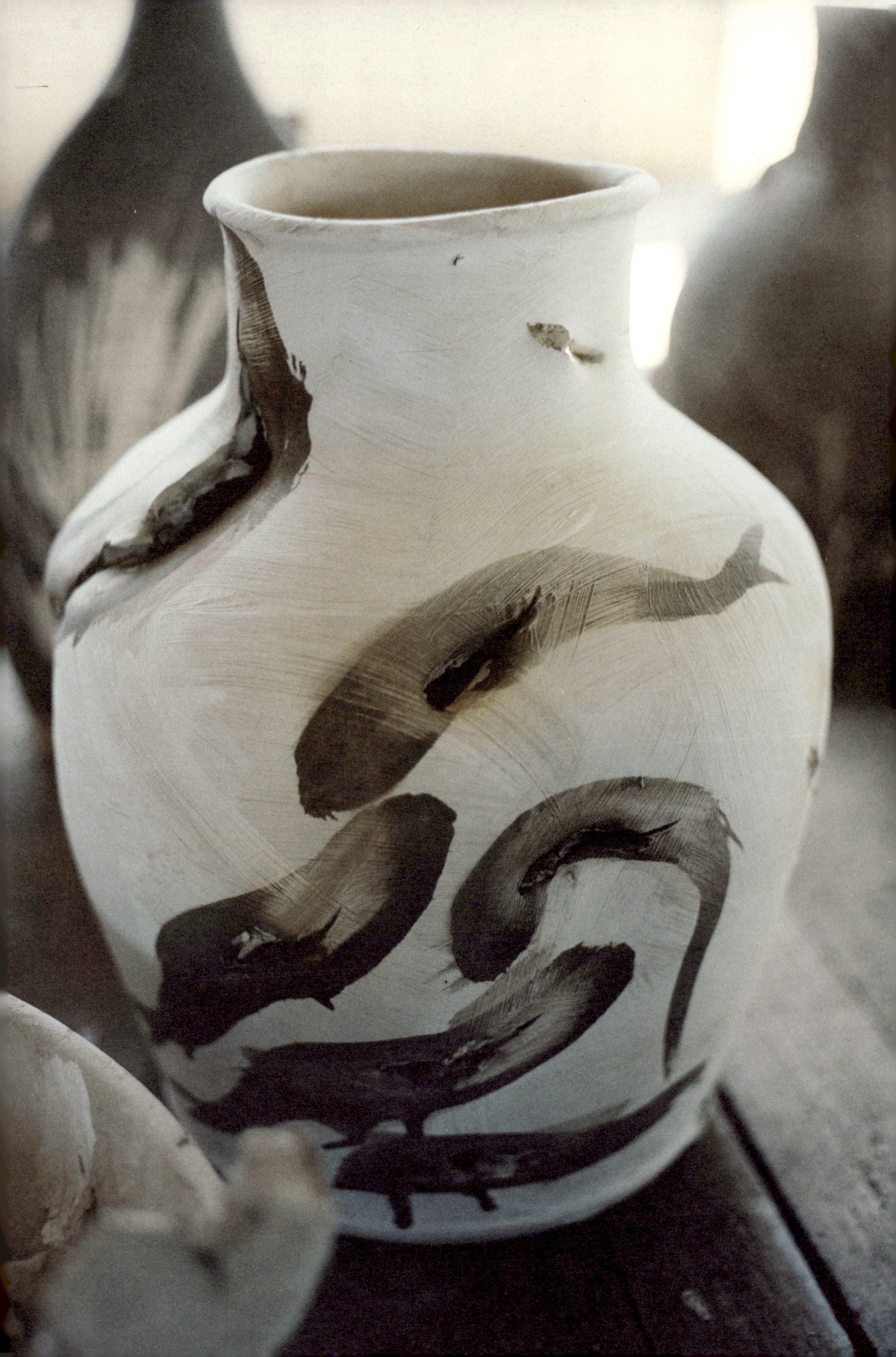

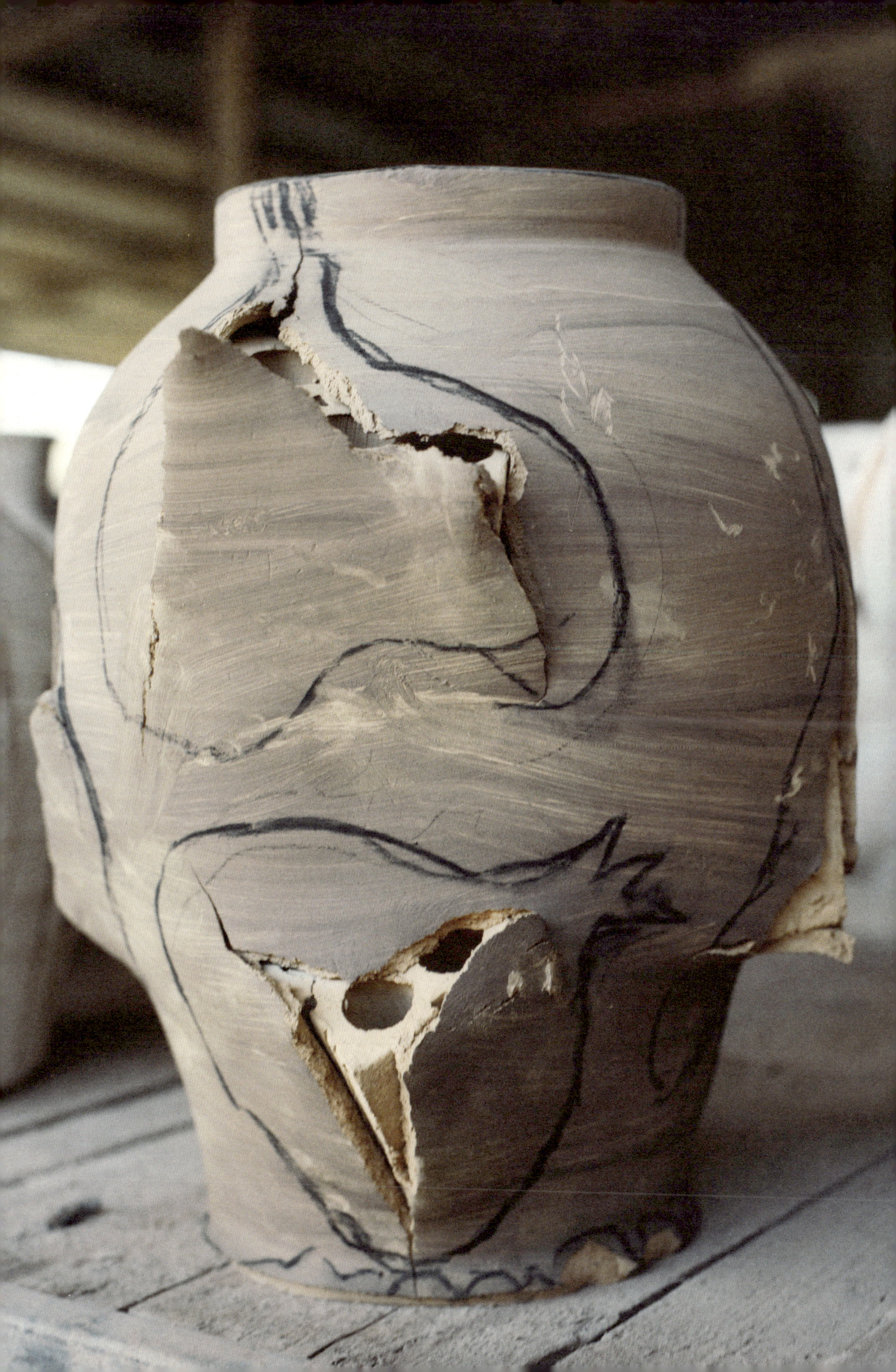

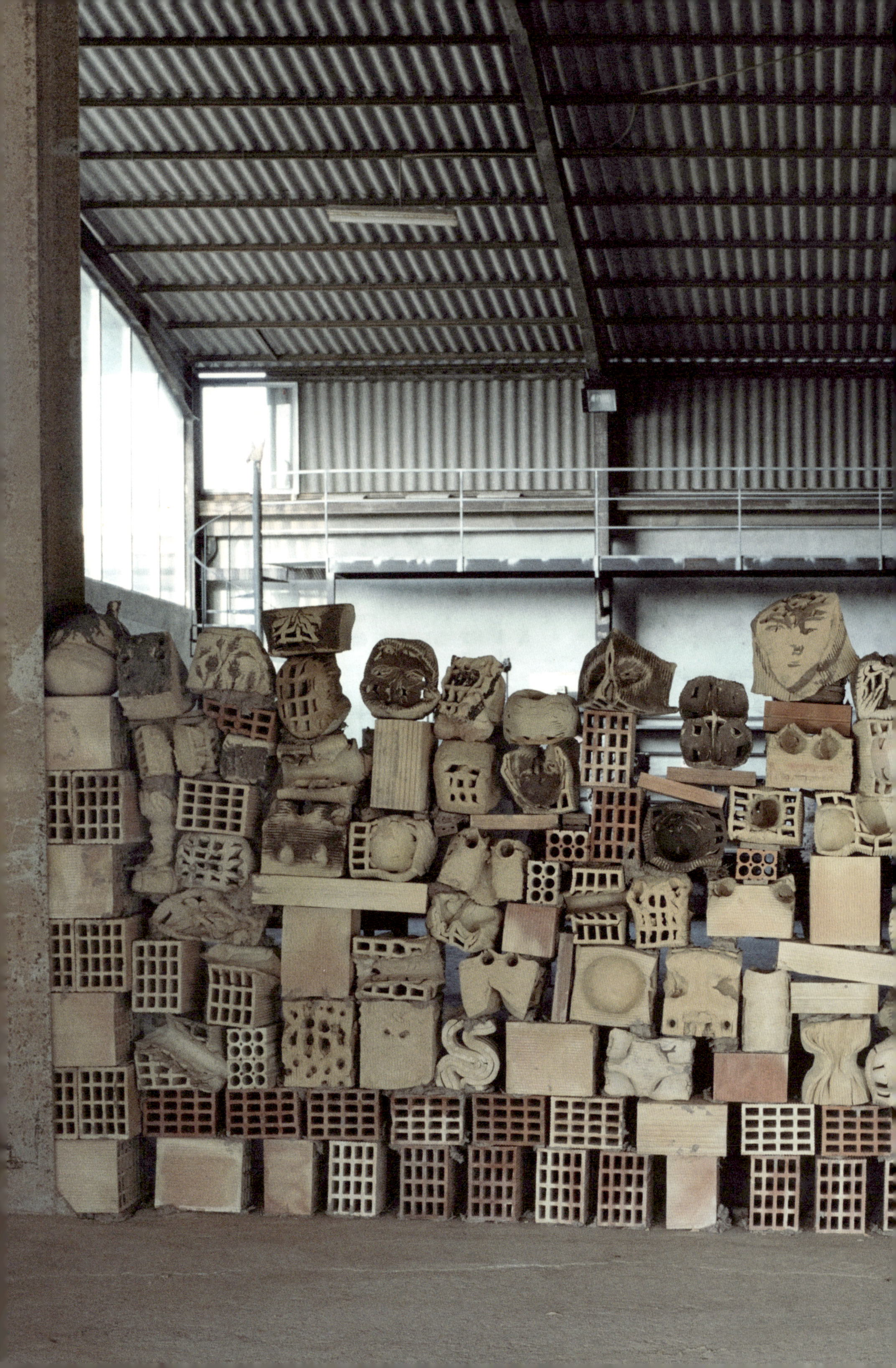

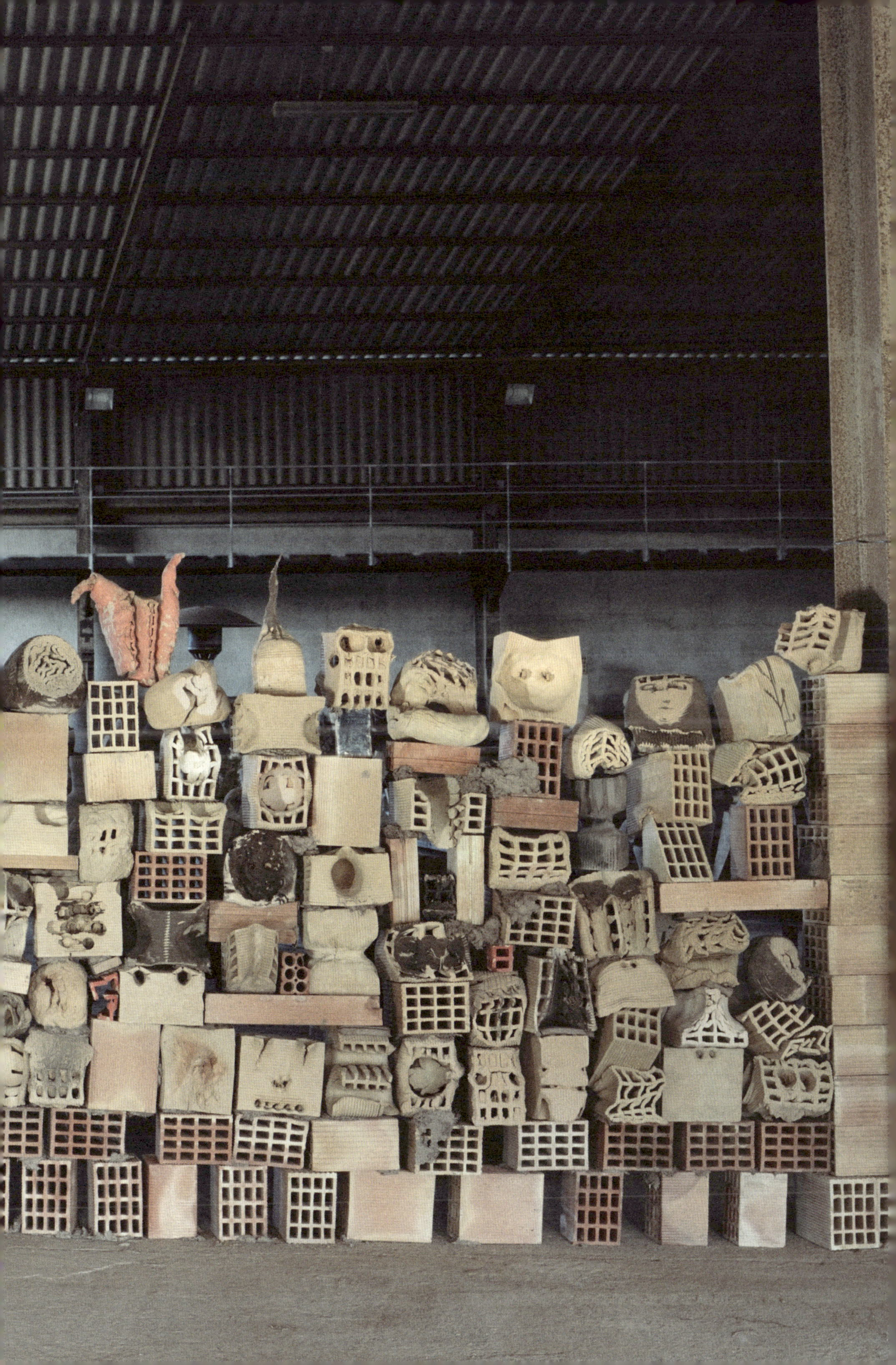

Regesto delle opere | List of Works

01. Pinochio mort, 1994,
terracotta dogón / dogón earthenware,
13,5 x 24,5 x 13,5 cm,
courtesy Bischofberger collection,
Männedorf-Zurich, Switzerland.

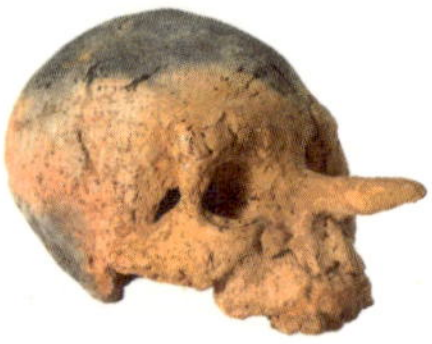

02. Amassagou, 1995,
terracotta dogón / dogón earthenware,
23,5 x 24 x 16 cm,
courtesy artist collection.

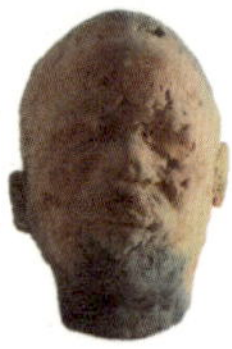

03. Dolo, 1995,
terracotta dogón / dogón earthenware,
26 x 22 x 16 cm,
courtesy artist collection.

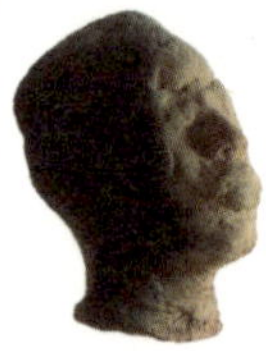

04. Amo, 1995,
terracotta dogón / dogón earthenware,
23 x 24 x 14 cm,
courtesy the artist.

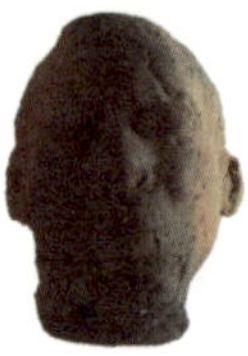

05. Cap amb herba, 1996,
terracotta e ingobbio / earthenware
and engobe, 12 x 35 x 22 cm,
courtesy artist collection.

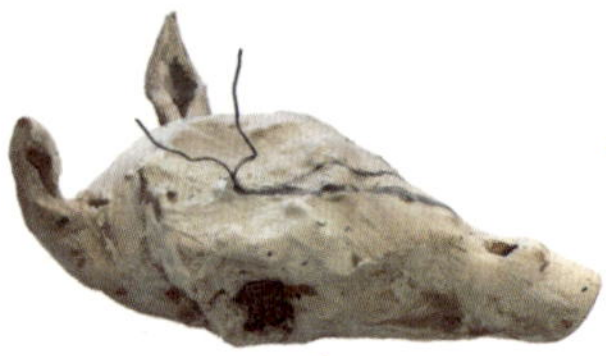

06. Cap de cabrit, 1996,
terracotta e ingobbio / earthenware
and engobe, 12 x 37 x 29 cm.
courtesy artist collection.

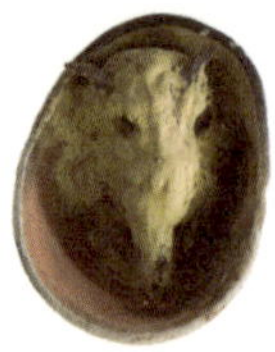

07. Jo, 1996,
terracotta / earthenware,
18,5 x 20 cm,
courtesy private collection.

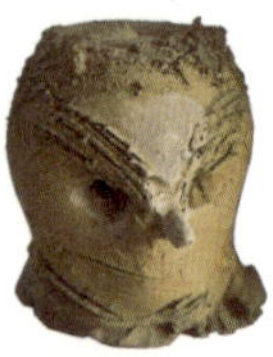

08. Morte amb olives negres, 1996,
terracotta e ingobbio / earthenware
and engobe, 30 x 10 cm,
courtesy private collection.

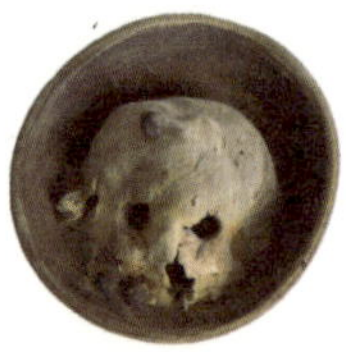

09. Mon oncle enfant, 1996,
terracotta ingobbio e incisioni /
earthenware engobe and sgraffito,
22 x 35 cm,
courtesy private collection.

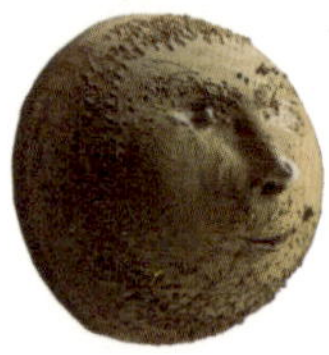

10. Vase avec ourssins et algues, 1996,
terracotta e ingobbio/ earthenware
and engobe, 52 x 54cm,
courtesy Bischofberger collection,
Männedorf-Zurich, Switzerland.

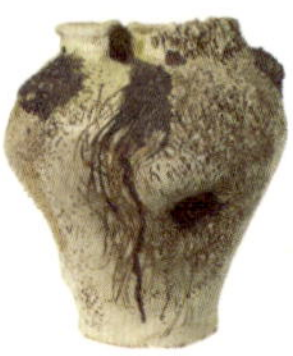

11. Branques de Figuère, 1997,
grès nero / black stoneware, 39 x 30 cm,
courtesy private collection.

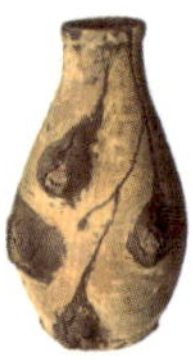

12. Cap de porc (cara de porc), 1997,
terracotta con manganese e ingobbio /
earthenware with manganese and engobe,
11 x 32 x 40 cm,
courtesy artist collection.

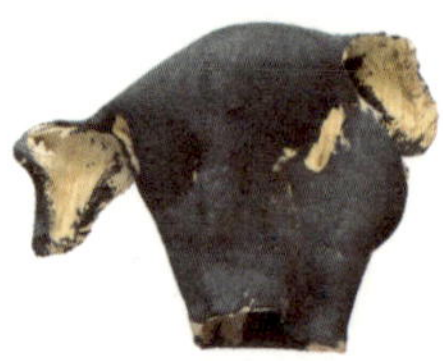

13. Caramull de 5 Cranis, 1997,
terracotta e ingobbio / earthenware and engobe, 82 x 58 x 56 cm,
courtesy private collection.

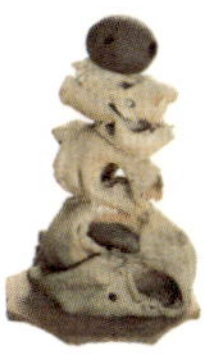

14. Càliç I, 1998,
terracotta e ingobbio/ earthenware and engobe, 45 x 27 x 20 cm,
courtesy Bischofberger collection, Männedorf-Zurich, Switzerland.

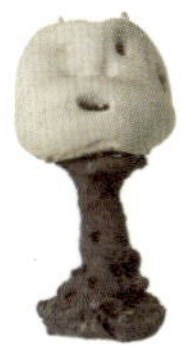

15. Cap de peix, 1998,
terracotta e ingobbio / earthenware and engobe, 21 x 37 cm,
courtesy private collection.

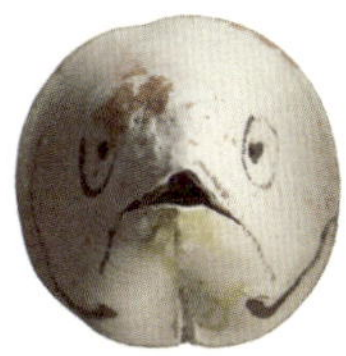

16. Erissons, 1998,
terracotta / earthenware,
48 x 40 x 37 cm,
courtesy Bischofberger collection, Männedorf-Zurich, Switzerland.

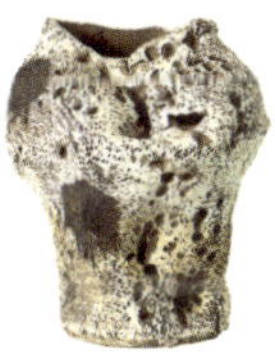

17. Jordi, 1998,
terracotta e ingobbio / earthenware and engobe, 10 x 58 x 25 cm,
courtesy private collection.

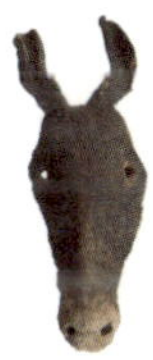

18. Máscara psoriasis, 1998,
materiale refrattario/ refractory earthenware, 12 x 33 x 25 cm,
courtesy private collection.

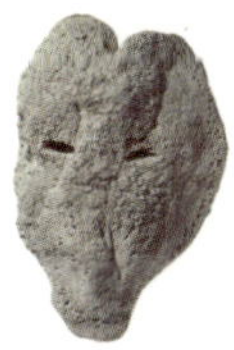

19. Trois Poissons à l'Halmeçon, 1999,
terracotta, ingobbio e ferro / earthenware, engobe and iron, 51 x 31 cm,
courtesy Bischofberger collection, Männedorf-Zurich, Switzerland.

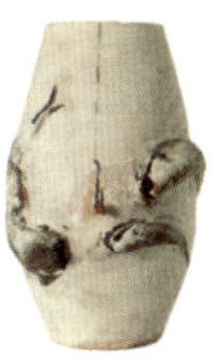

20. Poulpe, 2001,
terracotta e ingobbio / earthenware and egobes, diam. 81 cm,
courtesy private collection.

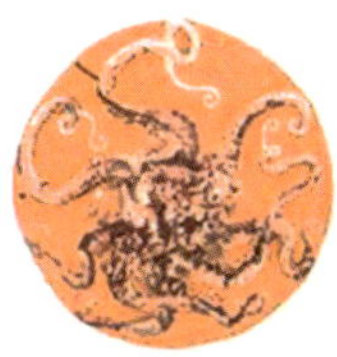

21. 7 peixos, pans i cap de boc, 2003,
terracotta e ingobbio / earthenware and engobe, 128 x 212 x 15 cm,
courtesy private collection.

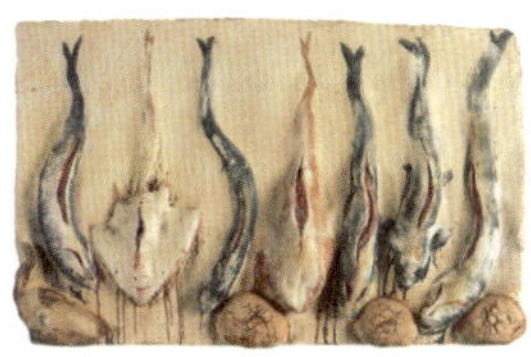

22. Mujol i pop, 2003,
terracotta e ingobbio /earthenware and engobe, 75 x 76 x 13 cm,
courtesy private collection.

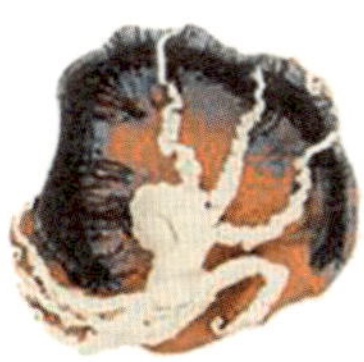

23. Pop etc, 2003,
terracotta e ingobbio / earthenware and engobe, 75 x 57 x 15 cm,
courtesy private collection.

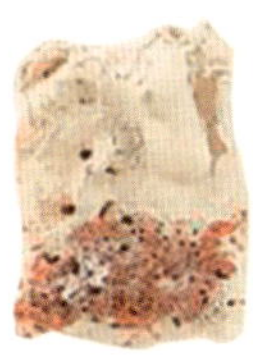

24. Pop i peix tallat, 2003,
terracotta e ingobbio /earthenware and engobe, 75 x 57 x 15 cm,
courtesy private collection.

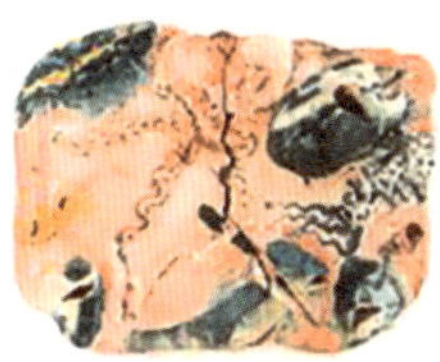

25. Pinxito, 2009,
terra di Felanitx e ferro / Felanitx's earth and iron, 24,5 x 103 x 25,5 cm,
courtesy private collection.

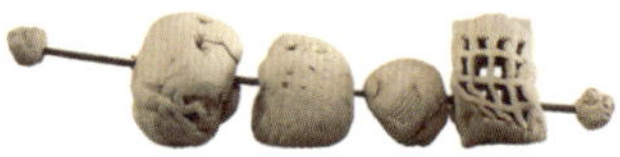

26. Bruce Lee, 2011,
terra di Felanitx / Felanitx's earth,
59 x 59 x 39 cm,
courtesy private collection.

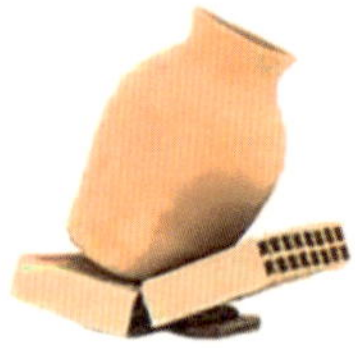

27. Egoperfils, 2011,
grès ingobbio e incisioni / stoneware engobe and sgraffito, 50 x 43 x 40 cm,
courtesy private collection.

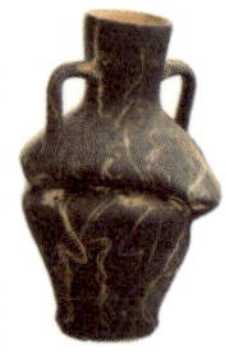

28. Gerra amb Teula, 2011,
terra di Felanitx e grès / Felanitx's earth and stoneware, 46 x 32 x 38,5 cm,
courtesy private collection.

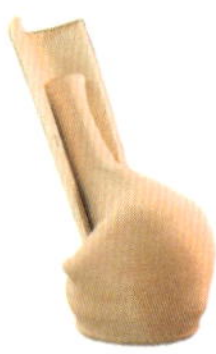

29. Jo amb turbant, 2011,
terra di Felanitx e grès / Felanitx's earth and stoneware, 45 x 30 x 40 cm,
courtesy private collection.

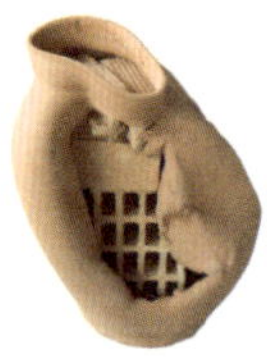

30. Jo fumat, 2011,
terra di Felanitx affumicata e incisioni / Felanitx's smoked earth and sgraffito,
48 x 48 x 30 cm,
courtesy private collection.

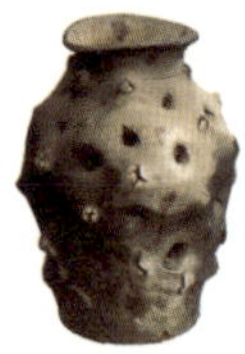

31. Jo submarinista, 2011,
terra di Felanitx / Felanitx's earth,
45 x 45 x 40 cm,
courtesy private collection.

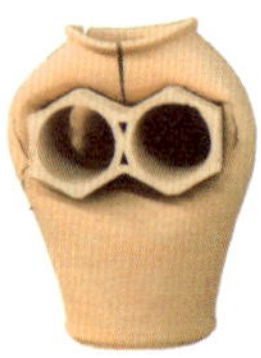

32. Sandwich (retrat de l'artista adolescent), 2011, terra di Felanitx e grès / Felanitx's earth and stoneware,
40 x 64 x 56 cm,
courtesy private collection.

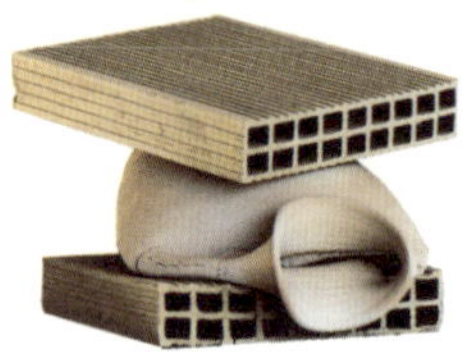

33. Cossiol Amb Flor Vermella, 2012,
terra di Felanitx e ingobbio / Felanitx's earth and engobe, 160 x 87 cm,
courtesy artist collection.

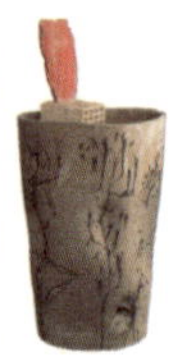

34. Doble pintor en superhomo, 2012,
terracotta e ingobbio / earthenware and engobe, 180 x 130 x 80 cm,
courtesy private collection.

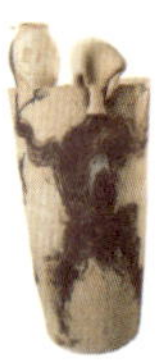

35. Guitarra, 2012, terra di Felanitx refrattario e grès / Refractory Felanitx's earthenware and stoneware, 96 x 36 x 28 cm, courtesy Bischofberger collection, Männedorf-Zurich, Switzerland.

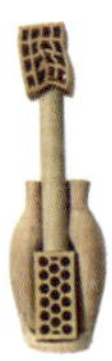

36. Submarí amb retxa negra, 2012,
terra di Felanitx ingobbio e pietre / Felanitx's earth engobe and stones,
148 x 90 x 90 cm,
courtesy private collection.

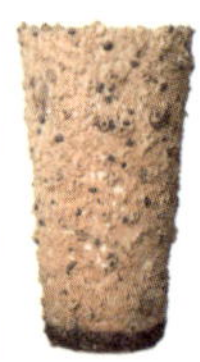

37. Clivellada, 2014,
terra di Felanitx e ingobbio / Felanitx's earth and engobe, 42 x 30 x 30 cm,
courtesy private collection.

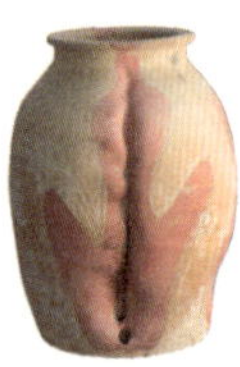

38. Coralina fumada, 2014,
terra di Felanitx affumicata e incisioni / Felanitx's smoked earth and sgraffito,
125 x 70 x 70 cm,
courtesy private collection.

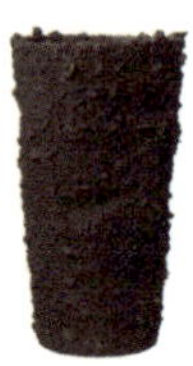

39. Cossiol/Toxto, 2014,
terra di Felanitx affumicata e incisioni / Felanitx's smoked earth and sgraffito,
50 x 61 x 52 cm,
courtesy private collection.

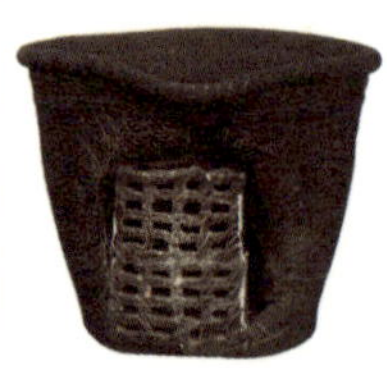

40. Doble jo, 2014,
terra di Felanitx affumicata e incisioni / Felanitx's smoked earth and sgraffito,
50,7 x 47 x 22 cm,
courtesy private collection.

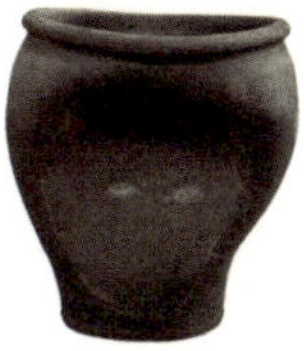

41. Gerra mallorquina, 2014,
terra di Felanitx affumicata e incisioni / Felanitx's smoked earth and sgraffito,
41,5 x 37 x 35 cm,
courtesy artist collection.

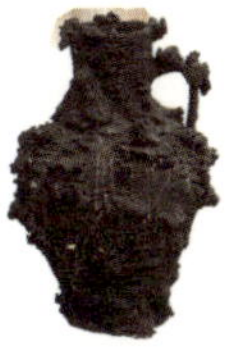

42. Les set edats, 2014,
terra di Felanitx affumicata e incisioni / Felanitx's smoked earth and sgraffito,
48 x 35 x 53 cm,
courtesy private collection.

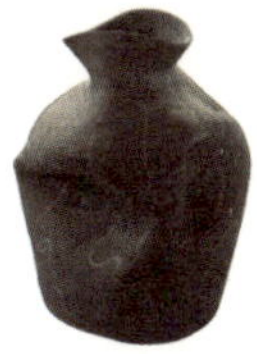

43. Pare, Mar, Fill i Fillia, 2014,
grès e ingobbio / stoneware and engobe,
55 x 142 x 50 cm,
courtesy private collection.

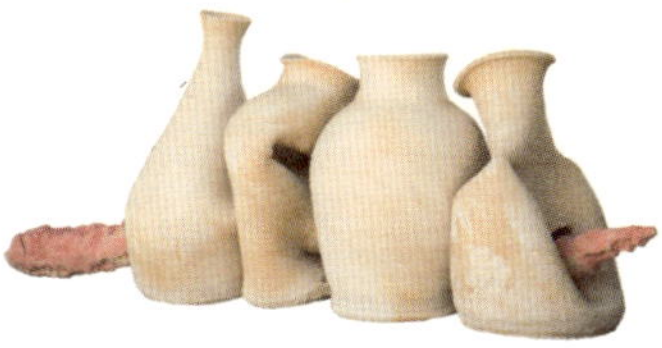

44. Retrat de Família, 2014,
grès e ingobbio / stoneware and engobe,
71 x 122,5 x 45 cm,
courtesy private collection.

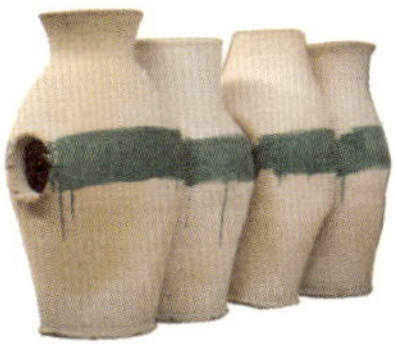

45. Tàntric negre, 2014,
terra di Felanitx affumicata e incisioni / Felanitx's smoked earth and sgraffito,
39 x 30 x 28 cm,
courtesy artist collection.

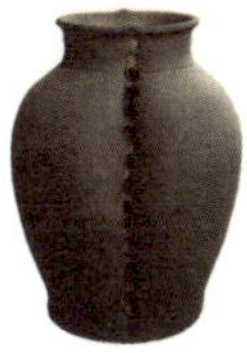

46. Asseguda, 2015,
terra di Felanitx e calce / Felanitx's earth and lime, 72 x 44 x 39 cm,
courtesy private collection.

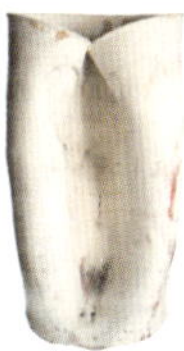

47. Tors, 2015,
terra di Felanitx e calce / Felanitx's earth and lime, 41 x 24 x 24 cm,
courtesy artist collection.

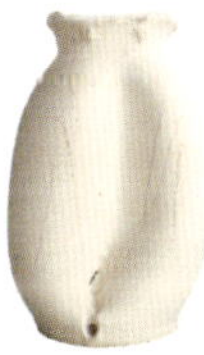

48. 6 caps de toro, 2016,
terra di Felanitx e ingobbio / Felanitx's earth and engobe, 14 x 45 x 43 cm,
courtesy artist collection.

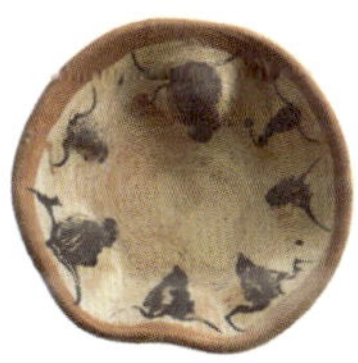

49. Dona Blanca Asseguda, 2016,
terra di Felanitx e calce / Felanitx's earth and lime, 72 x 43 x 40 cm,
courtesy private collection.

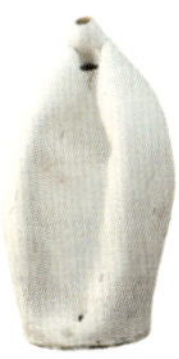

50. Faena, 2016,
grès e ingobbio / stoneware and engobe,
62 x 38 x 24 cm,
courtesy private collection.

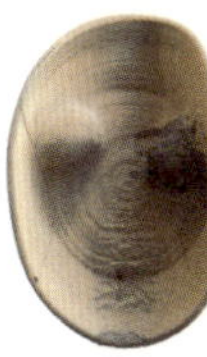

51. Toro sol, 2016,
terra di Felanitx e ingobbio / Felanitx's earth and engobe, 48 x 33 x 30 cm,
courtesy private collection.

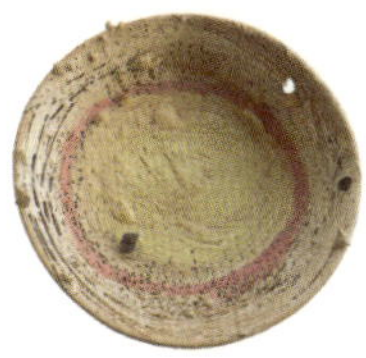

52. Acanto, 2017,
refrattario e ingobbio / refractory earthenware and engobes,
55 x 102 x 89 cm,
courtesy artist collection.

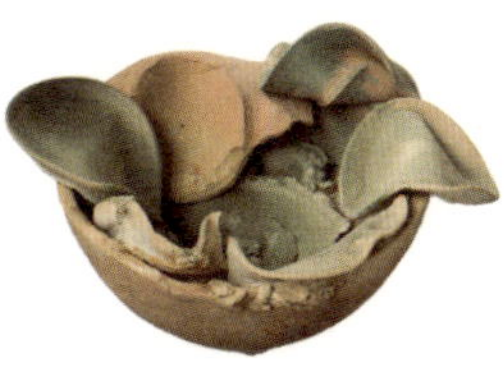

53. Deleuze, 2017,
ingobbio e grès / engobe and stoneware,
68 x 33 x 33 cm,
courtesy artist collection.

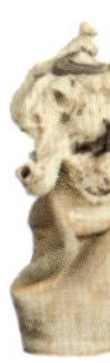

54. Ensaïmada toro, 2017,
grès ingobbio e smalto / stoneware engobe and glazes, 52 x 49 x 12,5 cm,
courtesy private collection.

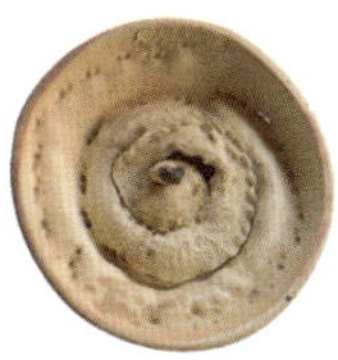

55. Kant, 2017,
paglia, ingobbio e grès / straw, engobe and stoneware, 83 x 32 x 30 cm, courtesy artist collection.

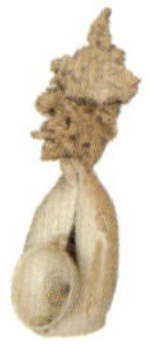

56. Kierkegaard, 2017,
paglia, ingobbio e grès / straw, engobe and stoneware, 72,5 x 38 x 36, courtesy artist collection.

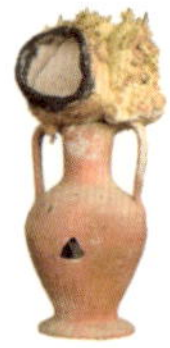

57. Lacan, 2017,
paglia, ingobbio e grès / straw, engobe and stoneware, 67 x 24 x 9 cm, courtesy artist collection.

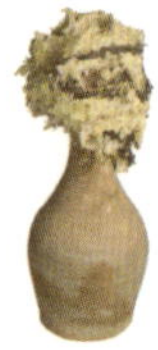

58. Nietzsche, 2017,
ingobbio e grès / engobe and stoneware, 73,5 x 35 x 26 cm, courtesy artist collection.

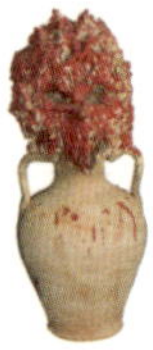

59. Simone Weil, 2017,
ingobbio e grès / engobe and stoneware, 83 x 43 x 30 cm, courtesy artist collection.

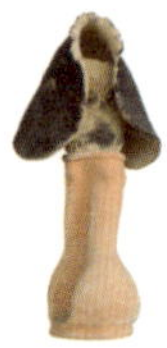

60. St Agustín, 2017,
paglia, ingobbio e grès / straw, engobe and stoneware, 81 x 35 x 46 cm, courtesy artist collection.

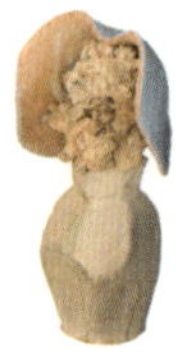

61. Toro Ensaïmada, 2017,
grès, ingobbio e smalto / stoneware, engobe and glazes, 50,5 x 49 x 12,5 cm, courtesy private collection.

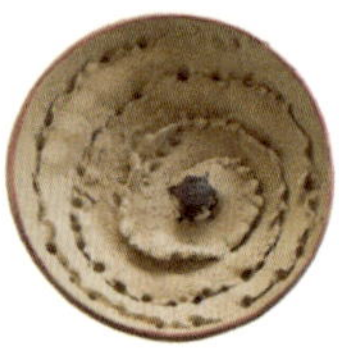

62. Wittgestein, 2017,
ingobbio e grès / engobe and stoneware, 73 x 28 x 28 cm, courtesy artist collection.

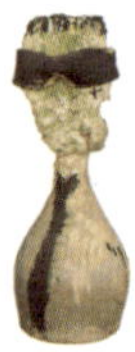

63. Hermès Trimégiste, 2018,
ingobbio carboncino e grès / engobe charcoal and stoneware, 84,5 x 32 x 36 cm, courtesy artist collection.

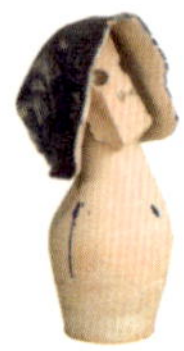

64. Tótem, 2018,
refrattario / refractory earthenware, 215 x 75 x 51 cm, courtesy artist collection.

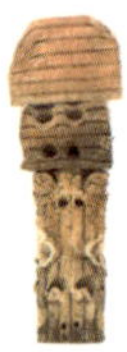

65. Tótem, 2018,
refrattario e ingobbio / refractory earthenware and engobe, 122 x 76 x 56,6 cm, courtesy artist collection.

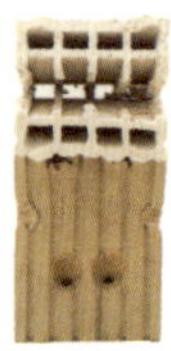

66. Tótem, 2018,
refrattario / refractory earthenware, 205 x 82 x 48 cm, courtesy artist collection.

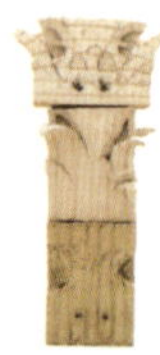

67. Walter Benjamin, 2018,
paglia, grès e smalto / straw, stoneware and glaze, 82 x 36 x 23 cm, courtesy artist collection.

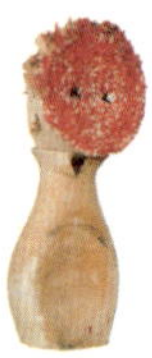

68. Fulles vermelles, 2019,
refrattario smalti / refractory earthenware, glazes, 53 x 39 x 25,5 cm, courtesy Bischofberger collection, Männedorf-Zurich, Switzerland.

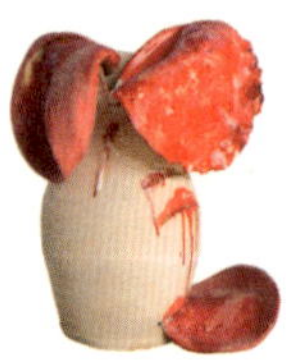

69. Gos amb llengo fora, 2019,
refrattario smalti / refractory earthenware, glazes, 39,5 x x 53 x 41 cm, courtesy Bischofberger collection, Männedorf-Zurich, Switzerland.

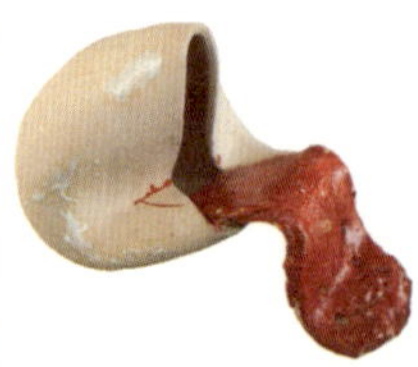

70. Mur de capos, 2019,
refrattario, fango, paglia / refractory earthenware, mud, straw,
260 x 400 cm,
courtesy artist collection

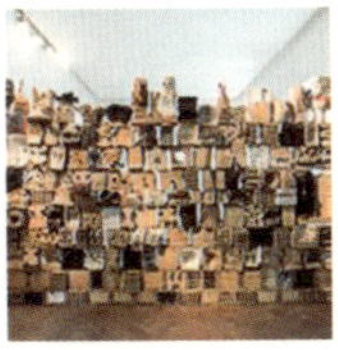

71. Planta moebiuesca, 2019,
refrattario ossidi / refractory earthenware, oxides, 48 x 30 x 33 cm,
courtesy Bischofberger collection, Männedorf-Zurich, Switzerland.

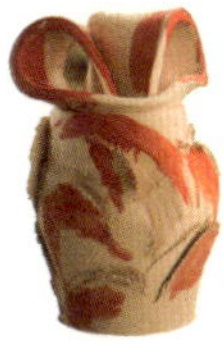

72. Planta rodona, 2019,
refrattario smalti / refractory earthenware, glazes, 63 x 60 x 28 cm,
courtesy Bischofberger collection, Männedorf-Zurich, Switzerland.

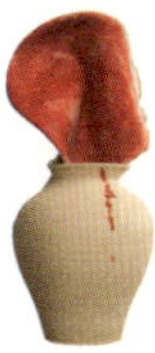

73. Planta devònica, 2019,
refrattario smalti / refractory earthenware, glazes, 77 x 33 x 24 cm,
courtesy Bischofberger collection, Männedorf-Zurich, Switzerland.

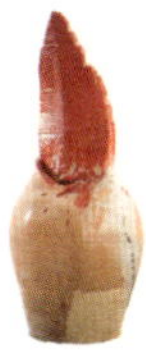

Miquel Barceló

"Il tempo è un fiume che mi trascina, ma io sono il fiume"
(J. L Borges, "La nuova confutazione del tempo", 1946)

Museo Internazionale delle Ceramiche in Faenza
1 giugno / June – 6 ottobre / October 2019

Mostra a cura di / Curated by
Irene Biolchini
Cécile Pocheau Lesteven

Segretario generale / General Secretary
Giorgio Assirelli

Segreteria organizzativa / Secretariat
Monica Gori, Elena Dal Prato

Ufficio amministrativo / Administrative Secretariat
Rita Massari, Matilde Mercatali, Nicola Rossi

Allestimento / Setting
Oscar Dominguez, Maria Antonietta Epifani

Condition reports
Maria Antonietta Epifani

Ufficio Stampa e Comunicazione / Press Office and Communication
Stefania Mazzotti,
Studio Esseci Sergio Campagnolo

Didattica / Education Department
Lisa Rodi e Dario Valli
con la collaborazione di / with the support of
Sandro Bassi, Monica Gori, Francesca Minardi

Apparati multimediali / Digital media
Elisabetta Alpi, Alex Zaccherini

"Terres Barceló" di Christian Tran
Stephan Riguet, AndanaFilms

Servizi di accoglienza / Reception
Marco Attanasio, Paola Baldani, Angela Cardinale, Emanuela Ghetti, Norma Sangiorgi

Tirocini / Stages
Federica Gorini

Ringraziamenti / Thanks to
Per il loro contributo fondamentale alla riuscita del progetto espositivo si ringraziano / *For their fundamental support to the realization of the exhibition project our thanks to:*
Studio Barceló, Galerie Bruno Bischofberger, Antonio Amatller Humbert, Pere Coll, Vincenzo Santoriello

Con il patrocinio del / Under the patronage of

Comune di Faenza

Con il sostegno di / Supported by

FONDAZIONE CASSA DI RISPARMIO DI RAVENNA

Regione Emilia-Romagna

Partner tecnici / Technical Partners

CERSAIE BOLOGNA · ITALY

GALERIE BRUNO BISCHOFBERGER SWITZERLAND

AGE Assicurazioni Gestione Enti srl

DSV Global Transport and Logistics

Catalogo a cura di / Catalogue edited by
Irene Biolchini, Cécile Pocheau Lesteven

Redazione / Editing
Irene Biolchini, Claudia Casali

Traduzioni / Translations
Irene Biolchini, Monica Gori

Testi di / Texts by
Irene Biolchini, Cécile Pocheau Lesteven

Foto di / Photos by
François Halard

Crediti fotografici regesto opere / Photo credits for the list of works
Adam Lowe, André Morin, Andrea Piffari

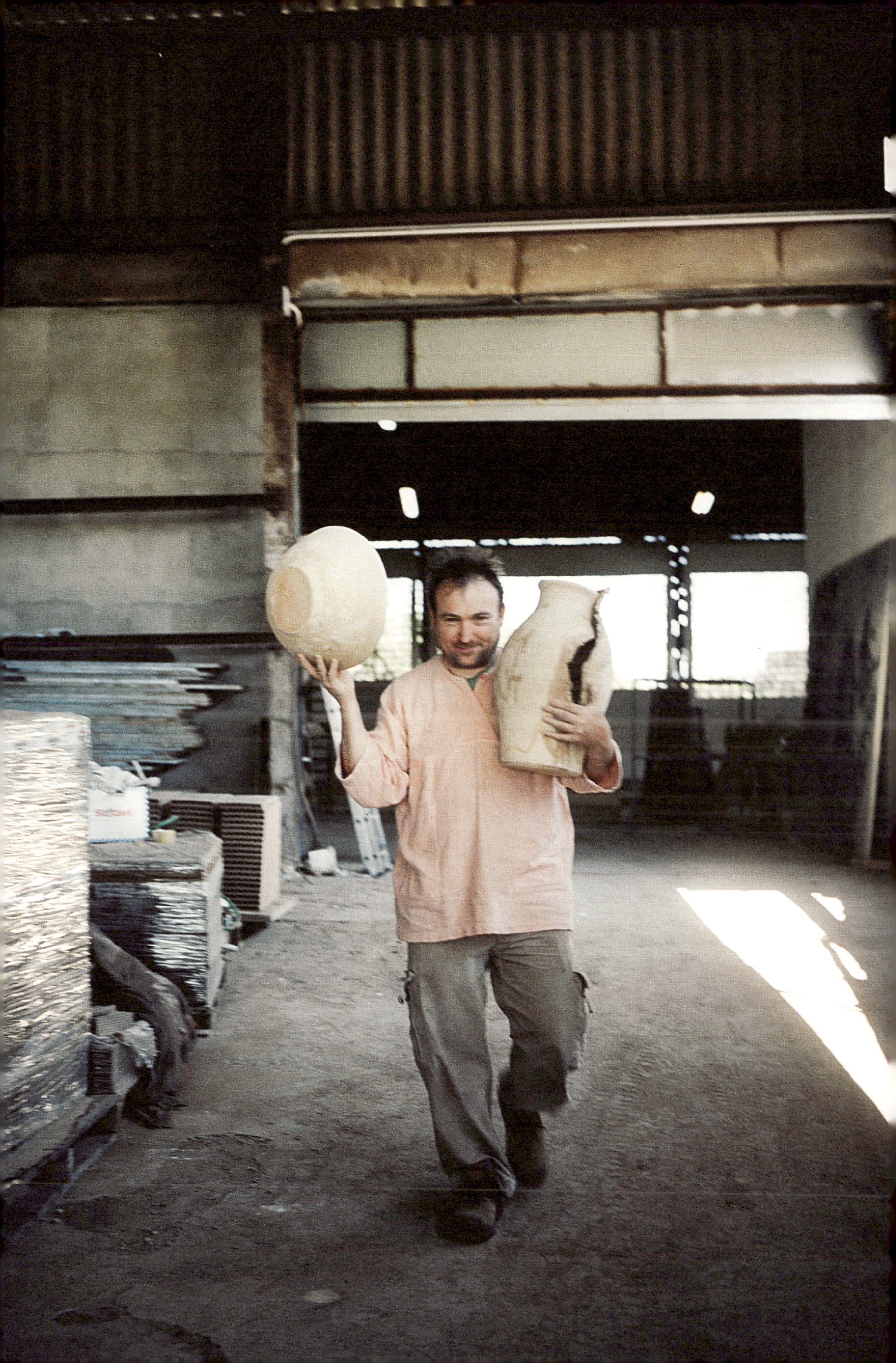

In copertina / Cover
Miquel Barceló, *Mur de Capos*, 2019

Silvana Editoriale

Direzione editoriale / Direction
Dario Cimorelli

Art Director
Giacomo Merli

Coordinamento editoriale / Editorial Coordinator
Sergio Di Stefano

Redazione / Copy Editor
Clelia Valentina Palmese

Impaginazione / Layout
Denise Castelnovo, Donatella Ascorti

Coordinamento di produzione / Production Coordinator
Antonio Micelli

Segreteria di redazione / Editorial Assistant
Ondina Granato

Ufficio iconografico / Photo Editor
Alessandra Olivari, Silvia Sala

Ufficio stampa / Press Office
Lidia Masolini, press@silvanaeditoriale.it

Silvana Editoriale S.p.A.
via dei Lavoratori, 78
20092 Cinisello Balsamo, Milano
tel. 02 453 951 01
fax 02 453 951 51
www.silvanaeditoriale.it

Le riproduzioni, la stampa e la rilegatura
sono state eseguite in Italia
Reproductions, printing and binding in Italy
Stampato da / Printed by Modulgrafica Forlivese, Forlì
Finito di stampare nel mese di ottobre 2019
Printed October 2019

MISTO
Carta da fonti gestite in maniera responsabile
FSC www.fsc.org
FSC® C105572